销售中的
心理学诡计（修订版）

张兵 ◎ 著

湖南文艺出版社
HUNAN LITERATURE AND ART PUBLISHING HOUSE

博集天卷
CS-BOOKY

目录

contents

序：你不仅是一个卖货的，更是一个卖"心"的

001 第一章 客户在想什么？

要想钓到鱼，就要像鱼那样思考 / 002

唯我独尊——客户最关心的永远是自己 / 004

老谋深算的客户如何坑害你 / 006

不要又臭又长地谈话，有话请直说 / 009

别自以为什么都知道，把客户当成笨蛋 / 012

假如这是你的钱，你会怎么做？ / 015

只是为了我的钱，我看得出来 / 018

向我证明价格是合理的 / 021

让客户觉得自己很特别——如果我要花钱，我要花得开心 / 023

客户口中的"考虑考虑"是什么意思？ / 025

029 第二章 客户需要什么？

免费的午餐连比尔·盖茨都想要 / 030

你给我一颗糖，我给你一张奥特曼卡片 / 033

当上帝没有好处时，还不如做个普通人 / 036

动之以情——最有力的销售武器是情感 / 038

投其所好能够最迅速地达到让别人喜欢自己的目的 / 040

满足客户深层次的心理需求——安全感 / 044

客户喜欢顾问、专家式的销售人员 / 046

体验心理：以实物或戏剧化的过程抓住客户的兴趣点 / 049

053　第三章　一眼看穿客户的心理弱点

爱慕虚荣型客户——赞美是屡试不爽的秘密武器 / 054

贪小便宜型客户——给他一些小便宜，实现自己的"大便宜" / 056

俭朴节约型客户——让他感觉所有的钱都花在了刀刃上 / 058

犹豫不决型客户——用危机感使其快下决心 / 062

脾气暴躁型客户——用自己的真诚和为人处世的小技巧打动他 / 065

自命清高型客户——赞美他，顺便带点幽默感 / 067

世故老练型客户——开门见山，不给他任何含糊其词的机会 / 069

来去匆匆型客户——抓住他的注意力，为他大大地节省时间 / 071

理智好辩型客户——让他感受优越感，觉得你是个善解人意的人 / 073

小心谨慎型客户——你越是着急，他越是反感 / 076

沉默羔羊型客户——"勾引"他，不惜一切手段吊足他的胃口 / 078

081　第四章　决定客户是否购买的心理因素

生意属于会定价的人 / 082

怀旧心理：他追忆逝水年华，你攫取滚滚财源 / 087

赶时髦心理：时尚对客户消费心理的影响不可小觑 / 090

商品陈列中的心理学：让客户购买冲动一触即发 / 092

不同家庭成员在购买中扮演的角色 / 095

促销要有技术含量——少一些单调，多一些创意 / 098

游泳池的故事：反复刺激客户的购买关键点 / 101

105　第五章　销售赢的是心态

销售人员经常在天堂和地狱之间轮回 / 106

消除内心对大人物的恐惧——就这样，没什么了不起 / 109

销售不是"一夜暴富"，请做好"找死"和"早死"的准备 / 112

销售产品，其实就是销售你自己 / 116

划着的火柴才点燃蜡烛，客户只买"热情"的单 / 119

像爱自己的孩子一样爱你的品牌 / 122

跳蚤的忠告：冲出心理禁锢才能激发巨大潜能 / 124

没有放弃购买的客户，只有放弃客户的销售员 / 127

越是怕被客户拒绝，你就越会被拒绝 / 129

胆大心细不要脸，销售需要死缠而不是烂打 / 132

积极而不心急，变成销售"牛人"并不难 / 135

酸柠檬的启示：销售是痛并快乐的事 / 137

139　第六章　消费心理知多少

嫌货才是买货人 / 140

你不卖他偏要，不许偷看他偏看 / 142

得不到的永远是最好的，吃不到嘴里的永远是最香的 / 144

为客户编个"她"的故事 / 146

枪打出头鸟，客户想知道除了自己之外，还有谁买过 / 149

物以类聚，人以群分：不同人群消费心理大不同 / 151

身份决定行为——给他一个购买产品的身份 / 155

冲动有时是魔鬼，有时却是你滚滚的财源 / 158

羊群效应：吸引大批的"羊"来吃你的"草" / 162

巧用认知对比原理：50000 元钻戒与 500 元饰品 / 164

167   第七章   从身体语言识破客户的诡计

小动作"出卖"客户大心理 / 168

眼睛就是客户赤裸的内心 / 170

模仿是你跟客户交往的"黏合剂" / 172

点头 Yes 摇头 No，来是 Come 去是 Go/ 176

那些撒谎者最常做的手势动作 / 178

怎么坐？腿怎么放？你能看出客户怎么想 / 180

保持距离——90% 的人都不愿意和别人挤电梯 / 183

185   第八章   如何说客户才爱听，怎样听客户才肯说？

不该说的批评性话语："你家这楼真难爬" / 186

千万不要用推销员的口气说话，要像好朋友一样去帮助他 / 188

多说"我们"少说"我" / 190

将对方和你的"一些相同点"加以放大 / 193

不要把客户当上帝，要把客户当朋友 / 195

专业性术语，让客户如堕五里雾中 / 197

枯燥的话题，束之高阁比和盘托出更高明 / 201

不善言辞的人为何能成销售高手？ / 204

为什么要让对方说 Yes？ / 206

不要只听你想听的，更重要的是要听客户想说的 / 209

我们需要听到客户的原始信息，而不是改造后的 / 211

学会克制自己——特别是当你想发表高见的时候 / 214

销售员打死也不能说的 5 句话，说了有可能被打死 / 216

219   第九章   销售中你必须要懂的 8 条心理定律

奥新顿法则：你关照客户的心，客户就关照你的生意 / 220

哈默定律：天下没有做不成的生意，只有不会做生意的人 / 222

250 定律：每个客户身后都有 250 个潜在客户 / 224

二选一定律：把主动权握在自己手上 / 226

跨栏定律：制定一个高一点的销售目标 / 228

长尾理论：颠覆营销的二八定律 / 230

奥纳西斯法则：把生意做在别人的前面 / 233

伯内特定律：让产品在客户心中留下深刻的印象 / 235

239　第十章　销售中你应该知道的 10 个心理效应

军令状效应：完不成任务，我就去裸奔 / 240

登门槛效应：销售人员就是要得寸进尺 / 242

1/3 效应：客户最可能在一条街上 1/3 处成交 / 244

沸腾效应：将客户的购买热情 99 加 1℃ / 246

首因效应：第一印象决定你的成败 / 248

共生效应：远离大市场，让你远离赚钱的大机会 / 250

凡勃伦效应：感性消费藏有大商机 / 252

晕轮效应：别把客户放在晕轮下，要让客户爱屋及乌 / 254

踢猫效应：让客户感受到"情同一体" / 257

刻板效应：不要用你的定式思维判断客户 / 259

261　第十一章　在谈判中"俘虏"客户

永远不要接受第一次开价或还价 / 262

低飞球技巧：先给个糖吃，再来一巴掌 / 263

把线放长些，钓到的鱼更大 / 266

掌握时间妙用的人才是真正的谈判高手 / 268

谈判地点选择藏玄机——谁的地盘谁做主 / 270

商务谈判中说"不"的艺术 / 272

给客户一点善意的"威胁" / 275

催款这活不好干，传授你六招"撒手锏" / 277

博弈的最高境界——谁也没有输给谁 / 280

283　　**第十二章　做销售就像追女孩，注重细节才有戏**

做销售就像追女孩，请记住她们的重要日子 / 284

拜访客户时记得先讨一杯水 / 286

永远比客户迟挂电话 / 288

随身携带笔记本，及时记下客户的要求 / 290

"客户 +1"方案——只比客户穿得好一点 / 292

对客户的秘密守口如瓶 / 294

销售是一场没有硝烟的战争，早睡早起机会更多 / 296

序

你不仅是一个卖货的，更是一个卖"心"的

只要你生活在地球上，就注定无法躲开"销售"这个词。

因为每个人都在销售自己。没有销售，就意味着脱离社会独自生活在孤岛上。即使生活在孤岛上，你一样需要牙刷、牙膏以及其他生活用品。买这些生活用品需要钱，而钱则必须依靠你销售自己的劳动来换取。

这就是世界上最本质的东西，我们不得不正视这一点。凡是拥有超强销售能力的人，总是能够在现实社会中获取令人羡慕的成功。

说到这里，如果我问你——何谓销售？你或许会说，不就是一个卖货的吗？错！销售不仅是一个卖货的，更是一个卖"心"的。客户买走的不仅是产品，更是你的人和你的心！

大到飞机轮船，小到一针一线，销售的本质都是一样的，无非就是把货卖出去，把钱拿回来。但是在这一卖一拿之间藏有无穷的玄机，因为销售不仅是和钱打交道，更是和人打交道！

从这个意义上说，不管你做不做销售，都应该每天学点销售心理学！因为销售并不是销售员的专利，心理学不仅可以让销售变得很简单，更能让你洞悉

人性的本质，在现实世界中活得如鱼得水、游刃有余。

你必须将自己修炼成一名"神枪手"，每一句话都能打中客户的心！你必须将自己修炼成"火眼金睛"，一眼就看清客户的心理需求。这个需求点就是决定客户是否购买产品的关键"命门"。

有人说，销售人员是在天堂和地狱之间行走的人。销售成功了，收入很高，上了天堂；交易失败了，浪费了精力，下了地狱。是什么决定销售人员的命运呢？心态是主要的决定因素！确实如此，做销售可能让你发大财，也可能一分钱也赚不到。在这过程中，你必须保持一种镇定自若、不畏失败的良好心态，否则你将很难获得成功。你要明白——销售是个人综合素质的体现，更是个人潜能的爆发。这就是我们会义无反顾地选择这个行业的原因。

有人说，销售就是耍嘴皮子的活儿。这句话虽然有些偏激，但说话的技巧很多时候决定销售的成功与否。所以，你要在摸透客户心理的前提下，说客户爱听的，让客户打心眼里感到舒服；同时你也要听客户想说的，让客户滔滔不绝、情不自禁地说，让客户的"虚荣心"得到最大的满足！如此牢牢抓住客户心理，何愁生意不成呢？

由此可见，销售就是一场心理博弈战，只有那些窥见客户内心的人才能立于不败之地！如果不学一点心理学，很容易在与客户"过招"的时候失手。

这不是一本生涩难懂的心理学教材，更不是大街上那种随处可见的销售入门书，它好像是从销售柜台前或者人心深处直接拍摄下来的鲜活镜头，每一个镜头都是销售心理战术的在线直播。通过它，你可以看到客户购买心理的微妙变化以及掌控他们的心理，让他们乖乖地掏钱买产品。

如果你学会了本书中所提供的种种心理技巧，不管是销售产品还是发展合作，你都能游刃有余。这些技巧很多表现在心理细节上，本书都一一进行了披露。本书告诫销售人员：不仅要高瞻远瞩，更要以火眼金睛洞察销售中的人性弱点和举手投足间的蛛丝马迹。可以说，这本书未必是商学院教授所用之书，但必定是最接地气、最走心的随身必备读本。通过它，你将敲开销售之门，看见人性花园里千姿百态、绚丽的花朵……

第 一 章

客户在想什么?

如果你想钓到鱼, 就要像鱼那样思考, 而不是像渔夫
那样思考。换句话说, 要想把产品卖给客户, 就必须
知道客户的心里在想什么!

要想钓到鱼，就要像鱼那样思考

如果你想钓到鱼，就要像鱼那样思考，而不是像渔夫那样思考。

不要仅仅把自己当作一个销售员，还要把自己当作一个客户。

"小时候，我最喜欢的事就是和父亲一起去钓鱼。在钓鱼的时候，我发现父亲总是能钓到鱼，而我总是一无所获。对一个孩子来说，这实在是一件沮丧的事。于是我看着父亲的鱼筐，向他求教：'为什么我连一条鱼也钓不到，而你却能钓这么多，难道是我钓鱼的方法不对吗？'可是父亲总是说：'孩子，不是你钓鱼的方法不对，而是你的想法不对，如果你想钓到鱼，就要像鱼那样思考。'因为年幼，我根本不能理解父亲的话。那时，我总是想我又不是鱼，怎么能像鱼那样思考呢？这和钓鱼又有什么关系呢？"一位资深的营销培训专家在给教室里挤得满满的营销人员上课，他不紧不慢地来回踱着步，毫不理会这些听课者越来越不满的表情。

"后来，我上中学的时候，似乎体会到了父亲话里的一些真正含义。我仍然喜欢钓鱼，闲暇之余，我开始试着了解鱼的想法。在学校的图书馆，我看了一些和鱼类相关的书籍，甚至还加入了钓鱼俱乐部。在学习和交流的过程中，我对鱼类有了一些了解，也学到了很多有用的东西。

"鱼是一种冷血动物，对水温十分敏感，所以它们通常更喜欢待在温度较高的水域。一般水温高的地方阳光也比较强烈，但是你要知道鱼没有眼睑，阳光很容易刺伤它们的眼睛。所以，鱼一般待在阴凉的浅水处。浅水处水温较深水处高，而且食物也很丰富。但处于浅水处还要有充分的屏障，比如要有茂密的水草，这和鱼类与生俱来的安全感有关。当你对鱼了解得越多，也就越来越会钓鱼。

"我知道，你们花了很多钱来这里，不是听我说废话的，我也不想说废话，但这是我几十年来积攒的宝贵经验，绝对不是废话，请大家耐心一点。"营销专家用力地拍拍桌子，想控制一下台下营销人员浮躁的情绪。

"后来，我进入了商界，也和你们大多数人一样，也是从一个普普通通的业务员干起。现在还记得，我的第一任老板是这样跟我说的：'虽然我们每个人的职务不同，工作内容也不太一样，但我们大家都要把自己当作一个销售员，我们都需要学会像销售员那样去思考。'在以后的工作中，我一直这样要求自己，阅读大量销售方面的书，参加各式销售研讨会。但是，在学习的过程中，我渐渐发现，我们不仅要学会以一个销售员的心态观察问题，更要掌握客户的心态，就像我父亲说的那样：'如果你想钓到鱼，就要像鱼那样思考。'而不是像渔夫那样思考！

"这也是我今天向所有营销人员重磅推荐的最重要的一个理念——不要仅仅把自己当作一个销售员，还要把自己当作一个客户。"这位资深的营销专家重重地喊了这一嗓子，一下子把那些正在打瞌睡的家伙给震醒了！

一个专业的销售人员，想提高自己的销售业绩，就必须学会站在客户的角度想问题。但很可惜，现在有很多销售人员不知道这一点，他们往往喜欢站在自己的立场思考问题，而不能像客户那样思考问题。

如果你想和你的老板相处愉快，并能更好地沟通，就必须得像他那样看问题；如果你想和你的伴侣恩爱甜蜜，每天都品尝到爱情的美好滋味，就必须得从另一半的角度反思自己的行为；如果你是父母，想和你的子女消除代沟、增进亲子关系，就必须得用孩子的思维方式来调整策略……销售的道理也是一样的，你想从客户的口袋里掏钱，就必须给客户一个掏钱的理由。这个理由源自哪里？源自客户的内心。只有真正明白客户所思所想的销售，才是真正的销售高手。然而，掌握客户的心理不是一件很容易的事，需要懂点心理学。初涉销售者，不妨学习一些心理学知识，相信会对你大有裨益的。

比如说，你想卖给老太太一只足球几乎是不可能的。那怎么才能让老太太购买足球呢？看她有没有孙子或外孙，有的话，问题就好解决了。曾经有一个销售高手推开家庭主妇的门，推销一本价格不菲的书：《丈夫晚归的1000个借口》。家庭主妇一口回绝，说自己根本不需要。然而，销售高手开口说话了，他说：您要不要再考虑一下？因为您先生前几日刚买了一本。他话音刚落，家庭主妇就果断决定购买了。毫无疑问，这个销售员对家庭主妇的心理了如指掌，不需要多费口舌，只是一句简单的话，就让剧情发生神反转。

你看，这就是深谙销售心理学的魅力。凡是记住这条法则——要想钓到鱼，就要像鱼那样思考，你就能精准地"踩"中客户的心弦，哪怕你的言语轻若微风，在客户那里也会激起惊天巨浪，从而主动购买你的产品或服务，为你带来丰厚的经济回报。

唯我独尊——客户最关心的永远是自己

每个人在骨子里都认为自己最重要，自己是天上地下独特的存在，最关心的人是自己。你渴望怎样被对待？你认为购买产品或服务这钱值不值得花？遇到后续麻烦怎么解决？

　　作为销售人员，我们必须知道一点，那就是不管自己说得如何天花乱坠，对自己的产品或服务如何充满自信，客户最后也不是被你忽悠成交的，客户永远是为了自己的需要才购买，绝不是因为你的原因去购买。

　　如果你想让客户购买你的产品，就必须先考虑到这个客户的需求是什么。满足了客户的需求，再加上你的三寸不烂之舌，几乎就能搞定了。所以，精明的销售人员都知道，做销售的时候，首先考虑的不是赚钱，而是俘获人心。

　　想成为一个销售高手，就要永远把自己放在客户的位置上。你要明白，客户都是唯我独尊的，客户最关心的永远是自己。每个人在骨子里都认为自己最重要，自己是天上地下独特的存在。想想自己是不是这样的人？你渴望怎样被对待？你认为购买产品或服务这钱值不值得花？遇到后续麻烦怎么解决？把客户的问题当成自己的问题，也许你就能得到答案。换位思考能让我们明白：客户真正需要的是什么！

　　在和客户交流的时候，我们要明白，客户和销售人员想的不一样。客户关心的是你推荐的产品和项目对自己合算不合算，自己花的钱是否能发挥应有的作月。销售人员关心的是最大化地提升产品价格。两者之间产生的矛盾得不到统一，结果必然是生意做不成。那么，如何实现双赢，获得满意的效果呢？销售人员应该注意下面几点。

一、你就是企业

　　即使你只是整个大集团中最渺小的一员，但对客户来讲，你就是公司，公司就是你，你代表的就是整个集团的利益。客户直接接触的是你，你不能打动客户的心，不能让他的需求得到满足，你就会遭遇销售失败，从而让整个团体利益受损。所以，你一定要给客户带来信心。

二、重视客户的不满意见

客户提出要求的时候，是销售人员处理自己和客户关系的重要时刻。在这期间，一定要充分考虑到客户的不满意见，处理得好，就能让客户更信任你提供的产品或服务。只有充分尊重客户的心理需求，你才有更多的机会留住他，让他成为你的老客户。

三、用你的语言让客户相信你是为他着想的

千万不要说"我做不到"，而要说"我尽力做到"或者"我问一下领导"；永远不要说"这是个问题"，而要说"肯定会有办法"。如果客户提出一些你根本不可能做到的事情，不妨从客户的角度出发，这样说："虽然这不符合我们公司的常规，但我们可以尽力去寻求其他的解决办法。"自信、乐观而又不失严谨，总能博得客户的好感。

其实，以客户为中心，把客户最关心的问题放在最前面，是一种心理策略。每一个销售人员在平时的工作过程中都要多多运用"换位思考"，这种思考方式不但能化解许多矛盾，还能带来更大的效益。客户"唯我独尊"，你就要"尊"他；他关心什么，你就注意什么，还愁客户不"上钩"吗？

老谋深算的客户如何坑害你

骗子的手段千变万化，但万变不离其宗，只要牢记这两句话，保你安全

无虞：

1. 天上不会掉馅饼！
2. 不见兔子不撒鹰！

如果你认为客户都是"钱多人傻"类型，那只能说明你在销售这条路上还是个新手，尚需经历些风浪。事实上客户并不都是傻白甜，很多客户就像狡猾的狐狸，一不小心我们就会中了他们的圈套。当然，我们遇到最多的情况不是被骗光巨款，而是他们承诺购买我们的产品或服务，但结果往往不了了之，导致我们忙活几天甚至几个月，最终竹篮打水一场空。

那么，如何识破老谋深算的客户的诡计，并确保顺利签下订单呢？下面主要介绍两种容易让销售员上当的情况。

上当者1号：

A供职的公司经营数码产品，当地的电子商场里有很多商家都是公司的重要客户。一个同事要辞职了，A就接手了这位同事的客户，其中有一个客户据同事说很难缠。铺了不少货在这个客户店里，可是结款的时候，这个客户总是用各种理由去推托。老板亲自跟这个客户谈过一次，也没有成效。

某月中旬，老板又给这个客户打电话，没想到这个客户很爽快答应说这个月底就结款，并让老板放心，以后还会有大生意照顾他。因此，老板开始怀疑是不是A的工作没有做好，还说这个客户不是挺好说话的嘛。

A到月底跑去结款，没想到这个客户说："我跟你们老板商量好了，5号肯定结款。你先回去吧。"虽说老板的命令是下月初拿到回款，可客户又说和老板商量好了，就5天的时间，等等吧，总是麻烦老板不找骂吗？所以，A想紧盯着这个客户没什么问题，没想到5号客户的手机关机了。店也不在了，人也没影了。客户拖欠的7万多元钱就这样飞了。

老板在开会的时候大发雷霆，说他根本就没和这个客户商议，让A承担所有的责任。A一气之下，连工资都没要就离开了这家公司。

上当者2号：

B代表厂里同一家公司达成了交易，前几笔很顺利，到这个月出问题了。都是一样的产品，可这家公司反映产品品质有问题，对产品很不满意，要求B做个解释。B只好来回奔波，原来是公司的加工工艺有所改变。以前也碰到过这种问题，B只好跟厂长汇报，改变原材料，尽量满足客户的要求。

但是这家公司不愿意承担这笔损失，要B承担全部责任，并振振有词地说，过错全在产品上。B当然不答应这样的无理要求，责任是有的，但全让自己承担是不可能的。

那家公司看赔偿没有什么希望，就想了一条诡计。那家公司要求B加紧生产，还把合同快递给B。很快，产品就生产出来了。B去催款的时候，这家公司却说，等等吧，现在还没定下来。连催了好几次，得到的都是类似的答复。B这才明白是被这家公司给骗了——故意让你多生产产品，然后不付款。货物压在仓库里，卖又卖不出去，B也被老板炒了鱿鱼。所以，你一定要让客户付了定金再生产，不然损失的只能是自己。

这两个案例只是客户坑害业务人员的典型，事实上还有很多小伎俩需要销售人员注意，一个不小心就很容易被"陷害"。想不被陷害，重点在预防。下面这些小招数也许能帮你识破客户的骗局，虽然有些老生常谈，但牢牢记在心里，举一反三，一定会对你有非常大的帮助。

第一招：千万不能贸然到客户那里。如果一个客户声称要与你合作，却迟迟不来你这里洽谈，还承诺预付定金，签订合同。这种客户明显就是骗子。你相信有这样的好事吗？所以，不要贸然上门拜访那些很不靠谱的客户。

第二招：捂紧你的钱包。客户还没有预付款给你，就向你索取产品、服务、回扣、好处费、手续费、公证费、质检费、烟酒土产物品以及请客吃饭等，这些客户大多也是骗子。拿了、吃了、喝了，最后什么都不会给你！

第三招：看到标准化的询价信息，马上删到垃圾箱。格式化的询价信息是对方事先编好的，然后才填上你的单位名称和需求的产品的单子。就像小广告一样，到处散发，以达到广种薄收的目的。骗子都是事先编好台词，然后把抬头一填，通过各种渠道广撒网，就等你上钩了！

第四招：不妨问客户一些专业话题。一般来说，行骗的客户不会具体细问产品或服务的情况，也不怎么关心你报的价格高低，他们只是装腔作势地随便问一下。这个时候，你只需问几个专业问题，一下子就能让他露出马脚。

骗子的手段千变万化，但万变不离其宗，只要牢记这两句话，保你安全无虞：

1. 天上不会掉馅饼！

2. 不见兔子不撒鹰！

不要又臭又长地谈话，有话请直说

客户需要的是实实在在的信息，不是销售的废话。你的话越简洁就越有吸引力，又臭又长的聒噪只会让客户反感。本来有意合作，经过你一番"演说"之后，也许这事就"黄"了。

我的朋友张女士曾给我讲过她的一次购物经历。

一天，张女士到一家商场闲逛，在女装专柜前停下来了，她想随意看看衣服。谁知她还没站稳脚跟，一位导购员就走到她面前，一口一个"大姐"，热情地向她推销服装。"大姐，您看看需要点什么？""大姐，我们这里有最新款的服装……""您身材这么好，这件衣服肯定合适。"张女士在前面走，销售小姐在后面跟，几乎是寸步不离。最后，张女士实在受不了了，对这位喋喋不休的销售说："谢谢你，我只是想随便看看，不麻烦你工作了！"这位销售小姐只好悻悻地走开了。

"说实话，我不喜欢这样又臭又长的谈话，本来想看看有没有合适的衣服，可惜挺好的心情被这位销售人员的过度服务搞坏了。"张女士无奈地摇了摇头。这是什么？这就是俗话说的"不长眼色"。我特理解张女士的心情，女人出来逛商场图的就是放松和自由，如果后面有人盯梢肯定烦透了。另外，我也特理解导购员的行为，她之所以这样做正是焦急心态的体现，但越是这样目的越难达到。

同事刘蓓佳，是一名标准的职业白领兼大龄剩女，由于皮肤不是很好，脸上有些痘痘、雀斑，和大家逛街的时候多少有些自卑。可让她最为难堪的是，每次到了商场，都会碰到各种各样的销售员前来搭讪，极力向她推荐什么祛痘、祛斑、美容服务，就像苍蝇一样紧追不放，让她非常不高兴。她对我说，其实她不排斥他们推销产品，但只要简单介绍几句就够了，如果跟在后面喋喋不休，那就让人无法忍受了。由此可见，过度热情的推销，往往让客户厌烦。尤其是不分场合的推销，还可能给客户带来困扰。

为什么喋喋不休的推销会引起客户的反感呢？从心理学角度分析，每个人都有自我防范意识，一旦个人舒适空间被侵犯就会有不适感，所以，过分打扰是让人讨厌和远离你的最快方法。作为一名销售人员，如果你不想看到这样的局面，就一定要掌握好分寸感，做到恰到好处，适可而止。要知道，现代很多人喜欢把逛商场及参加各类活动等作为休闲方式，购物只是其次，不需要销售人员的"喋喋不休"。此外，给客户面子还是很重要的，如果你当众让对方丢面子，客户就会拒绝购买你的产品。

那么，客户的真实心理又是怎样的呢？事实上，大部分客户是这样想的："你只要告诉我事情的重点就可以了，我不要听你又臭又长的谈话，有话请直说！"所以，切忌喋喋不休，有时候沉默也许真的是"金"，沉默反而会让你收到意想不到的效果。少说并不意味着不懂销售，多说并不意味着就是高手。很多内向不善言谈的人，只要能精准洞悉客户心理，一样能成为销售大师。一般情况下，销售人员多说几句本没错，想多了解客户的感受和需求也无可厚非，但总是跟在客户后面喋喋不休地推荐商品或服务，会让客户厌烦不已。这一条是销售中的大忌，切记。

我上面所列举案例只是日常生活中经常遇到的场景，当我们和客户进行大型商务谈判的时候，道理也是一样，客户需要的是实实在在的合作利益，而不是销售的废话。你的话越简洁就越有吸引力，紧紧抓住客户的真实心理才是最重要的，又臭又长的聒噪只会让客户反感。我本人在年轻时就有过这样的经历，客户本来有意与我合作，甚至要签订战略合作协议的，但经过我一番狂轰滥炸的"演说"之后，原本板上钉钉的合作美事就"黄"了。我后悔得眼泪都出来了——不过我明白自己所流的泪都是脑子进的水，后来每次合作会谈我都避免喋喋不休，尽量直奔主题，告诉对方合作的真实利益点在哪里。

我知道，销售人员在这方面的苦衷，三天三夜也说不完。正所谓"商场如战场"，我们都信奉一个观点——你不积极主动，多和客户交流，机会就会越来越少。这样的思维原本是没错的，但是，我们在沟通交流的时候要多注意客户的反应，看客户是否对自己的谈话感兴趣。如不感冒，请立即调整自己的话语，尽量赢得客户的共鸣。如果不幸看到客户脸上开始出现厌倦的神情，就请尽快结束自己的谈话，不要把客户残留不多的好感消磨殆尽。

无干扰的服务是对客户的一种尊重，长话短说也是对客户的一种尊重。所以，每一个销售人员都应该懂得其中微妙的道理，争取"长话短说，有话直说"。

别自以为什么都知道，把客户当成笨蛋

别以为客户什么都不知道，自己什么都懂，在和客户交流过程中，把客户当成了笨蛋。自己在那边狂吹滥侃、自吹自擂，其实客户已经恨得牙都痒痒了。在销售的时候，切记不能把客户当成笨蛋，否则就算客户不懂，也不会买你的东西。

在这个世界上，大多数人都认为自己是最聪明的，尤其是在自己所擅长的专业领域，更是自认为天上地下无所不知。如果正好面对的是一个门外汉，更是处处炫耀自己的专业知识，把对方当成笨蛋和傻瓜。然而，这样真的可以显示出自己的聪明才智吗？事实上，你越是自以为是，别人越不把你当回事。你把别人看作笨蛋，别人就会让你滚蛋。如果别人恰好是你的客户，那么你就惨了。

我有个表姐在北京生活，早年从事金融投资方面，赚了不少钱，如今安心做起了家庭主妇。一个女儿，一个儿子，生活得相当幸福。一天，表姐准备给自己的女儿和儿子购买两套适合孩子的书桌和书柜。她通过网上搜索查询，选择了一家全国知名家具的北京地区代理商。这天，她来到这家公司的品牌店。

表姐一进门，一个销售人员就热情地迎了上来，迫不及待地说："欢迎光临，一看您就很有眼光。本店的家具质量上乘、设计一流、豪华高档，摆放在您的客厅里，一定可以大大提升您的品位。"听到这些话，表姐很有涵养地笑了笑："谢谢，不过我对这些倒不是很重视。我先随便看看。"

销售员的脸上堆满了笑容，强力推荐一款欧式家具："非常乐意为您效劳，您看，这套家具的边角采取的是欧洲复古风格，设计十分独特，还可以当作梳妆台用，非常适合你这样高雅的女士……"表姐不得不打断他的话："是这样啊，好像不是我最感兴趣的。我比较关心的是……"

销售员紧紧跟在表姐身后，不等说完马上就接过话："哦，我知道了，您看看！这套家具采取的都是上乘木料，外面还配置了保护层，我敢保证它的使用寿命绝对在20年以上……告诉你，我在家具方面非常专业，你有哪里不懂的尽管咨询。"

表姐又一次打断了他的话："不好意思，关于这些，我都相信，但是我想，你是误会我的意思了，我更关心孩子……"其实，表姐本想说："我更关心适合不适合给孩子用，而且这些高档家具我们家里都已经配了……"可惜的是她的话还未落地，那个自作聪明的销售员就抢过了她的话："这位女士，这样的担忧，在我们店里，您完全可以忽略。我们会为您的家具特别配置一些防护措施，能够避免小孩子在上面乱涂乱画。对了，您再看看，这件家具还是一件非常有价值的收藏品。如果您买全套的话，我们还可以给您优惠价……"

表姐实在听不下去了："对不起，我想我真的不需要，谢谢你。再见。"就在表姐转身离开的时候，听到那个销售员在背后嘀咕："不买就不要浪费我的时间嘛，一看就是买不起高档家具。真是的，什么人！"表姐苦笑了一下，对这样的营销人员彻底无语了。

不可否认，这位销售员的确懂得很多，专业知识掌握得相当牢固，积极主动性也值得肯定，他殷勤地向客户推荐了一系列商品，可是却依然不能做成这笔生意。问题究竟出在哪里呢？我相信他本人回到家里一定是百思不得其解。对于这样的困惑者，如果没有人点破唤醒，估计就这样在自以为是的迷梦中一辈子昏睡下去。我觉得自己有必要讲出这个事实——这名销售人员最大的错误在于自以为是，以为自己什么都知道，唯独不知道客户的心理。

销售员以为自己对产品无所不知、无所不晓，面前的客户就像一个什么都不懂的白痴，需要自己的启蒙和讲解。事实上，客户早就胸有成竹、目标明确了。本来，客户确实是想购买产品的，就因为销售员自以为是的讲解和推荐而果断选择了别的商家。由此看来，一名销售员如果不懂客户心理是很难达成交易的。一个成功的销售，必须把自己当作什么都不知道的小学生，耐心倾听客户的心声，有效激发客户的购买热情，而不是强加给客户一大堆貌似专业的讲解。要知道，你的自以为是在客户眼里什么都不是，你认为客户是傻瓜，事实上自己才是最大的傻瓜。客户的逃离就是对你最大的惩罚。

在现实生活中，确实有不少销售人员认为客户什么都不知道，自己什么都懂，在和客户沟通过程中，把客户当成笨蛋忽悠。自己狂吹滥侃、自吹自擂，其实客户已经恶心得都要吐了，恨得牙都痒痒了。所以，我们在销售的时候，切记不能把客户当成笨蛋，否则就算客户不懂，也不会买你的东西。有了这样的忽悠和不尊重心态，就意味着自己的智商和情商堪忧，出不了单也是正常现象。即使侥幸忽悠成功，也只是一锤子买卖。靠一锤子买卖很难发大财，除非你从事的是违法买卖，不过法律是不会放过你的。

所谓的心理学有时候并没那么玄奥，少想自己、多想别人是核心法则。尊重你身边的任何一个人，即使你面对的是真正的傻子，也要以平和心态对待，谦虚耐心地观察和聆听他的需求。如果你接触过智障儿童就会发现，他们也有丰富的感情，从内心里喜欢和亲近理解自己的人。如果你能放下姿态，领悟人性的真谛，就能够做到上与土豪做朋友，下与街头乞丐谈世情。这才是真聪明，可谓上天入地，无所不能。

假如这是你的钱，你会怎么做？

与寻找快乐相比，人们更急于逃避痛苦，因为人的本能就是保护自己免受外界的伤害。赚钱是乐趣，但是如果有遭受损失的危险，估计所有的客户都可能被吓跑。每个人都知道赚钱的艰难，所以花钱在大部分情况下是一种痛苦，不管你是一个穷人还是一个富人。

说白了，世界上各行各业就冲着一个目标，就是赚钱，琢磨如何把钱从别人口袋转移到自己口袋。那么，怎样才能把别人口袋中的钱转移到自己的口袋中？销售是一种有效手段，它可以推你走向成功。

销售最直接的目的就是从客户的口袋里掏钱。如果没有"勾引"客户的能力，客户根本不想买，你怎么能将他口袋里的钱掏出来呢？如果你硬是强卖、强掏的话，也许他会拨打110，警察很快就会告诉你这是光天化日下的抢劫……

你要想从客户的口袋里掏钱，就必须先打动他们的心。谁的钱也不是大风刮来的，买东西之前都会考虑再三。你想卖给别人东西，先要想好客户买这东西值不值，也就是说，假如这是你自己的钱，你会怎么做？

不管怎么做，销售人员在行动之前一定要懂得体会客户的心理，站在客户的角度想问题，找出他们真正想要的东西。假设你的销售对象是一家公司，如果你有一定经验的话，你肯定清楚客户对钱的强烈反应。很多销售人员认为客户公司首先考虑的问题不是如何花钱，而是如何赚钱。事实真的是这样的吗？

"如何赚钱"是每一家公司必然考虑的最终目的，但这不是他们关心的首要问题。那客户在钱这个问题上首先考虑的是什么呢？事实上，客户一般的考虑顺

序是:

1. 省钱；

2. 赚钱；

3. 不花钱。

心理学家认为，与寻找快乐相比，人们更急于逃避痛苦，因为人的本能就是保护自己免受外界的伤害。赚钱是乐趣，但是如果有遭受损失的危险，估计所有的客户都可能被吓跑。

随着现代社会竞争的激烈，赚钱变得越来越艰难，那就意味着每个人都必须学会省钱。花钱在大部分情况下都是一种痛苦，不管你是一个穷人还是一个富人。客户大多会先考虑如何避免遭受痛苦，然后才会考虑如何才能找到快乐。想让客户掏钱，那就是给他制造痛苦。所以凡是涉及金钱问题，必须慎之又慎。

如果想达成自己的销售目的，不妨给客户一个快乐的理由。让他们明白价值远远要大于价格，有些价值是不能用金钱来衡量的，你的首要任务就是找到这个契合点。记住，你的使命是让客户花钱花得舒心而不是窝心！只有快乐的交易才能维持长时间的热度，也就是积极拉动所谓的"回头客"。

作为一名销售人员，你必须具备一定的成本意识，不仅为自己考虑，为自己的企业考虑，更要为客户考虑。不妨做个假设——假如现在你想买某一款产品／服务，你会买最便宜的，还是选择一款物有所值的？你的客户同样也会想这个问题。实际上，他们想得永远要比你多。你只是在想着钱，而客户却在考虑这些在你看来鸡毛蒜皮的小事。比如产品安全性、产品及零部件的使用寿命、零部件成本及供应情况、后期维保开支、是否能带来生产力的提高、需要培训多少员工等等。

如果客户选择了成本最低的产品，那么只有两种可能性：

1. 你不是一个合格的销售，没能向客户说明成本和产品价格之间的区别；

2. 你不是一个合格的销售，你找错了客户，其心理价位只能承受这样的。

看看，都是你的责任。让客户选择了价格而不是价值，这是一个销售最大的失误。不要说，这个客户是个穷人，穷人往往很大方，花钱也是分场合的。当一个客户走进商场或者点击进入网络商铺的时候，他已经有了一个心理预算。销售唯一能做的是尽量让这个客户增加预算，多多益善。

国外有位销售心理学家对价格和价值做如下诠释："价格代表了你的付出，价值是你的所得。"客户内心所想不过是避免痛苦，寻找快乐。但在寻找快乐之前，他们从销售人员获得的价值可能是：如何降低成本、如何降低风险等。如果你能找到客户想要的真正价值，并让客户知道如何获得，那你已经占据了主动权。

我经常听到有些销售人员抱怨："我努力向客户解释价格和价值的区别，但客户根本不想听，我真的是没有办法了。"如果你也遇到了这种情况，那你要明白，买家和卖家之间的冲突是必然存在的。从销售角度出发，目的无非是从客户腰包里掏钱。从客户角度考虑，他们要尽可能避免钱包里的钱溜走。冲突就是这样产生的。这个冲突是不可解除的，唯一的方法是舒缓。

大多数客户认为自己的钱被销售人员拿走是一种痛苦，那怎么才能说服客户呢？只有一句话，告诉客户：你花钱和不花钱相比，不花钱的损失更大！利益是相对的，权衡利弊，客户不是傻瓜。如果客户对你不感兴趣，原因可能有两个：

1. 他们还没有意识到不买的损失；

2. 他们对你不够信任，不想与你分享他们的痛楚。

让客户获得心理上的快感，千万不要把自己接近客户的意图定位在仅仅赚他的钱。如果你只盯着客户的钱，结果可想而知——客户会对你敬而远之。别说是客户交易这样的小事，就是诸如婚姻大事，一个姑娘如果总是盯着一个亿万富翁的钱，他也不敢轻易就承诺结婚。

　　所以，我们必须站在对方的位置想一想，如果客户手里的钱是自己的钱，你会怎样支配这些钱？你会采取怎样的行动？事实就是这样，如果你能处处为客户着想，给他们一个合适的购买理由，相信你的交易很容易就能实现。

只是为了我的钱，我看得出来

　　不能让客户觉得"只是为了我的钱，你才和我套近乎"，那样的话，你的销售工作做得实在是太失败了。醉翁之意不在酒，才能体验到醉酒的快乐；销售目的不为钱，最终才能收获更多的回报。

　　"你这么热情地跟我套近乎无非就是为了我的钱，我不是涉世未深的小孩子了，这点小伎俩我还是分得清的。快走吧，别在这儿烦我了！"你知道吗？很多客户心里的真正想法就是如此。

　　你在极力向人推销产品或服务的时候可曾想到这个问题？如果你能想到，恭喜你，你离一个真正的销售高手不远了。如果还不能的话，请你学着体会除了钱之外还有哪些更重要的东西。

　　博恩·崔西是世界著名潜能大师、效率提升大师和销售教练。他的训练方法帮助千千万万的销售员提升了业绩。他的书籍被翻译成多种文字，几乎放在全世界每个营销经理的床头。这位营销大师最有名的一句话是："别只盯着客户的钱！"在他漫长的营销道路上，是如何处理和客户关系的呢？下面我们来看一看。

1. 在客户身上投资更多的时间。多花点时间在和客户相处，尽量为客户着想，和客户建立起良好的商业友谊。博恩·崔西与客户相处的时候，绝不会急着赶时间。他说："我绝对不会对客户没耐心，我愿意花足够的时间去帮客户做出正确决定。"你的时间在哪里，你的成就就在哪里。这话一点不假。

2. 真诚地关心客户。博恩和很多客户的关系非常好，甚至成了生活中的好朋友。他说："你越关怀你的客户，他们就越有兴趣和你做生意。"关心是一种自内心而发的真挚感情。情感的力量是强大的，有时候比商品本身、商业项目、交易规模都更重要。一旦客户认定你是真正关心他，真心为他考虑，他就会向你购买商品。

3. 尊重每一个你所遇到的人。一个人的所作所为，以及为什么如此拼命努力奋斗，很大程度上就是为了博得别人对他的尊重。你的自尊和自我肯定，大部分都取决于别人的尊重程度。你越在意别人的意见，别人对你的尊重程度越能影响你的行为。事实确实如此，当我们觉得别人尊重自己的时候，就会对尊重自己的人特别重视。人的天性就是如此，谁尊重你，你就会觉得谁是优秀的、有判断力的、有内涵的。面对客户也是一样，你尊重客户，客户也就越尊重你。

4. 绝不批评、抱怨或指责客户。销售人员和客户的立场是不同的，销售人员绝对不能站在自己或本公司的立场去批评客户的任何事，更不能恶言相向。当你听到别人提起自己的竞争者时，最好微笑着说："那家公司也很不错。"然后请继续介绍你的产品或服务。如果有人告诉你，你的竞争者在批评你，请一笑置之。

5. 毫无条件地接受。人性中最重要的需求之一：希望能够被他人毫无条件地接受。在向客户推销的时候请保持微笑，温和友善的态度是你接纳别人的先兆。人们从内心深处喜欢和接受自己的人在一起，而不是刻薄自私的态度。记住，你越能够接受别人，别人就越愿意接纳你。

6. 赞美客户。喜欢赞美是人的天性，人在听到称赞的时候，心情会感到快乐，变得更有精神。每个人都是如此。当你对客户表示赞扬的时候，你会发现原来营销是如此简单。赞美客户，你会成为一个备受欢迎的人。

7. 感谢每一个帮助过你的人。当人们感谢彼此的时候，不管任何人、任何事，都会感觉到对方对自己的肯定在强化。你越让客户觉得自己有价值，你在客户心目中就越重要。销售人员一定要养成随时随地感谢他人的习惯，尤其是那些对你来说非常重要的客户。

8. 羡慕客户的成就。羡慕能起到神奇的心理作用。你羡慕客户成就的时候，无形中就会提升客户的自我肯定，让客户感到"得意"。只要你的羡慕发自内心，客户就会受到正面暗示。客户对你产生好感的程度，几乎等同于你羡慕的程度。

9. 绝不与客户争辩。不管客户说什么，难听一点也无所谓，你能做的只是点头、微笑，并欣然同意。想想你最终的目的，你还有什么不能忍受的！人们都喜欢和"英雄所见略同"的人打交道，不喜欢那些爱抬杠的人。销售也是如此，就算客户有明显错误，他还是讨厌你把他的问题揪出来。请把眼光放长远一点，放在建立关系上面，放在商业利益上来考量。

10. 集中注意力，倾听客户在说什么。倾听是对客户最大的尊重。在客户说话的时候，一定要集中你的注意力。关注客户，就是恭维客户。你听得越认真，就越让他觉得自己很重要、很有价值。

销售的任务是什么？不仅是卖出产品、获得利润，更是要成为一个人际关系高手，甚至是人际关系专家。每一个营销人都要懂得维护和客户之间的关系，不能让客户觉得"只是为了我的钱，你才和我套近乎"，那样的话，你的销售工作做得实在是太失败了。醉翁之意不在酒，才能体验到醉酒的快乐；销售目的不为钱，最终才能收获更多的回报。这正是复杂人性的矛盾之处。

向我证明价格是合理的

一个人采取一个行动总喜欢给自己寻找理由，客户也是这样，他们需要你给他们一个购买的理由。价格并不是关注的重点，关键是价格背后的东西。客户想要的，从本质上说只不过是一个心理安慰而已。

价格是个很敏感的词汇。事实上，谈到钱的问题一切就变得敏感起来。很多业务之所以刚开始谈得很好但最终却谈崩了，其根本问题往往就出在价格上。价格合理不合理，利润是否可观，这对客户的购买选择和决定是非常重要的。在处理价格这个问题上，销售人员除了要懂得价值和价格之间的关系外，还要学会一些关于价格的小技巧，让客户觉得销售人员所说的价格是合理的。

销售人员要明白，价格是客户对商品的价值有所了解之后才涉及的问题。客户对商品的购买欲望越强烈，他对价格考虑得也就越少。就像初次面试的时候不能和老板提工资一样，销售员最好不要主动和客户谈价格。因为你很难知道这个客户的真正想法，也不是很清楚他对你推荐的商品感不感兴趣。当客户主动询价时，那就说明他对这件商品产生了兴趣。答复客户的询价，也不要太直接，应是建设性的："价格大体是这样的，不过您最好考虑一下商品质量和使用寿命。"答复后，你要乘胜追击，继续进行促销，不能让客户停留在价格的思考上。永远把商品的价值放在价格前面。

为了向客户证明价格很合理，最好是把他的注意力引向相对价格而不是实际价格上。相对价格，就是与价值相对的价格。让客户体会到购买你的商品的好处和获得的利益。"便宜"和"贵"都是相对来说的。同一商品，有人觉得贵，有的却认为便宜。就以买书做例子，有人花35元买了一本书，他觉得很贵，但是吃了一顿饭花了1500元却不以为意。

如果客户不舍得花钱购买某件商品，觉得产品价格高而想选择一些相对廉价的商品，这个时候，销售员可以将这两种商品进行对比，向客户强调所销售的产品的优点，说明自己推荐的商品能给他带来实实在在的利益，钱花得值。也就是说，要学会引导客户正确看待价格差别。

比如以企业印刷宣传画册为例：两家不同的印刷厂，相同的业务，但印刷万份宣传画册的差价是200元。如果客户选择价格便宜的印刷厂，作为一个印刷业务员，你应该怎么说？"200元钱，平均每份才多收2分钱。请您比较一下，我们厂的纸张质量好、印刷效果好、字迹也清楚，完全符合您的要求，更能提升贵公司的声誉。还有，我们的原则是准时交货，雷打不动。"也许，就因这几句话，生意就能谈成。

如果你销售的产品价格确实比较高，怎么才能打动客户的心呢？

这时，你应该向客户强调所有能够抵消价格"高"的因素。当客户对价格提出反对意见时，你要有理有据地说服客户，不要一言不发。了解客户不想买的真正原因，并把产品的所有优点详细说给他听。

如果客户说："我记得以前的价格不是这样的啊。"言外之意是对现在的价格不满意了。销售人员如何应答呢？这个时候，千万不要说类似10年前2.5元一斤猪肉这样的话，因为这些话很容易招致客户反感。我们应该态度诚恳、实事求是地告诉他，"这不是我们无故提价，是因为成本提高了，功能改进了，原料价格上涨了，进价提高了很多"等，尽量让客户觉得商品价格是十分合理的。

一个人采取一个行动总喜欢给自己寻找理由，客户也是这样，他们需要你给他们一个购买的理由。价格并不是关注的重点，关键是价格背后的东西。客户想要的，从本质上说只不过是一个心理安慰而已。总而言之，只要你能满足客户这种"讨说法"的心理，向他充分证明产品价格是合理的，如此一来，很容易就能达成你的交易目的。

让客户觉得自己很特别——如果我要花钱，我要花得开心

客户花钱不是来找不自在的，他需要成为独特的那一个。他之所以发火，和孩子哭闹是一个道理，无非是渴望得到更多的关照和呵护。所以，销售人员一定要让客户觉得钱花得舒服，心情愉快，心理上受尊重，获得一定的成就感。

俗话说："巧妇难为无米之炊。"没有客户，再好的产品、再厉害的销售也赚不到钱。客户就是你的衣食父母，把你的客户"伺候"好了，让他们觉得钱花得值，钱花得很特别，钱花得很有品位，钱花得舒服，钱花得开心，何愁你的销售业绩提不上去呢？

那么，怎样才能让客户钱花得舒服呢？事实上，很大程度取决于技巧和有效的沟通。沟通，不是简简单单的对话，它需要站在客户的立场上考虑问题。体会客户的喜怒哀乐，让客户享受到购物的乐趣，而不是花钱的痛苦。只有先让客户的心里舒服了，才能谈及后续购买或合作的事。

销售人员不能总是把自己摆在销售者的位置上，要学会把自己看作一个消

费者。假设你是一个在各大商家之间流连的客户，一定要有不一样的思考，你的思路才能真正地贴近消费者，才会懂得如何牵引消费者；才能明白怎样去讲解商品的卖点，才能引起消费者的认同，从而引起消费者的共鸣。

阿丽是一名应届大学毕业生，从学校出来后很长时间找不到工作。一次，经过一家珠宝店，看到玻璃上贴着一张招聘广告。阿丽到近前一看，原来是招聘销售。因为很长时间没有收入，阿丽决定试一试，不是说"先就业再择业"嘛。

面试过程很简单，阿丽第二天就上岗了。经过几天简单培训，阿丽站在了珠宝销售柜台前。因为正赶上国庆节，店里的生意很好。阿丽也接待了几个客户，卖出一枚钻戒，很高兴。没想到，还没高兴过劲，就出了问题。一位顾客在买黄金项链的时候，对品牌、工艺不是很了解，问了阿丽很多问题。因为当时客流量比较大，阿丽不可能照顾得那么周到。顾客问的这些问题，阿丽没时间细心回答，于是难免出现摩擦。没想到，这个顾客大发雷霆，对阿丽的服务很不满意，非要阿丽道歉，阿丽开始还很耐心地跟他说话，后来也忍不住发起火来。两个人大吵大闹，惊动了店面经理。最后，阿丽离开珠宝店了事。

虽然这事不能完全怪阿丽，但是她不能控制自己的情绪是不对的。客户本来是很想买首饰的，非常有诚意。然而，顾客的满腔热情却遭到了冷遇，看到销售员照顾别的客人，冷落了自己，发火也是在情理之中。要知道，客户花钱不是来找不自在的，他需要成为独特的那一个。他之所以发火，和孩子哭闹是一个道理，无非是渴望得到更多的关照和呵护。所以，销售人员一定要让客户觉得钱花得舒服，心情愉快，心理上受尊重，获得一定的成就感。作为一名销售员，在服务客户的时候要注意以下几点。

1. 让客户认为自己独一无二。每个人都渴望自己最重要，成为别人眼中的唯一。我们在世界上努力和奋斗无非是为了实现自我价值。所以在销售中，我们如果满足了客户的这一心理，他大多时候都不会让你失望。

2. 微笑是世界上最神奇的东西。一个微笑甚至能救人一条命。对客户保持微笑吧，微笑不仅能调节自己的心态，还能引起消费者的好感。当然，微笑也要看准时机，对自己的情绪要控制自如、收放有度。

3. 言谈举止有涵养的人，往往能得到别人的尊重。如果和客户沟通时想给客户留下好印象，一定要谦虚有礼，建立起友好和谐的气氛。

4. 从客户感兴趣的话题谈起。这个话题要根据客户的身份来判断，内容也可以是多种多样的，上至天文，下至地理，风俗财经，都是可选择的沟通话题。

5. 学会聆听，学会解答，成为一个有沟通技巧的人。客户说话的时候，不要打断；客户提问的时候，尽力详细地去解答。让客户觉得很舒服，这钱花得很特别，才会对你的产品产生兴趣，进而达成交易。

6. 寻找共同点。人与人之间总会有共同点的，找到你和客户的共同点，激起心理上的共鸣，这是加强沟通最有效的方法。

客户口中的"考虑考虑"是什么意思？

当客户说"考虑考虑"时，那就表示他有了拒绝的打算。所以，在交谈的时候，就要让客户的这种拒绝的念头"胎死腹中"。一旦他有了这种念头，马上引开话题，千万不要拖时间，否则生意很难做成。

常听一些销售人员抱怨——客户怎么"考虑"这么长时间啊？办事一点

都不靠谱，这不拿我开涮吗？其实，是你根本不知道客户的心里在想什么！那么，那些总是说"考虑考虑"的客户到底在想什么呢？

黄永是一家纺织企业的小老板，没有上过大学，对网络也不是很了解。他看到现在有很多年轻人开网店，自己也萌生了一个这样的想法，想搞网络贸易，把自己生产的服装放到网上去。

说干就干，黄永让新来的文员把供应信息发到了一些交易网站上。他想着这和平时在网下开门市差不多，客户看到信息找自己一做不就完了吗？没想到，事情不是那么容易。有客户询问价格，黄永要求客户寄小样过来，客户把小样寄来了；然后黄永也把自己加工好的小样也寄给客户确认了；客户确认了样品后，然后问价格，问托运费、托运的时间，黄永一字不漏地如实回答了。双方谈得很开心，最后客户说考虑考虑！没想到，有好几家客户都是这样说，最后生意也就这样不了了之了。

黄永该怎么办，还需要再和那些仍在"考虑"的客户联系吗？诚信做生意真的就这么难吗？黄永简直是一筹莫展！

其实，当客户说"考虑考虑"时，那就表示他有了拒绝的打算。所以，在交谈的时候，就要让客户的这种拒绝的念头"胎死腹中"，千万不要拖时间，否则生意很难做成。

当你听到客户说："我再考虑考虑，以后给你答复。"千万不能轻信客户的话，待在办公室里傻傻地等消息。也不要灰心，利用一定的技巧，完全可以"搞定"客户，拿下这个单子。接下来，我们看看怎么来应对客户的话。

这时，你可以说："既然您说要考虑一下，相信您对我们的产品还是有兴趣的，对吗？"然后，一定要记得给客户留出反应的时间，因为这个反应往往能引导客户走向你的话题轨道，为你的下一句话做准备。

客户通常这样说："是的，我确实有兴趣，但我还是想考虑考虑。"下面，你的任务是确认客户在敷衍还是真的在考虑，"那我可以假设您确实在认真考虑我们的产品吗？""考虑"二字适当延长时间，并以强调的语气说出。或者说："您这样说不是只为了要躲开我吧！"堵住客户的退路，让他没法拒绝你！

你可以表现出揭露他们"小花招"的样子，只要客户不说"我确实没什么兴趣"，你就必须更有力地推他们一把。你可以说："对不起，可能是我哪里没有解释清楚，让您说要考虑考虑？是我们的产品问题吗？"用这些话来表示真诚，赢得客户的信赖。

当然不仅是产品，你还可以给客户分析他能得到的所有好处。最后，还要问一句："实话实说，是不是您感觉这个价格不合适？"如果客户确定是钱的问题，恭喜你，你已经打破了"考虑考虑"的定律！只有接触到客户最本质的问题，才能找到销售的突破口。最后，询问一下客户是否还有其他事情不好确定，并尽自己最大的努力去解决这些难题。

在谈话中还要用心体会客户的语气，以确定客户是否真的要买，如果购买的欲望不是很大，最好不要急着在金钱问题上结束这次交易。如果你不想买一件东西，你还在乎它值多少钱吗？道理是一样的。

最后，我要告诉大家的是——你即使知道客户嘴里的"考虑考虑"是一种小诡计，也尽量不要去揭露或者讥讽，这是营销人员最起码的职业道德，也是你成功的关键所在。

第 二 章

客户需要什么?

销售是什么?销售就是发现客户还没被满足的需求并去满足他。要想有个好收成,就得在找准市场需求点上下功夫。说通俗点,就是知道客户真正需要什么,同时用比竞争者更好的方法满足客户的需求。

免费的午餐连比尔·盖茨都想要

没有人不贪便宜，没有人不希望今天甚至以后的午餐都是免费的。在这一点上，连比尔·盖茨都不例外！所以，你要学会这一套，学会巧妙利用这种无往不利的营销手段。

记得有一次，我出差到一个陌生的城市。早上散步的时候，我发现一个小小的窗口前面排了很长很长的队伍。大清早，这些人在干什么？现在还没到春运呢，怎么跟买火车票似的？我好奇地走上去一看，原来是烤鸭店在搞免费促销活动。

看到此情此景，我不禁感叹了一声：怪不得那个做商超连锁的朋友一直在跟我念叨什么"便宜一分钱，能赚一万元"，看来还真是，人呀，都喜欢贪小便宜。世界上没有不贪图便宜的人，渴望免费是人的内心潜在意识。我想，如果世界上真有免费的午餐，估计连比尔·盖茨都想要，因为几乎没有人能挡住免费的诱惑。

销售人员一定要学会掌握客户的这种贪便宜的心理，进行销售。适当地给客户一些便宜，让他们觉得这是天上掉馅饼的好事，"机不可失，时不再来"，"过了这村就没这店了"，就能抓住客户的心理，让他们购买。

现在你走在大街上，会发现有很多商店都在搞免费促销、打折、优惠的活动。比如"本店现有一批来自广州的皮鞋，因厂家资金周转困难，现清仓大甩卖，原价150元，现只卖38元""本店房租到期，所有商品清仓大处理""跳楼价处理""挥泪大甩卖"……这些都是一种销售的手段，为了吸引客户故意做一些所谓的"降价"，利用的就是客户爱贪小便宜和盲目从众的心理。

每个人在潜意识里都在追求物美价廉，但这个世界上真正物美价廉的东西是根本不存在的。一分价钱一分货，这才是真理。尽管如此，渴望物美价廉甚至免费的念头是藏在本性深处的。所以我们要记住，客户不是要占便宜，而是追求一种占了便宜的感觉。由此可见，占便宜是一种内心的感受，与实际情况没多大关系。作为销售员，如果能够给客户带来这种感觉，基本上就算成功了一半。

然而，现在很多客户对商家的各种促销手段有了"免疫力"，已经见怪不怪了。但是，我们在销售的时候仍然要贯彻这一信念，利用贪图便宜的心理特点来达到促销赢利的目的。当然最好要避免打着赔本大甩卖的口号去欺骗客户，因为傻瓜都知道你不可能赔钱去卖货。

对销售人员来说，特别是对一个刚刚进入销售行业的新人来说，我们更要明白，掌握客户的心理比拉来一个单子更重要。没有人不贪便宜，也没有人是不要返利的，没有人不希望今天甚至以后的午餐都是免费的。在这一点上，连比尔·盖茨都不例外！即使他是富可敌国，但在人性方面跟我们并无二致。所以，你要学会这一套，学会巧妙利用这种无往不利的营销手段。

在和客户交谈的过程中，一定要注意，尽量去满足客户的正当要求。发现他们不满意了，就不要强求，立刻去询问他们，看看哪些地方还需要改进，并认真地去帮助客户寻找最适合他们的产品，告诉他们自己的产品和隔壁的店相比，更有优势或者价格更便宜。但是作为消费者，我们要明白世上没有免费的午餐，如果自己追求免费午餐，最终将导致我们付出更高昂的代价。

不过随着互联网时代的到来和共享经济的发展，免费的午餐也经常会有。比如360杀毒软件推出免费服务，门户网站可以免费看新闻，优酷、爱奇艺等视频网站也可以免费看电影，公众号上有丰富而多样的免费内容等，免费几乎成了一个流行词。然而这种免费只是对大众用户的行为（很多时候只是偶尔为之），其最终的目的还是吸引更多粉丝，所付出的成本最终由第三方来支付，比如视频网站上的广告商，360杀毒软件可以通过为用户提供产品和新的服务来获得盈利，一种新的交叉式补贴免费销售模式开始出现。由此可见，免费是一门古老而新鲜的销售手段。

和客户建立良好的关系，让更多人知道，自己的东西是全行业最便宜的或者是性价比最高的。有时候，利润不一定是最重要的，让更多的人去为你主动宣传，效果也许会更好。看看大街上那么多喜欢特价优惠的女人，充分调动她们的积极性，让她们免费帮你做广告，这样不比在店铺外面写"跳楼大甩卖"更合适吗？

销售也是一门艺术，一门讲究人情练达的艺术，一门和客户"斗智斗勇"的艺术。学会心理战术，给客户一些心理上的优势，让客户占点小便宜，不仅满足了客户潜意识里都喜欢贪便宜的心态，也向客户显示了我们的诚意。出于投桃报李的心态，客户也许会因为回报你的人情而达成交易。

总之，把握客户的心理是达成自己销售目的的关键步骤。利用人类的天性做生意，无往而不利。贪图便宜几乎是所有客户内心真实的想法，适当给他们一些小便宜，让他们觉得自己是"自己人"，和客户"心有灵犀"，你的生意才会"点点通"的。

你给我一颗糖，我给你一张奥特曼卡片

人们对别人的帮助或赠予很难做到置之不理，就算我们不愿意或者力不从心，那也不想背负有愧于对方的心理负担。在生活中几乎无处不在，大到国际关系，小到邻里相处，人与人的交往，甚至是蚂蚁和蚂蚁之间都存在着这样的互惠原理。

什么是互惠原理？简单来说，就像幼儿园小朋友里，你给了我一颗糖，我给你一张奥特曼卡片。即使你不给我一张卡片，还可以用其他的方式补偿；即使你什么都不给我，你多少会对我有一种愧疚感。这种愧疚感最终会让你为我将来的产品或服务买单。

中国有句古话："滴水之恩，当涌泉相报。"于是，我们经常看到这样的场景：一个可怜兮兮的小女孩拿着一束脏兮兮的玫瑰花递给过路的人；一些"残疾人"跪在地上可怜巴巴地叫你"大哥"。于是，很多人从自己的口袋里掏出了零钱。这就是文明的力量，或者是"好面子"心理。更重要的是一种回赠的心理，别人的玫瑰花和大哥称呼可不是白给的，你得为此给予回报。

根据心理学的研究，人们对别人的帮助或赠予很难做到置之不理，就算我们不愿意或者力不从心，那也不想背负有愧于对方的心理负担。

法国人类学家Marcel Mauss说："给予是一种责任，接受是一种责任，偿还也是一种责任。"当有人给予你帮助的时候，你肯定会感觉有愧于他，总想找个机会偿还。这就是人类普遍的心理共识。当然，还有极少一部分人只懂索取而不去偿还，只能说他们"不是人"。

互惠原理在生活中几乎无处不在，大到国际关系，小到邻里相处，人与人的交往，甚至是蚂蚁和蚂蚁之间都存在着这样的互惠原理。那么，互惠原理有什么用呢？我们就以某些社团活动来举例，使用互惠原理能更好地宣传自己，社团成员高举着牌子，手里拿着一袋糖，在人群中穿梭，免费给路人发糖。目的不就是希望更多的人关注自己，加入自己的社团吗？

很多商家也在积极利用互惠原理，以达到促销的目的。比如一些商店让路人免费品尝自己的糕点或者免费使用自己的商品，最终的目的就是让路人去购买他们的商品。假如你接受了商店免费提供的两块饼干，尽管觉得味道不怎么样，但你一定会想：我是不是该买一袋呢，吃都吃了，不买的话，是不是会很无理？这就是互惠原则的巨大杀伤力！在这种原则背后暗藏的是推动人类数千年来不断发展的文明力量，所以运用在销售领域是屡试不爽的。我就发现不少这种情况，有些咖啡馆必须购买一杯咖啡才能在店内坐一会儿，如果进去之后没有购买就会被轰出去，这样的精英模式让人感到不爽，往往门可罗雀、十分萧条。没有人气，咖啡馆早晚会关门大吉。我在北京也见到过很火爆的咖啡厅，每天24小时敞开大门，欢迎每一个进来的人，提供免费开放的Wi-Fi、免费充电的插座。每天的客人络绎不绝，不需要必须购买咖啡等饮品就可驻留，可以聊公事说闲情，都是自由的，如果你愿意，可以一直待到天明。这样的开放心态让咖啡厅远近闻名，由于有了海量客人的支持，即使只有五分之一的人购买咖啡，其盈利也是非常可观的。很多人养成习惯之后，每个星期都要来这里坐坐。出于互惠心理，总是享受免费服务，心中存有愧疚之情，在某一天终究会掏出手机扫描柜台前的支付二维码。世界上根本不存在"白眼狼"，只是能力的大小和时间的早晚而已，假以时日，"白眼狼"也会变成可爱的"天使"。

当然，并不是在所有的情况下，互惠原理都能达到促销的结果。

小明是一个广告销售，由于刚刚入行，他想迅速建立起自己的"人际销售网络"，多拿些广告订单。于是，他听从了一个"营销高手"的建议，利用起了互惠原理，不断地给客户送礼，包括书籍、服装、化妆品、家电等。但是，效果并不是很好，年终他才发现自己的单子和向客户送的礼物相比，竟然是亏本的。

为什么互惠原理在销售领域"失灵"了？

首先，因为行业竞争激烈，互惠原理已经被运用到了极致，客户有了防范心理。礼物是拿了，但不会有什么心理反应。还有，客户事先已经知道你送礼的最终目的，所以很难把收受礼物和生意联系到一起，更谈不上什么心理负担了。最重要的是，很多销售人员无法向客户传递这样一种信息：我买的礼物是自己掏的腰包！

怎么解决这样的问题呢？一是持续馈赠。就算是一个相当优秀、经常收到男人送花的女孩，只要你坚持送一年，她也至少会为你倾倒一次。人心都是肉长的，道理也是一样的。二是在赠送礼品的时候直接强调自己不是为了销售的目的，并且对客户说：请您不要有什么心理负担。这样做的目的是让对方的心理负担更加强烈。三是对客户要进行详尽的调查，在客户需要的时候及时在生活和感情上提供帮助。的确，"雪中送炭"要比"锦上添花"更让人感动。

如果仔细观察的话，说不定现在就有人对你使用互惠原理。比如说有朋友想找你帮忙，一般会请你吃饭或者给你拿些东西。在销售的时候，我们一方面被互惠原理利用，另一方面也可以利用互惠原理。

当上帝没有好处时，还不如做个普通人

像对待上帝一样对待客户，客户也会敬而远之。客户会说：当上帝没有好处时，还不如做个普通人！说实话，客户吃够了当上帝的苦，受够了当上帝所上的当。很多黑商家忽悠的就是上帝，狠宰的就是上帝。你说客户还能轻易给你再当上帝吗？

客户就是上帝！客户大于天！现在很多企业都信奉这两句话。有的企业甚至这样规定：营销准则第一条，客户永远是对的；第二条，如果客户错了，请参照第一条。似乎给客户优惠，围着客户团团转已经成为现代企业经营的一种思维和行为方式了。事实真的应该是这样吗？

把客户当成上帝，最终的目的是什么？是让客户满意吗？错！很多企业之所以这样说，就是为了从客户口袋里掏钱，为了让其再次光顾、再次购买或再次合作。但是客户真正的需求被忽视，一直没有得到真正的满足，客户也没有真正地满意。销售的真正的目的是满足客户需求，创造利润，维系企业存在的价值。彼得·德鲁克曾说："企业存在的目的就是创造客户。"以此来看，总是给客户优惠，不一定就能带来忠实客户。

客户既然买你的东西，基本上对你的商品还是满意的。满意是什么？满意就是一切符合客户的心理期待——并不是客户不投诉就代表满意，也不是一味迎合客户给予打折优惠就能换来满意。作为销售人员，一定要明确这一点。

从心理学上来说，人的天性是很善变的，得到一定满足的后果就是寻求更大的满足，当你不能满足客户更大的欲望之后，结果很可能就是"叛变"。你要知道，移情别恋的事情并不只会发生在男女之间，同样会发生在客户身上，除非你具有他非买不可的理由，让对方产生极大的依赖性。

举个简单的例子，一家美容店的生意很火爆，很多女士都喜欢来这家店体验。其实，这家店提供的服务并不是很好，但为什么生意这么好呢？生意火爆很重要的一点是积分卡，随着积分的增加，客户能获得不同程度的精美礼品以及打折优惠，而不是简简单单地随机赠一些小东西。积分卡能促使重复消费，在一定程度上给了消费者非买不可的理由。

也就是说，你是在帮助客户省钱，而不是在他们花大钱的基础上送小便宜。帮他们省钱就是帮他们赚钱，你能给客户带来额外价值，无形中也会让客户购买的产品增值。光是降低客户的购买成本不行，还要帮助客户减小交易的风险，以达到缓解客户的心理压力，从而让客户懂得你的价值。

我们只有让自己具备了不可替代性，给客户带来了实实在在的利益，才能决定能否赢得客户，而绝不是购物的时候顺带给他们一些优惠那样简单，也不是口号式的"把客户当上帝"，而不落到实处。

别总是把客户当上帝，上帝是用来祷告和信仰的，而客户是用来交流、关怀和帮助的。认真研究你能给客户带来哪些好处，你将拥有不可替代的优势；用心和客户进行交流，带给他们实实在在的利益；真诚地关心客户，站在他们的角度想问题；帮助客户得到他们真正想要的结果，时时改进自己的产品和服务，这才是抓住客户的根本。你终会成为一个成功的销售人。

给客户优惠并非永远是上策，一味地抓产品、抓服务，像对待上帝一样对待客户，客户也会敬而远之。客户会说：当上帝没有好处时，还不如做个普通人！说实话，客户吃够了当上帝的苦，受够了当上帝的当。很多黑商家忽悠的就是上帝，狠宰的就是上帝。你说客户还能轻易给你再当上帝吗？

当然，在实际操作中，还可以利用一些折扣或奖励的手段，来鼓励客户将产品推荐给其他人。比如能带来三个新客户，可以让他享受10%的折扣优惠。

这种方法和积分卡有异曲同工之妙。另外，你还可以和附近的其他商家合作，共同提供优惠券，互惠互利的合作能够让客户感觉更经济、更方便、更值得，从而对你的依赖性也就越大，你的生意也会随之越来越火。

动之以情——最有力的销售武器是情感

情感是人类接收信息的阀门。情感是刺激理智的唯一途径。人们在涉及金钱的时候往往是很理智的，如何突破客户的理智防线？最有力的武器是情感。纵观那些在销售中成功的商家，无一不是靠大打"情感牌"的。

大家可以看看麦当劳的标志，招牌底色是红色，"M"是黄色。选择这样的颜色也是有目的的，是麦当劳利用色彩以引起人们对麦当劳的情感注意，从人的记忆特点出发，选择特殊色彩，有针对性地连续注入情感。

生活在城市中的人们每天都要和红黄绿这三种颜色打交道，红灯停，绿灯行，黄色是要注意。麦当劳就是充分利用了这一点。人们走到麦当劳店前，就会不由自主地受习惯性的情感控制，走进去看看。这就是一种利用情感同认识的紧密关系的经营策略。

现代心理学研究认为，情感是人类接收信息的阀门。情感是刺激理智的唯一途径。人们在涉及金钱的时候往往是很理智的，如何突破客户的理智防线？最有力的武器是情感。纵观那些在销售中成功的商家，无一不是靠大打"情感牌"的。

销售从表面上看，只不过是商品和货币的交换过程，只是一种单纯的买卖关系。实质上，消费者从产生购买愿望到购买行为的完成，情感因素往往起着决定性的作用。如果客户上了你一次当，绝对不会傻傻地去吃第二次亏。客户之所以不再上当，不仅是因为经济上的损失，而且是因为精神上受的伤害，心中产生的愤恨、恼羞成怒、懊悔等负面情感。美国《幸福》杂志专栏作家说道："高超的销售术主要是感情问题。"这不是什么技巧性的问题，这是科学道理。

情感和需要往往是紧密相连的。客户愿意选择哪一种产品完全是由自己决定的，销售只有符合客户的需要才能产生积极的情感，进而顺利地促成购买行为。

一对外商夫妇到国内一家珠宝店选购首饰，相中了一枚八万元的翡翠戒指，但是嫌太贵，一直犹豫不决。这时一个深谙客户心理的售货员跟这对夫妇说：某国总统夫人也和你们一样很喜欢这枚戒指，但是由于价格太贵没买。这对夫妇听完后，当下就付了款，拿着戒指心满意足地走了。就因为几句话，满足了客户的自豪感，达成了交易。美国阿连森博士调查认为：平均68%的客户是由于卖主态度漠然才掉头离去的。可见满足客户情感需要是一件多么急迫的事！

当然，情感也有否定性。销售人员要做的是让客户产生肯定性情感，同时促使否定性情感转化成肯定性情感。现在一般很少见到冷冰冰的面孔，但随之而来是热情过度。热情过度了，也会造成不好的影响，因为它会让顾客产生厌烦、戒备心理。

"爱美之心，人皆有之"，这句话在销售中并不一定就实用。不要以为销售人员越年轻越漂亮越好，销售量的提高不是靠人的长相决定的。客户大多愿意找那些和自己仪表相应的售货员，而不是美得冒泡或者丑得要命的人，长相特殊的人往往会让自己"心里不安"。

销售一定要学会变通，尽自己最大的努力去满足客户的情感需要。比如说，一位一只脚大、一只脚小的女士买你的鞋子，试了很多双，都不合脚，你怎么说？如果你说："鞋不合适是因为您的一只脚比另一只大。"不用猜了，这位女士肯定不买你的账。人都是爱面子的，都有虚荣心。你不妨换个角度，对她这样说："太太，您的一只脚比另一只小巧。"也许，这位女士真就买走你的鞋子了。

消费者的情感还具有流动性和层次性，有经验的销售者往往能及时捕捉和满足客户一定时期最大的情感需求，取得绝佳的销售效果。"九一八"事变后，全国开始了抵制日货、提倡国货的运动，商人宋棐卿以双羊抵角为商标，取名抵羊牌，把库房里积压的毛线推了出去。抵羊，"抵制洋货"，迎合了爱国民众的情感，再加上毛线质量也不错，一时间成为名牌，远销全国。

情感是最有力的销售武器。"情感营销"贯穿于整个营销过程，重点在心灵沟通和人文关怀，更强调营销的"杀伤力"。要学会情感营销很容易，务必做到晓之以"利"，动之以情，持之以恒。

投其所好能够最迅速地达到让别人喜欢自己的目的

发现客户的兴趣点其重要性不亚于哥伦布发现新大陆，这将把你的销售事业引入一个全新的领地。如果你掌握了兴趣法则，即使你面对的是大领导和大富豪，一样可以轻松签单。兴趣点具有在瞬间拉近彼此距离并让生意成交的魔力。

无论身份和地位的高低，人都是一种情感动物，这是人与动物之间根本的区别。记得有位心理学家曾说："如果你想要人们相信你是对的，并按照你的意见行事，那就首先需要让人们喜欢你。否则，你的尝试就会失败。"我的理解是，每个人做任何事情，都是靠情感引导行动的。积极的情感，往往能产生理解、合作的行为效果；消极的情感带来的却是排斥和拒绝。

根据我的人生经验来看，事实正是如此，你只有让别人喜欢你，才能达到自己的目的。而迎合别人的喜好，能够最迅速地达到让别人喜欢自己的目的。这就是我们常说的："投其所好。"在大家眼里，投其所好者的目的往往是不可告人的。我们这里说的"投其所好"是一种心理策略，可以从客观的层面和善意的角度来理解。假设你的目的是光明磊落的，然后合乎情理地去引导客户，这种"投其所好"不正是一种很好的销售手段吗？

要让别人对你的态度发生变化，让客户对你以及你的产品和服务产生兴趣，必须最大限度地去引导和激发客户的积极情感。"投其所好"，就是一种引导和激发的过程。如何实现"投其所好"呢？下面我们就看看：

一、发现对方的"闪光点"

人和人之间的谈话陷入僵局，很大一部分原因在于谈话双方在立场、感情、原则上存在分歧。销售也是如此，消费者和销售人员之间的分歧是必然存在的，只有打通双方的心理渠道，获得良好的沟通，才能取得交易的成功。

正所谓"东边日出西边雨，道是无晴却有晴"，销售人员的任务是寻找客户的闪光点，保持一个健康成熟的心态，从容地面对问题，诚恳积极地征服客户的心。

只要你擅长发现客户的闪光点，富于洞察力，不仅能打破僵局，也能构筑合作的基础。这就要求我们必须学会真诚地赞扬别人。世界上最大的吝啬鬼不是守财奴，而是那些不肯轻易赞美他人的人。有时候沉默不是金，是吝啬。

二、寻找对方的"兴趣点"

人都是具有双重身份的，一方面是工作层面，另一方面是生活层面。从工作层面，我们看到的是他的职业和专业技能，但是从生活层面我们将看到一个个鲜活的人，他们拥有不同的个性和兴趣。尤其是兴趣，这是一个人发自内心地主动去做事的动力源泉。其目的不是获得金钱和名利，纯粹是出于精神的需求。

对销售人员来说，发现客户的兴趣点其重要性不亚于哥伦布发现新大陆，这将把你的销售事业引入一个全新的领地。

如果你掌握了兴趣法则，即使你面对的是大领导和大富豪，一样可以轻松签单。兴趣点具有在瞬间拉近彼此距离并让生意成交的魔力。有这样一个案例，或许可以给我们带来一些启发。

乔治·伊斯曼是柯达胶卷的发明者，柯达胶卷使他功成名就，成为世界著名的企业家。他想建造一座剧院来纪念自己的母亲。这是一个孝子。

纽约座椅公司的董事长詹姆斯·爱德莫生得到这一消息之后，很想拿到这份生意的订单。于是，爱德莫生去拜访伊斯曼。本来，伊斯曼是不想把这笔生意拿给一个陌生人的。但是由于爱德莫生的一番话，他改变了自己的主意。

爱德莫生说："您的办公室真漂亮，虽然我经营木材生意，但在我的一生中，还从没有见过这么雅致的装潢。"

伊斯曼说："是啊，这办公室确实不错，我每一次坐在这里，都感觉很高兴。因为太忙，我几乎没时间好好欣赏这个优美的建筑，只是习惯性地每天坐着办公。"

爱德莫生环视一下整个屋子，摸着窗框说："这是橡木的吧。"

伊斯曼答道："是啊！英国进口的，我朋友特地为我挑选的。"

然后，伊斯曼带他参观了自己的一些设计，还邀请他一起为慈善机构捐款捐物。爱德莫生趁机打开了话匣子，和伊斯曼大谈了起来，不知不觉度过了很长时间。最后伊斯曼对爱德莫生说："我最后一次到日本时，买了些椅子回家，最近，我又重新刷了油漆，你愿意来看看我那些椅子吗？明天下午到我家吃午饭吧，我拿给你看。"

午饭后，伊斯曼先生给爱德莫生看了那些椅子。他对自己刷的椅子非常自豪，再加上爱德莫生的赞美。一单9万美元的生意，就这样被爱德莫生争取到了。不仅如此，他们还成了最要好的朋友。

由此可见，兴趣点就像指示方向的罗盘一样，在看似山重水复疑无路的迷雾中给我们指明销售的正确路径，从而让我们最终迎来"柳暗花明又一村"。

在和客户商谈的时候，我们常常会发现客户根本没有听我们说话，或者嘴里应付你，眼睛却在看漂亮的女秘书，或者故意转移话题……遇到这种情况，我们就应该马上放弃嘴里的话题，去寻找客户的"兴趣点"。

三、从"要害处"寻找最佳切入点

美国汽车大王福特说过这样一句话："假如有什么成功秘诀的话，就是设身处地替别人着想，了解别人的态度和观点。"

替别人着想不但能更好地获得对方的理解，还能更清楚地了解对方的思想轨迹，切中客户的"要害点"。销售人员在和客户谈话的时候，一定要集中全部精神来考察客户心中的真实想法，并巧妙地刺激客户的隐衷，把内心的想法完全透露出来。你要像一个燃火引柴的人，以微小的火苗去触发熊熊的烈焰。

　　总之，要让客户和我们更好地合作，必须使客户心甘情愿。如何才能让客户心甘情愿呢？努力去迎合客户的兴趣，投其所好。只有打动了他们的心，才能实现我们的愿望。

满足客户深层次的心理需求——安全感

　　客户内心真正需要的是一份安全感，所以一方面希望自己的需求得到满足；另一方面出于种种顾虑，对销售人员"躲躲闪闪"。这就是他们的矛盾心理。

　　客户最需要什么？优质的产品、真诚的服务、合理的价格……没错！这些都是客户需要的。但是，客户还有一种更深层次的需要——安全感。

　　马斯洛（A.Maslow）是人本主义心理学的代表人物。他认为："安全感是人类要求保障自身安全的需要。"也是除了生理需要外第二需要满足的需求。

　　如今的市场，鱼龙混杂，假冒伪劣商品层出不穷。很多情况下，安全感成为客户的第一购买需求。销售人员想提高自己的销售业绩，一定要学会抓住安全感，努力满足客户的安全需求。

一、要给予客户心理安全感

为什么上门推销成功率比较低？其根本原因就是陌生人往往让客户心存警惕，缺乏安全感是最关键的因素。为了让客户心理有安全感，你就必须加强自身的业务能力，不能用草率的态度去对待客户。专业是质量的保证，对产品了解得越深，对行业理解得越透彻，你的信誉度和能力也就越高。作为一个销售者，自己对产品的专业知识都不是很了解，客户怎么能相信你呢？所以，千万不能让客户怀疑你的能力。

暗示的效果也很重要。你需要平时注重个人的衣着打扮，树立良好的外在形象：发型、胡子、衣着、皮鞋，干净清爽，给客户留下美好的印象。要知道，个人的外在形象也是创造销售机会的重要手段。也许，好好打理一下，就能帮你创造出意想不到的效果。还有产品的品牌实际上是满足客户内心安全感的需要，我们可以设想一下，如果是一个毫无知名度的产品，客户购买之后一旦出现质量问题，找谁去维权呢？但如果是一个名牌产品，客户的安全感就强多了，反正跑了和尚跑不了庙，再说知名品牌一般不会出问题的，这是多么强烈的心理暗示。

二、给予客户经济安全感

销售员要学会帮客户做规划，尽可能减少销售的阻力，其目的就是给予客户一定的经济安全感。你所做的这个规划要能够帮助客户和公司实现双赢。帮助客户用最少的钱发挥最大的效益，虽然起初的销售额较低，但由于给了客户经济安全感，自然会赢得客户的信任。客户的信任高于一切，只要赢得了客户的信任，还怕你的销售量、销售额和销售业绩上不去吗？

三、给予客户人身安全感

客户的人身安全极为重要。销售人员有时候害怕把产品说得太详细会打消客户的购买欲望，所以总是躲躲闪闪，在讲解产品的时候避重就轻，甚至希望客户不要去注意这些问题。实际上，这样的做法是非常愚蠢的，除非你想捞一笔就跑。有些产品存在一定风险性，所以一定要跟客户说明这些风险，切实保证客户的人身安全。我们要让客户感受到："原来你在关心我的安全，而不是只想着我的钱。"而且那样的问题一般来说客户能够接受，这样反而不会计较太多。满足客户的安全感，让客户凭着安全感决定自己的购物需求，这才是真正高明的销售技巧。

销售人员应该明白，不管你的推销技巧有多复杂、多高明，客户都知道你的目标只是想掏出他们口袋里的钞票。对客户来讲，他们内心真正需要的却是一份安全感，所以一方面希望自己的需求得到满足；另一方面出于种种顾虑，对销售人员"躲躲闪闪"。这就是他们的矛盾心理。

销售人员和客户交流过程中存在着相互矛盾的复杂心理，这种矛盾心理源自哪里？安全感！客户的不安全感使得他们在每一次的沟通过程中都从内心深处渴望得到销售人员足够的关注。一个优秀的销售人必须理解客户的这种深层次需求，尽量给他们带来安全感。

客户喜欢顾问、专家式的销售人员

世界上什么人最可爱？专业的人。专业是一种永不过时的能力。专业是一个人独特价值的最核心体现。做一个顾问、专家式的销售员能让客户产生良好的购买体验，从而给你介绍更多的客户。

你去医院看病的时候，希望接待你的是个老中医还是个初出茅庐的医科大学毕业的大学生？废话，当然是有经验的医师更值得信赖啦，不是说大学生的水平差，而是说人往往比较信任那些年长一些、经验较丰富的人。我有个医生朋友就特别吃亏，为什么？因为她长着一张娃娃脸，明明是30多岁的人了，看上去却像个20多岁的大学生。虽然她医术精湛，但病人总是抱着半信半疑的态度，有的病人甚至重新挂号找别的医生来医治。可见专家形象对大众心理的影响。

万事都是相通的，销售领域也信奉专家和专业人士。顾问、专家式的营销在现代社会中是一种重要的营销方式。客户往往强调的是自己的需求，包括产品、产品的创意以及其他和产品相关联的东西。

在销售过程中，做一个专家、顾问式的销售人员能更好地帮助客户收集信息、评估选择、减少购买支出。同时，做一个顾问、专家式的销售员还能让客户产生良好的购买体验，从而给你介绍更多的客户。作为一个销售人员不能只着眼于一次购买行动，而是要通过自己专业的知识和积极的态度，同客户保持长期合作关系。以客户利益为中心，坚持感情投入，适当让利于客户，实现双赢。

销售不仅是一种职业，更是销售从业者对自我人生的挑战，一种在激烈的竞争中进行自我管理的能力。所以销售人员必须专业，在力量、灵活性及耐力等方面一定要具备较高的素质。

如何才能做到专业呢？大体上有以下几点要求。

一、客户不知道的，你要知道；客户知道的，你知道得要比客户更详细

世界上什么人最可爱？专业的人。专业是一种永不过时的能力。专业是

一个人独特价值的最核心体现。比如，你是一个刀具的销售人员。客户问你："这个刀子好在哪儿啊？"你说："很锋利。"客户又问你："如何锋利？"你说："是合金钢做的。"客户又问："用什么合金做的？"你说："不知道，反正这个刀很锋利就是了。"想想看，客户会怎么评价你？所以，一个称职的销售人员想让客户购买你的产品，就应该把话讲清楚，尤其是产品的功能和制作原理。想卖给人家刀子，就要懂得合金钢的原理，对刀的合金含量的比例要清楚。客户不知道的，我们要知道；客户知道的，我们知道得比客户更正确、更清楚，这才叫作真正意义上的专家式销售。

二、除了知道自己的主业以外，还要知道其他很多周边的知识

人的视野一定要开阔，知识面一定要广博，就像孩子吃饭不能太挑食一样。假如你第一次到北京来玩，坐上一辆出租车。你在路上指着一幢个性化的建筑，问司机这是哪里，司机却说自己不知道。司机只管开车，只知道路怎么走，对北京的文化、历史却不是很了解，你会怎么看这个司机，是不是觉得这个司机很不称职？所以，一个合格的销售人员不但要对自己本行业的专业知识有深刻了解，还要对产品周边的知识有常识性的了解，不但要专业化，还要多元化。

三、你是帮客户"买"东西，不是"卖"东西给客户

你卖的不只是一个具体的产品或服务，而且还有更多看不见的东西。凡是冲着卖东西的念头都是单向思维，从自己角度出发，要征服客户的念头。客户不是用来征服的，而是用来帮助的。从本质上说，你不是卖东西给客户，而是帮助客户获得更好的工作和生活体验。我的朋友余先生经常到国外旅游，他说过这样一件事，相信会对销售人员有所启发。在欧洲喝咖啡，咖啡厅的工作人员教会了他很多喝咖啡的学问，比如喝咖啡其实是品咖啡，不能一口气喝光；

喝咖啡不能吹，不管多烫都不能一面喝一面吹等。可是，在国内的很多咖啡厅里，经常有服务人员看到客人出洋相还在一边"幸灾乐祸"地嘀咕："不会喝就不要喝，装什么蒜？"你说，这是一个营销人员该说的话吗？让客人听到了，谁还会来啊？一个销售人员必须具备帮助客户的心态，而不是说："你会不会喝，这是你的事，我的目的就是把咖啡赶快卖给你！"客户一般对这种急功近利的销售员避而远之。

四、你的客户是永远的客户，而不是只来一次

台北的诚品书店排名亚洲第一。全天24小时营业，地板纯实木，非常干净，客户可以坐在地上看书。书店里有油画、鲜花，提供咖啡、优雅音乐，而且每周一、三、五下午2点到5点还有名人讲座。最难得的是，客户只要能说出这个世界上已经出版的任何一本书，工作人员都会想尽办法帮你找到。所以，很多高层人士一有闲暇就来这里。作为销售人员，我们一定要知道，客户不是只做一次，而是要做永远。这才是成大业的关键秘诀。

体验心理：以实物或戏剧化的过程抓住客户的兴趣点

达成交易有三个关键的因素：产品特性、对客户的益处以及相应的证据。所以，销售人员不仅是一个产品专家，更是一个心理学家和一个善于用实物证明事实的"律师"。

一个老太太去市场买菜，买完菜，她走到水果摊边，看到有3个摊位都在卖苹果。她走到第一个商贩面前问："你的苹果怎么样啊？"商贩回答说："您看看，我的苹果又大又甜，特别好吃！"

老太太摇了摇头，又走到了第二个摊位面前，又问了商贩同样的问题："你的苹果怎么样？" 第二个商贩答道："您想要哪一种，有甜一些的，还有酸一些的。""酸一点的。"老太太说。"我这些苹果咬一口就能酸得流口水，请问您要多少？"老太太说："来一斤吧，不知道我儿媳妇爱吃不爱吃。"

老太太又走到了第三家商贩摊位前，因为这个摊位的苹果，又大又圆，显得很抢眼，于是，她想打听一下，看看自己买的苹果合适不合适。"你的苹果怎么样？"这个商贩说："您放心，我的苹果当然好啊，请问您想要什么样的苹果？"

老太太说："我想要酸一点的。"商贩说："人们都喜欢买甜的，您为什么想要酸的呢？"老太太说："我儿媳妇怀孕了，老是嚷嚷着要吃酸苹果。""老太太，您对儿媳妇可真体贴，将来一定能给你生个大胖孙子。前几天就有一个准妈妈来我这儿买苹果，你猜怎么着？生了个儿子。您看您要多少？要不要先尝一块？"老太太尝了一小块苹果之后，感觉确实够酸，于是毫不犹豫地说："来二斤！"老太太高兴得都合不拢嘴了，尽管已经买了一斤苹果，还是又买了二斤。

商贩一边称苹果，一边对老太太说："您知道吗？其实橘子也很适合孕妇的，特别有营养，您要是再给您儿媳妇买点橘子，她一准儿高兴。""是吗？好，那就再给我称二斤橘子。""嘿，您儿媳妇摊上您这样的婆婆，太有福气啦！"商贩称完苹果又开始称橘子，还是一边称一边说："我每天都在这儿摆摊，水果保证新鲜，要是您觉得好，欢迎您再来。""好嘞！"老太太满面红光地提着沉甸甸的苹果和橘子走了……

　　三个商贩都在卖水果，结果却大不同。第一个商贩最直接，效果也最差，他根本不了解客户的需要。第二个商贩询问了客户的需要，卖出了一斤苹果，但他没有挖掘到需求背后的真正"需求"。第三个商贩则充分挖掘了客户的需求，采取先体验后消费的方式，不但卖出了苹果，还卖出了橘子。

　　作为一个营销人员，我们必须认识到，客户内心真正需要的是什么东西，他们的心理需求是什么，他们的心中藏着什么"秘密"。对于这些自己不太清楚但十分关键的问题，我们该去怎么了解，又该怎么回答？

　　你首先要解决的是——"我为什么要听你讲？"初次商谈，客户的心理就是这样的。如果你不能激起客户的兴趣，不能让客户必须听你讲，必然会出现客户注意力分散的尴尬场面。甚至，这次尴尬的谈话很可能会成为你对该客户的最后一次拜访。因此，营销人员必须以实物或戏剧化的过程抓住客户的兴趣点。就像第三个苹果小商贩那样，以酸的苹果和橘子以及颇具戏剧化的夸赞抓住老太太的心理，并主动切下一块让她品尝，于是就赢得了老太太的信任。

　　在现实生活中，我们经常可以看到这样的场景，某新产品上市往往会把样品摆放成个性的图案，吸引消费者的眼球，并激发他们的购买欲望。在厨具等销售柜台前，我们可以看到电视屏幕上反复播放着名厨表演烹饪的场景。对于公司也是如此，他们那些抽象的商业项目，也喜欢借助图文并茂的PPT来向客户讲解。有些商业应用型科技软件擅长将软件的使用过程制作成视频，让用户根据演示操作就可以了。一张好图胜千言，正是这个缘故。

　　我有个朋友在北京投资了一家火锅店，这家饭店是他参与策划创意的项目。经过研究，他发现火锅发源于长江码头，码头江湖的风味十足。于是他将码头文化引入饭店之中，有码头船夫的雕塑，还用石槽导引形成潺潺的流水，模拟长江奔流不息的样子。用翠竹和盆景营造青山绿水的错觉。另外，他还将四川变脸的节目纳入服务环节，在开饭前伴随着一阵锣鼓，变脸艺术家开始对客人表演。通过这一系列的改造之后，这家火锅店在北京独具特色，慕名而来的客人络绎不绝。每一个走进饭店的人都沉浸在真实而虚幻的场景之中。整个饭店不再是吃饭那样简单，从本质上就像一个舞台，让大家感受到一种精神的愉悦。

这是一个体验经济时代，你要想赢得商业的成功，就必须学会制造精神幻觉，给客户带来一种难忘的心理体验。要知道，在销售过程中，达成交易有三个关键的因素：产品特性、对客户的益处以及相应的证据。客户只相信自己体验到的感觉，他们相信这才是真的证据。你必须创造这种心理上的逼真感受。所以，销售人员不仅是一个产品专家，更是一个心理学家和一个善于用实物证明事实的"律师"。

第 三 章

一眼看穿客户的心理弱点

古代那些能成为皇帝宠臣的人，基本上都是"人精"，他们仅仅通过皇帝说话时的眼神等外部表情就能判断出皇帝想听什么话，直接用读心术去看透皇帝的心思。同样道理，客户就是你的皇帝，如果不能一眼看穿他的心理弱点，就不能很好地成交。本章共总结出11种不同客户类型，我们只有针对不同类型"对症下药"，才能"药到病除"、立竿见影。

爱慕虚荣型客户——赞美是屡试不爽的秘密武器

给客户多一点奉承，他们对你就多一点认同，让他感觉："我一直在寻求的知己终于找到了，原来就是你啊！"给他多灌输一些产品带来的优越感，你的产品才有可能被这些"骄傲"的客户接受。

人在世上，生存的第一要义是要懂人性。就像我们购买一部新手机，要做的第一件事是阅读产品说明书一样。人性就是大多数人通用的"产品说明书"。从某种意义上说，人性是一种很奇妙的东西，它决定一个人的命运，更何况是买东西呢。任何商业都是人性的产物。美国商人谈生意有一个很重要的诀窍：谈论对方最引以为荣的事情。聪明的销售人必定对人的心理了解得比较透彻。找出客户自认为骄傲的东西，当面告诉他们你也很欣赏，客户一般都会"爱上你"。

我有个同学是北京一家服装店老板，在一次闲聊中她向我讲述自己的经历。她说，曾有一位身材高大的男士走进她上班的店里，试了很多件衣服，但总觉得不合适。看到这位男士站在镜子前感叹衣服不合身，深谙销售之道的老同学凭经验觉得，很可能是他没有挺直身子。于是她走到这位男士身边说："您的身材这么魁梧，穿什么衣服都不会难看，再试试这件，也许更适合您。"一边说，一边递给他一件灰色西装。听了这番话，男士换上衣服直起身重新打量了一番。他感觉自己挺直的身躯配上这套西装真是帅气极了。老同学说："真的是赏心悦目啊，我没想到您穿上这套西装会这么帅！"男士看着镜子里的自己，满脸都是开心的笑容。买单自不必说，更神奇的是这位男士后来成为我同学的老公。他喜欢听老同学说话，就娶了她听一辈子赞美的话。

人人都有虚荣心，没有人不喜欢赞美的。正所谓"千穿万穿，马屁不穿""人人都喜欢戴高帽"，这个世界上最美妙动听的语言就是奉承话了。君不见很多客户都是被这些奉承话搞定的吗？一位百万富翁很坦然地说："我就喜欢奉承话，自己喜欢听，别人也爱听，赞美就是我屡试不爽的秘密武器！"

人人都爱面子，但有一些人虚荣得有点过了头，不知道你遇到过这类极度自恋、极度虚荣的客户没有。他们为了满足自己的虚荣心，喜欢撒谎骗人，好让别人觉得自己高人一等。他们自大骄傲，想法单一，心里除了自己容不下其他的东西。其实，我们要多给予理解，客户在选购物品或商务洽谈时不想表现出穷酸的样子，自然夸大和撒谎是不可避免的。这正是虚荣心的体现。看透不说透，才是聪明的做法。不仅于此，我们还要学会满足他们的虚荣需求。

在具体的销售实践中，如果我们能恰如其分地赞美客户，他绝对会喜欢你的。事实上，越傲慢的人，越喜欢听赞美话。熟练地、恰如其分地赞美客户是销售人员很重要的一门功课。

顺着客户的心理说话，他们对你就多一点认同，让他感觉："我一直在寻求的知己终于找到了，原来就是你啊！"给他多灌输一些产品带来的优越感，你的产品才有可能被这些"骄傲"的客户接受。

不管是谁，只要是个正常人，他就喜欢被人奉承。奉承话怎么说？这也是一门学问。最重要的是"虚实结合"，奉承必须"确有其事"，理由充分。

赞美客户最忌讳的就是毫无根据地奉承。没影的话不仅会让这些爱慕虚荣的客户感到莫名其妙，还会觉得你不实在，是个油嘴滑舌、没品位的人。如果赞美与实际脱节跑题，甚至恰好是他的缺陷所在，会觉得你在嘲笑他，这样就别想有好果子吃了。另外，赞美不要带着太强的目的性。如果客户觉得你为了成交不惜虚假奉承，必然会让他们反感，从而导致生意没办法做成。

所以，销售人员在说赞美话的时候，要把握好分寸，不能流于谄媚，也不贬低自己，尽量讨客户的欢心。

贪小便宜型客户——给他一些小便宜，实现自己的"大便宜"

给客户一些小便宜，也许更能让自己捡到"大便宜"……针对客户贪"小便宜"的心理，各种销售策略层出不穷。比如，免费体检、免费试玩、免费下载等，一旦你接受了他们的免费服务，就很容易被他们牵着鼻子走。

每个人都有贪小便宜的心理，很少有人会拒绝免费的东西。面对一些爱贪小便宜的客户，最好的方法是谈话一开始就告诉他："我的产品能给你省钱，绝对能给你一些优惠！"这样说一般都能博得他们的好感，他们喜欢能帮自己省钱的销售员，因为他们的理财哲学是省钱就是赚钱。

这种类型的客户总是希望天上能掉馅饼。爱占便宜的人不管在你面前装得有多大方，内心真实的想法还是希望你能便宜卖给他产品甚至免费送给他。关于产品到底是什么样的，能给他带来多大的好处，他们往往放在其次，根本没把你的介绍放在心上，他们在乎的仅仅是价格。越便宜越好，最好不花钱就可以拥有。当你给他们一些便宜的时候，他们对你的态度立马会来个360° 大转弯。

有家鞋城的生意一直不是很好，老板一筹莫展，价格已经降到很低了，可惜还是冷冷清清。在和一个朋友聊天的时候，朋友给他出了一个点子：制造一场轰动效应，让客户"限时抢鞋"。具体规则是这样的：事先先胡乱摆放一大堆新鞋，不分左右，不分尺码，在限定的时间内谁能把一双鞋配上对，就免费送给谁。

第二天，老板做了相应安排。只见，随着老板一声令下，"开始"的口号还没说完，一大群客户就争先恐后地冲进来，在鞋堆里疯狂地乱翻起来。看到这样的场景，老板的脸上泛起了得意的微笑。活动结束，老板当场把鞋子给客户打好包，还说："以后这样的活动还会常搞，希望大家来捧场，本店的鞋子质量上乘，物美价廉！"

虽然这种活动本身不值得提倡，是拿消费者当猴耍，以消费者的丑态来引起轰动效应，给自己做广告，但是从某些方面来看，何尝不是对人性的拷问，对人贪便宜心理的操控。这种方法在正直的消费者眼里或许是非常差劲和"无耻"的。但我们要领会这种掌握客户心理的精神，给客户一些小便宜，也许更能让自己捡到"大便宜"……

针对客户贪小便宜的心理，各种销售策略层出不穷。比如，免费体检、免费试玩、免费下载等，一旦你接受了他们的免费服务，就很容易被他们牵着鼻子走。记得有一次我参观车展，在展览中有一家公司的位置相当偏僻，几乎无人问津。怎么办？就在这个时候，负责人想出一个绝招——派人在展会大门口位置发送名片。客人凭着这张名片可以免费换取汽车玩具1台。谁知，这种方法让大家很喜欢，纷纷拥来参观并换取汽车玩具。

销售的本质是什么？就是用小利益换取大利益。首先我们要精通产品，尽量用具体的数字向客户讲解。客户对数字比较敏感，远胜于空洞的便宜、赚钱以及降低成本这样的词汇，要的就是真切地告诉他们"这个东西便宜了多少钱""比别人的产品便宜了多少个百分点"等。数字就是力量，可以更直接地打动消费者，而且可信度也高了很多。

记得有个亲戚购买房子，售楼员这样讲解："我们在280万元总价的基础上，已经为您优惠了12.5万元，物业费赠送2年，计6700元。这样一来，我们就已经为您节省了13.17万元！"这样的说辞相对来说，就精准了不少。

面对贪小便宜型的客户，销售人员能做的不是有求必应，客户说什么就是什么，更不是客户想占多大的便宜，你就满足多大的需求，而是当你发现客户有愈演愈烈的倾向时，最好马上就打断他这种不切实际的想法，明确告诉他："价格已经很低了，公司有规定，我不能再这样做！"或者举例说明你不能再降价或免费赠送的理由。说话的时候要柔中带刚，尽量让他理解你和公司的苦衷。说完这番话，再给他一点甜头。总之，你要想出同样的优惠方法，或者更具吸引力的举措，让他感觉自己仍然是在占便宜，这样购买就不成问题了。

俭朴节约型客户——让他感觉所有的钱都花在了刀刃上

这个世界上真正的有钱人并不多，什么都不说就直接掏钱的除了傻子和浪荡公子恐怕没几个了。小气也是人之常情，俭朴节约也是传统美德嘛。所以，以后再也不要怀疑抠门客户脑子里在想什么了。

有时候，我们会发现一些非常抠门的消费者，他们喜欢斤斤计较，不仅是对高价位的产品舍不得购买，而且对自己很满意的产品也是处处挑剔，对你的产品和服务大挑毛病，多年以来的悭吝习惯让他们变得"神经兮兮"，拒绝的理由也是五花八门，让你意想不到。

自称业务很熟、能力很强的小李遇到了难题。他以前面对的都是那些比较有钱的客户，在一家新公司任职以后，出现了一些新问题不知如何去解决。他说了这样一件事："我真的不知道怎么对待一位特别抠门的客户，他不仅会算计，还很会讨价还价，每天跟我在电话、公司、服务现场磨叽，让我感觉像是待在菜市场里，跟买菜似的讨价还价。这种感觉快要让我发疯了，我真想大吼几声。"

他跟领导诉苦："在这个客户眼里，好像我们所有的东西都该免费提供给他一样，整天缠着我，我的服务也是免费的啊？都免费了，我们这些销售人不都要去喝西北风了吗？""就算我们的服务是免费的，那也要根据合同的约定去施行吧？"

领导笑着说："小伙子，不要着急嘛，你可以跟他讲明白咱们产品的实际价值，告诉他，这些东西是最低价了，适当给他制造点危机感，不信的话，让他自己调查调查。"小李听从了领导的告诫，从领导办公室出来就打通了这个抠门客户的电话。经过一番调查研究，客户果然跟小李签单了。

有这样经历的销售者一定不在少数，毕竟这个世界上真正的有钱人并不多，什么都不说就直接掏钱的除了傻子和浪荡公子恐怕没几个了。小气也是人之常情，俭朴节约也是传统美德嘛。所以，以后再也不要怀疑抠门客户脑子里在想什么了。

如果你常和这类抠门型客户打交道，你会发现他们并不是那种一毛不拔的人，他们钱花得谨慎，他们认为钱就要花在刀刃上。只要你能找到他们的兴趣点，让他们感觉到物有所值，卖给他们东西还不是很难。

对付这类型客户，其实很简单，喂他们一颗定心丸，保你"百病无忧"。在和这类客户商谈时，最好强调一分钱一分货，指出商品价值所在，告诉客户产品价格中还包含许多其他成分。你把产品成本、生命周期、投资回报率告诉他，并强调高回报率才是重点。帮客户搞清楚差价的差别不是钱，而在于回报率。

我们要有一个基本原则，那就是不能让俭朴节约型客户感觉吃了亏。如果他们稍微有吃亏的感觉，你的麻烦就来了，因为他们如果感到吃亏是万万不会成交的，即使成交也会反悔的。所以，一定要把产品的性价比给凸显出来，只要你让客户感觉物超所值，那这只看不见的手就会抓住客户的心，直到成交。具体来说，我们有以下四个切入点：

一、多多强调产品功能

俭朴节约型客户大都细心理性，他们购买产品的目的比较明确，一般是冲着产品的实用功能。如果一款产品只是功能花哨、包装精美并不能吸引他们的注意力，他们追求的是实用。所以在销售过程中，你可以多多强调产品的功能，可以多列举一些给客户带来帮助的案例，有必要的时候可以当场为他们做功能展示，比如一款吸尘器，你可以当场做吸尘试验，让他们眼见为实，真正让他们确信自己选择这款产品没错。

二、多多强调物超所值

每个人都是这样，希望自己购买的物品超出自己所付出的价格。对于俭朴节约型客户更是如此，如果你让俭朴节约型客户感到商品价值配不上价格，不购买几乎就是定局了。我们在京东、天猫商城，看到很多差评多的商品，理由可能有很多，但最根本的一个问题就是物无所值。人都不傻，没有人会反复上当的。差评就是客户对商品的投票。那么，具体到销售员身上，在销售过程中要反复强调商品的性价比，从各个方面具体指出物超所值的地方，比如材质、款式、性能、售后服务等，让俭朴节约型客户认识到自己的每一分钱花得都很值，这会让他们内心充满成就感，成交自然水到渠成了。

三、不要撒谎和夸大商品的功能

很多销售员遇到这类客户的时候，会不由自主地把产品吹得天花乱坠，仿佛商品像个宝贝似的。事实上，你越是这样客户越是不相信。有时候你无中生有撒谎说产品拥有不存在的功能，甚至盲目夸大产品的优点，更有一些销售员说出一些以后无法兑现的承诺，一旦被揭穿，麻烦就大了，弄不好要吃官司。所以，我们千万要杜绝这一点。要知道，任何一款产品都有其独到之处，只要我们善于挖掘自家产品的优势，老老实实地推介功能，这类客户会选择你的商品的。

四、让自己变成俭朴节约型销售员

你知道俭朴节约型客户最信任什么样的人吗？当然是跟他们一样的人，也就是说，同样是俭朴节约型的人。俗话说，"物以类聚，人以群分"，在与俭朴节约型客户打交道的时候，你最好也要以俭朴节约的形象出现，这会让他们认为你跟他们一样的，从而能够产生强烈的信任。他们对大手大脚乱花钱的人有一种骨子里的不信任，可以想象下，如果一个头染黄毛、脖戴金链子的销售员向他们推销，成交概率将是很低的。这时如果你衣着朴素，他们会认为你天性如此，对自己节俭，也一定会善待他们的钱，帮他们做出更好的购物选择。

只要你循循善诱，让客户明白这个道理，他们就会很爽快地打开钱包。当客户以价格太高拒绝购买你的产品时，你可以分批次营销，把销售任务化整为零，以减少客户对价格的心理压力。

每个人都是消费者，都信奉"花钱要花得值"的哲学，相信你也是这样认为的，何况作为销售人员，还要从客户的口袋里掏钱呢？因此，销售人不仅要控制自己的心理，还要学会掌控客户的心理。只要让客户感觉钱是花在了刀刃上，你的目的也就快要实现了。

犹豫不决型客户——用危机感使其快下决心

　　面对犹豫不决者，商谈的时候，我们很可能会遇到不同程度的障碍。如果不能设法促成对方做出最后的决定，生意必然很难做成。

　　刘先生现在是一家网络公司的销售员，经常和客户打交道。在他的销售工作中，发现有些客户总是犹豫不决，看着一单生意马上就成了，但过几天竟然杳无音信了。他说："虽然我明明知道客户需要我们的产品，客户也知道我们的产品能给他极大的帮助，我的服务也不差，但是谈了很久仍然是一副犹豫不决的样子。我真发愁，怎么才能让这些犹豫不决的客户快速决定呢？"

　　让我们先从心理学的角度来分析一下这些犹豫不决的人的特点。

　　这些人的情绪大多不是十分稳定，总是忽冷忽热，对事情往往没有什么主见，但喜欢反向思维，总是盯着坏的一面，从而得出负面的观点和看法。

　　如何应对这类客户呢？针对他们的性格特点，既然他们不能快速做决定，你可以对症下药想办法催促他们。你可以告诉他"这个项目非常适合你，如果现在不做，将来肯定会后悔"等具有强烈暗示性的话，让他感受到危机感，迫使其快速下决心购买。另外，我们还可以与客户之中那些富有主见的人去沟通，让有主见的人去带动犹豫不决者的情绪。

　　面对犹豫不决者，商谈的时候，我们很可能会遇到不同程度的障碍。如果不能设法促成对方做出最后的决定，生意必然很难做成。解决这些问题，我们可以尝试下面这些方法。

一、假定客户已同意签约

这个技巧主要还是攻心为上。当你发现客户露出购买念头却有点犹豫不决时，最好假设客户已经在按你的思维做决断。比如，客户想做一个网站来宣传自己的产品和企业形象，但是对互联网了解不是很多，不太了解网站对公司有多大的好处，仍在犹豫，不知道这样做合适不合适。这时，销售就可以对这个客户说："×总，您看是先做5页，暂时先把您的网站建起来，以后再根据效果增加网页数好，还是一次性把您的网站建全好？既然要扩大贵公司的宣传力度，要做就做最好的嘛！反正钱也差不了多少！您怎么认为？"这样一来，客户考虑的就不是做不做，而是怎么做的问题了。无形中，对方已经同意做这个网站了。这种二选一的商讨方法模糊了客户的视线，从而顺利达成协议。

二、帮助客户挑选

在具体业务中，我们还会遇到这样的客户——就算确定了和你合作，有意要做成这笔生意，但仍不愿意快速地和你签单，总是在一些小问题上纠结打转。这时，我们该怎么办？

销售人员最好戳穿客户这种微妙的心理，审时度势，及时解除客户的所有疑虑，而不能急哄哄地谈什么订单问题。能设身处地为客户着想，客户自然也就没什么顾虑了，于是也就不再犹豫，签单的时机也就到了。

三、欲擒故纵

如果你的客户天生优柔寡断，虽然对你的产品和服务很有兴趣，你也解决了他的所有问题，但他就是拖拖拉拉，迟迟不肯做决定。这时，你不妨故意做出一副收拾东西、马上就说再见的样子。一般情况下，这样的行动会促使那些真正想买的客户做出决定，但也要注意只能适用于竞争不是很激烈的行业，否则真离开客户，可能会适得其反，被别人钻了空子。

四、拜师学艺

当你费尽口舌、机关算尽、七十二般变化统统无用，眼看这笔交易要黄的时候，不妨试试这个方法。你可以这样说："×总，虽然我知道这样的业务对贵公司很重要，也许是我的能力太差，没办法说服您。不过在认输之前，我想请您指出我的错误，能否让我有个提高的机会？"以谦卑的口吻说出诚挚的话语，很容易满足对方的虚荣心，也许还能解除你们之间对抗的心理。他愿意"指点"你就意味着还没彻底闹掰，当他鼓励你的时候，说不定还能带来意外的签约机会。

五、建议成交

对于犹豫不决型客户，就要该出手时就出手，临门一脚非常关键。也就是说，当谈到需要签约之际，就要果断地建议他成交。建议应该怎么说具有一定的技巧性，下面这几句话或许能促使客户快速签约。

记下来，也许真的很有用。你可以说：

"既然一切都定下来了，那我们就签个协议吧！"

"您是不是在付款方式上有疑问？"

"如果您有什么疑问，可以向我咨询！"

"我们先签个协议吧，我们也好开始准备为您服务，让贵公司早日受益。"

"如果现在签协议的话，您觉得我们还有哪些工作要做？"

脾气暴躁型客户——用自己的真诚和为人处世的小技巧打动他

脾气暴躁的人往往疾恶如仇，通常不会耍什么花招。所谓直肠子指的就是这类人，比如李逵、张飞等英雄好汉。因此，完全没有必要把这类客户看成什么洪水猛兽，反倒应该去信赖他们。这些人才是生意上真正可以信赖的好朋友。

脾气暴躁的客户大多缺乏耐心，性格上大多有以下特点：一旦心理上有任何不满，不管大小，立即会表现出来；他们往往没什么耐性，总是喜欢靠侮辱和教训别人来抬高自己；自尊心极强，浑身上下充满浓浓的火药味。

有些人天生就是这样。在销售工作中，我们会发现有很多这样的客户，他们脾气暴躁，因为工作上的一些小事，一不高兴就对销售人员发火。

他们不是喜怒不形于色的人，而是各种情绪都会写在脸上。如果你有什么地方做得不对，他们往往会直接表达自己的愤怒。你在和他们交往的时候，最好做到认真细致。尤其是拜访的资料，一定要准备齐全，杜绝丢三落四。如果你资料都没准备就去拜访他们，他们可能暴跳如雷，如此指责："浑蛋！你简直在浪费我的时间！连个资料都没准备齐全，你还算什么销售员！"你可能会觉得委屈，但他们的愤怒不是没有道理的。

所以，与这类客户接触时，你一定不能对着干，要懂得顺应他们的情绪。即使错误真的不在你，还是非得以诚意的态度告诉他，你是真心感到抱歉，并且请求对方原谅。如果你能坦白地承认自己的错误，他们往往会网开一面，这类客户火暴脾气来得快，去得也快，可谓是真性情。

阿东就遇到过这样一位很火暴的客户。因阿东的一句话没说对，他大为生气，打电话时很生气地对阿东说："我不跟你们公司合作了，我不是在你们公司还有预存费用吗，把那些预存费用全部给我退了，直接打到我的银行账户里，和你们公司没什么好说的了，全结了省事！"还让阿东不要再来烦他，连见面拜访的机会都不会给他。后来阿东登门拜访，拿着好烟好酒，说了很多好话，才勉强留住这位大客户。

面对这些凶巴巴的客户，很多销售人摸不着头脑，大多采取敬而远之的态度，即使想做，也是狐狸吃刺猬——无从下口……

首先，我们来看看这些脾气暴躁的人内心是怎么想的。其实，这些火暴的人明确地说都不是什么大奸大恶之人。恰恰相反，脾气暴躁的人大部分都是率真善良的好人。脾气暴躁的人，大多眼睛里容不得一粒沙子，在是与非、对与错上观点异常鲜明。说得好听一点，就是敢于和不良倾向做斗争；说得难听一点，是明显的"社会适应不良症"。

其次，脾气暴躁的人爱发火，但是发火之后常常后悔得要命，但以后照样还是会大发雷霆，后悔并不能阻止他下次发脾气。也就是说，脾气暴躁的人不能很好地控制自己的情绪，控制能力明显较弱，如果再严重点就是心理障碍。

脾气暴躁的人往往疾恶如仇，通常不会耍什么花招。所谓直肠子指的就是这类人，比如李逵、张飞等英雄好汉。因此，完全没有必要把这类客户看成什么洪水猛兽，反倒应该去信赖他们。这些人才是生意上真正可以信赖的好朋友。平时和这类型客户交往的时候多注意以下一些细节问题，应该是很好合作的。

1. 面对这类型客户，最佳的做法是能让他逐步提高控制情绪的能力。用自己的真诚和为人处世的小技巧积极引导他们，让他们觉得自己是一个受过良好教育的谦谦君子。委婉地提醒他们不要随随便便生气，这样有失君子风度。把"小不忍则乱大谋""平常心"灌输给客户，相信一定会感动他的。

2. 在和这类型客户合作过程中，尽量不要刺激客户，努力满足他合理的或者可以理解的要求。在一些不值一提的小事上能忍则忍。退一步海阔天空嘛。只要在是非问题和重要策略上，保持你自己的原则就可以了。只要客户说的是对的，无论大小，你都不能狡辩搪塞，否则会让他们暴跳如雷。

对于这些没什么耐性的脾气暴躁的客户，要以一颗平常心来对待，不能因为对方的盛气凌人而屈服，也绝对不能溜须拍马，这两种态度都会让他看不起你。而且，千万注意不要争辩。世界上最愚蠢的事情就是争辩。唯一正确的态度是不卑不亢，用真诚的言语和处世技巧去感动他。

自命清高型客户——赞美他，顺便带点幽默感

清高的人必然有特殊之处，琴棋书画，投其所好。对这些客户不能阿谀奉承，赞美要真诚，尽量不多说一句废话。

随着经济实力和社会地位的提升，人变得越来越自信，有些人被长期的满足感笼罩着，渐渐变得自以为是，唯我独尊。还有的客户天生孤僻冷傲，自命清高，凡事以自我为中心。销售人员面对这些客户，又该做何处理呢？

这种客户对你提出的任何问题或细节都会说"我知道"，不管你的项目有多好，他都觉得很普通，尽可能多地给你制造难题，总觉得自己才是最好的，以一种高高在上的姿态对待你……

有这样一句话：上帝让你灭亡，必先让你疯狂。自以为是发展下去必然是"疯狂"，任何自以为是的人都会因为自己的这种性格遭遇这样那样的挫折，客户也是如此。销售人员在面对这类客户的时候，最好提前做好交易失败的打算。

这类客户在谈生意的时候，经常会出现这样的情况：你刚说了一个开头，还没有进入正题，客户就忍不住了。他会说："这种事情，没什么特别的，每个商家不都是这样嘛！我早就知道了！"

即使你还想跟他详细说明情况，他也不愿再听下去了。很显然，这种轻率冒失的举止往往直接导致交易失败。举例来说，你和客户正在商谈交涉，客户只听了一部分货物的价格和销售情况，就不愿意再"浪费时间"了，他会认为全部货物都是如此。结果到签合同的时候，他看到以后的货物价格远远高出开始讨论的价格，立刻就会反悔。可惜啊，你费了很多心血建立起来的贸易关系就这样泡汤了！不仅如此，客户还会指责你，认为你在故意含糊其词，你该负起全部的责任。实际上，很多时候是这些"清高"的客户自作聪明、虚荣心作祟，不完全了解情况就认为生意谈成了。一旦交易失败，他们不从自身找原因，还会找一些有利于自己的理由为失误挽回面子。

销售人员面对这种自以为是的客户，最好的策略是掌握他们的行为模式。不妨从他们的个性和心理下手。在和这类型的客户商谈时，绝对不要拐弯抹角。能说的话尽量都告诉他们，你要知道，这些客户的症结所在——他们只凭直觉办事，过于相信自己。不要让他在正式签约时找一些不是理由的理由来反悔，不但耽误你的时间和精力，也影响你的收入。

在和自命清高型的客户交涉时还要注意：如果你不知道客户对合同条款或者细节的理解程度，最好简明扼要地向他们解释清楚。虽然开始多花点时间，但是能很好地保证交易的进行。

在和这类客户接触的时候，要学会恭维和赞美，最好还要有一点幽默感，不能直接批评挖苦客户，而是要跟他讲清楚自己的优势和将来所能获得的收益。

如果想打开这些客户的心门，最好了解他们特别的喜好。清高的人必然有特殊之处，琴棋书画，投其所好。对这些客户不能阿谀奉承，赞美要真诚，尽量不多说一句废话。当然，更不能怕他。自命清高的人最怕的、最欣赏的是和他一样清高的人。所以，你不妨也"清高"一些，不要啰里啰唆，找准他的缺点，一举攻破。

世故老练型客户——开门见山，不给他任何含糊其词的机会

这种世故老练的客户，大多经历了风风雨雨，是大风大浪里闯过来的，为人难免圆滑一些。他们一般不轻易说话，即使说话，很多情况下也是口是心非的。这类客户是真正的江湖老手和社会精英。

每个人都是社会化动物，没有谁活在真空里。曹雪芹有一副名联："世事洞明皆学问，人情练达即文章。"处身于这个讲究人情的社会，面对尔虞我诈的商场，很多商人都变成了"老油条"。这些"老油条"客户会给销售人员带来很大的压力，一个不小心就会猜错他们的心思，让他们看不起，觉得你很嫩，生意自然就黄了。

在和这种客户商谈的时候，往往会让你感觉找不到东南西北，抓不住头绪，不明白他们究竟想说什么。一个不小心，就很容易被这些狡猾的"老狐狸"忽悠进去。这些客户做事很圆滑，面对你的极力推销，他们往往不正面回答你的问题，你快磨破嘴皮子了，他们还是一副爱搭不理的样子，简直是无动于衷，让你恨得牙都痒痒。

很多销售人员对此束手无策，觉得这些人比一座坚固的城堡还要难攻，认为他们太狡猾了，根本没有突破的可能。于是，当你筋疲力尽时，觉得还是和他说再见比较好。其实，这就是这类客户对付你的计策。你得到的只是模棱两可的回答，或者很不靠谱的说辞。

这种世故老练的客户，大多经历了风风雨雨，是大风大浪里闯过来的，为人难免圆滑一些。他们一般不轻易说话，即使说话，很多情况下也是口是心非的。这类客户是真正的江湖老手和社会精英。面对这些让你有高山仰止感觉的精英，应该如何才能了解他们内心真正的想法呢？

不知你有没有发现，这些世故老练的客户看你的时候特别真诚，话语里却满是戏谑，他们喜欢和你逗着玩，你基本上不用考虑话语里有什么决定性的东西。我们很不希望碰到这样的客户，但这是无可避免的。世故老练的人城府很深，所以，你在谈话的时候，尽量不要不懂装懂，实事求是、真诚一些或许更能获得他们的好感。如果你不能打动他们的心，处理得不够好，绝对是在浪费你的时间，结果只能是双手空空，不但没能达成交易，甚至连客户有什么样的需求都不太清楚。所以，在和这样的客户交谈的时候，不能拐弯抹角，最好开门见山、单刀直入，问问题要直截了当，不给他含糊其词的机会。多讲讲你推销产品的功能，相比其他同类产品的优势，或者是本行业将来的发展趋势。这些实用性的东西往往能更真切地打动他们的心。你要知道，这些人看重的是实实在在的利益，对自己不利的东西，绝对不会去买；对自己不利的项目，绝对不会去尝试。

尽管他们的话很少，但是你要清楚，他们比谁都有一套。不能从话语里发现他的"弱点"，我们就要学会仔细观察他的肢体语言，有时候心理上的东西从肢体上就能表达出来。当然，一个城府极深的人是很会控制自己的身体状态的，小心他利用自己的肢体语言迷惑你，故意引你上钩。

还有一些人属于故意装深沉类型，说话没什么实质性内容，口是心非，老跟你绕圈子。你必须有孙悟空的"火眼金睛"，直截了当地跟他说明，"别来糊弄我，我也不是好惹的"。

来去匆匆型客户——抓住他的注意力，为他大大地节省时间

和这些来去匆匆的客户多"交手"几次，你就会发现，这些整天嚷着时间紧张的客户原来很可爱，很值得我们学习。时间紧张的人活得更充实，人生更丰富，更值得令人羡慕。

凡做过销售的人都会有这样的发现——大部分客户都是蜻蜓点水，来去匆匆。面对这些来去匆匆的客户，你有没有一种抓狂的感觉？在很多时候，销售员功亏一篑的根本原因就是没有留住客户，没能充分重视客户的时间。

大家都认为：最好的客户是具备购买你商品能力的人，通俗地讲，就是有钱人。然而，有钱人大部分是善用时间的人，正是因为他们擅长合理安排时间

才积攒巨额的财富。确实如此，"时间就是金钱"，他们的时间比你的时间还要珍贵。他们忙起来的时候甚至连听你讲解产品几分钟的时间都没有，即便能和你说几句话，也是来去匆匆。在这些来去匆匆的客户中，可以说有不少是你的目标客户，就看你能否"抓住"他们。

为了达成自己的交易，销售人员必须对客户的时间重视起来，并尽力去了解他们日程的安排。大多数客户都非常忙碌，老板们整天忙着开会、见访客、谈业务……根本没时间做其他的事。但是，他们必须依赖销售员提供的资讯，必须抽出时间来处理重要的销售拜访。这就要求你在和他们谈话的时候尽量为他们节省时间，赢得他们对你的好感。

我认识的一位经营家具生意的老板这样说："我最欣赏的是那些重视时间的人。我手下的销售人员都要像律师或医生那样，不但专业，还要懂得时间的珍贵。你要知道，医生耽误几分钟就会出人命啊。我的销售员决不能随意耽误客户的时间，几秒钟都不行！"他的这番话让我十分欣赏。事实上，这不只是他一个人的想法，更是千万企业老板的心声。

那么，面对这些来去匆匆型客户，我们应该怎么做呢？一般来说，销售人员要尽可能去体谅他们，能在20分钟内完成的谈话尽量不要拖延到21分钟。如果你经常犯拖延时间这样的错误，不妨佩戴一块手表，不时看看，等时间差不多的时候就要懂得及时刹车："我很抱歉，相信您对我们的产品已经有所了解，我非常乐意为您介绍我们的产品，但是我还要赶赴下一个客户那里。今天拜访您的唯一目的是和您见见面。至于一些细节问题，如果您有兴趣的话，可以事先约好，再找时间完整地给您介绍我们的产品，现在就不耽误您宝贵的时间了！"说完这些，你就可以与他握手话别，如此意犹未尽的结尾，会给他留个好印象。

他来去匆匆，你要懂得欲擒故纵。直截了当地告诉客户你的时间规划，表明重视客户的时间，也同样重视你自己的时间。不但证明了你的工作效率，也说明自己的业务很繁忙。最后，热心地和客户约定会面时间，也能确立你的专业形象。当你再次走进他的办公室时，相信他再也不会拿时间紧来拒绝你了。因为你已经向他证明——我也是个懂得"时间就是金钱"的人。

当客户本能的拒绝情绪缓和下来，你不就有了和他继续洽谈合作的机会了吗？

当然，第二次商谈的时间也要视销售的商品而定。如果是办公用品，可能只需要几分钟的时间，毕竟影印纸、订书钉这些文具涉及的金额比较小；如果是房地产生意，可能几个小时都谈不下来。行业不同，商谈的时间也不尽相同。

和这些来去匆匆的客户多"交手"几次，你就会发现，这些整天嚷着时间紧张的客户原来很可爱，很值得我们学习。时间紧张的人活得更充实，人生更丰富，更值得令人羡慕。谈话的时候要直奔主题，抓住重点，吸引他的注意力，为他大大地节省时间。只要你能和客户建立起良好的客情关系，业务合作也会慢慢地水到渠成。

理智好辩型客户——让他感受优越感，觉得你是个善解人意的人

任何时候、任何情况都不能和这些理智好辩的客户争论。因为你永远都不可能获胜，不管你占了上风还是下风。和这类客户争论，实话告诉你，你是在

"找死"。

有些客户喜欢跟你对着干，你说东，他偏偏跟你扯西；你说西，他又扯到北面去了。这种客户喜欢跟你唱反调，争强好胜，通过反驳来显示他的能力。但是和那些自命清高的客户不一样，他们更擅长跟你讲道理，大谈心得，明知自己错了还要和你争辩，就算辩论输了嘴上还是不服输。

在销售的过程中难免会引发一些有争议的话题，这是无可避免的，遇到这种喜欢跟你大讲道理的好辩型客户千万不能和他抬杠。就像一场战争一样，即使你打赢了，国家还是满目疮痍。就算你把这位争强好胜的客户给驳倒了，最终的结果还是你输。客户会说："好，你厉害，那我不买你的东西总可以了吧，有什么大不了的！"即使他们嘴上服了，但他们的心里还是很不舒服。一旦让客户感觉不舒服，谁还会买你的东西？

一个成功的销售人员想取得客户的好感，首先要赞同客户的意见。即使意见相左也不要和客户争个面红耳赤，与其争论、反驳，不如平心静气地听他说话。要知道，销售人员如果专注于表面上的、空洞的胜利，结果只能是永远得不到客户的好感。

一位营销专家这样告诫新来的员工："你们的出现是帮助客户解决问题的，想出单先把你们那些臭脾气给我扔得远远的。你们要学会控制自己的情绪，任何时候都不能对客户发火。你们最需要的是耐心、诚实、宽容，要学会同情、感激你的客户。和客户交流的时候要欢迎不同的意见，但是不能太着急，要留给客户考虑问题的时间，争辩是毫无意义的，只有和谐的交流技巧才能达成你的目的。"

销售的过程说白了就是一个说服客户接受你产品的过程，一个愿意和你以及你所代表的公司展开合作的过程。出现一定的争执是必然的，只不过有些客户争强好胜的心理更强烈一些罢了。

事实上，这类客户内心真正所想的并不是把争论的结果作为交易的砝码，在他们眼中，不管争论什么，原因在哪里，最终结果如何，他们希望你参与到自己的"争论过程"中来，看看你有没有把他们当作特殊人物加以对待。如果你不能感受到客户这种渴望被尊重、被理解、被满足的需求，你就已经没戏了。

与这类"爱争才会赢"的客户交谈时，销售人员切忌把"争论"当"说服"。说服的目的是希望打消客户的疑虑和不满，从而实现交易，要本着友好合作的态度；而争论的结果只是让你的观点压过客户反对的声音，迫使客户认同你的观点，摩擦不免会起火……然而，你的期待永远不会变成现实，只能越来越糟。

任何时候、任何情况都不能和这些理智好辩的客户争论。因为你永远都不可能获胜，不管你占了上风还是下风。和这类客户争论，实话告诉你，你是在"找死"。从你最初和客户展开联系，一直到整个销售过程的结束，你所做的一切不都是为了实现成交吗？你和客户争论有什么意义？你的目的是掏出他们口袋里的钱，而不是为了显示你的口才有多好！

在谈话的时候，如果你的客户是个理智好辩型，最好先承认对方的一切说法，语气要委婉，态度要诚恳，让他觉得你很愿意听他的辩解，让他觉得自己在你面前很有优越感，让他觉得你是个善解人意的人。博取了客户的好感，再加上对你的产品有一定了解，接下来不就是给你掏钱了吗？总之，我们要掌握客户"争一口气"的心理，少说多听，切中要害，一针见血，激发他内心真正的需求。

小心谨慎型客户——你越是着急，他越是反感

你接触到的每一个谨慎型客户，都是你的"会下金蛋的鸡"，都是你以后销售生涯的坚实基础。想让鸡生蛋，长期赚钱，那就得喂鸡吃好的粮食。

有些客户面对销售员推荐的产品和服务，总是小心谨慎，了解再了解，调查再调查，问了千万遍仍然无法决定是否购买。你是否对这类客户避而远之？

事实上，越是小心谨慎的客户，其签单率通常越高，越是这样的人越容易成为你的合作者。可以说，这样的客户对销售人员来说，简直就是一块宝。因为怕上当的心理，他们往往会很认真地听你说话，用心听，用心想，有不明白的问题就会马上提出来，生怕自己稍有疏忽就上当受骗。这种客户的心思比较细腻，但疑心病重，反应速度比较慢。

这种客户极度谨慎和理智，对应的是认真和挑剔。相对来说，他们更在乎细节，对事物的准确度和真实数据十分关心，很在意事情的真相，非常留心商家的可信度，谈话的时候会不断提醒自己要小心谨慎。

这些心理上的特征决定了他们的购买行为。在买东西的时候，他们往往慢条斯理、小心翼翼，生怕上当吃亏。因此，销售人员一定要给他们留下好印象，尽力把他们给争取过来。打个比方，在这些客户面前，你要有一种把自己放在显微镜下的窘迫感，客户小心谨慎，你要比客户更小心谨慎。

小心谨慎的人往往都很精明，精明也可以分为两类："尽责型"和"执着型"。针对这两种不同的类型，我们的销售方法也要因人而异。下面我们就来分别看看这两种类型如何应对。

一、"尽责型"客户——你讲得越清楚越好

大多数采购属于这种类型，老板在雇用他们的时候很大一部分是因为他们是小心谨慎型性格，具体表现为怀疑、挑剔、善于分析问题，所以这些客户很难对付。在接触客户之前，你最好对其做一个详细的了解，尽可能地把握他们的心理，以达到动其心的目的。最好是让他们有安全感，让他们知道你是在认真倾听、认真了解。

"尽责型"客户喜欢和那些冷静、细心的人打交道。从你一进客户的门，他就会仔细观察你的任何细节，包括你的着装得体与否，你公文包里的文件放得整齐与否。他们很在意这些小细节，也希望来和他们商谈的销售人员注重细节和效率。

针对这样的客户，销售人员应当保持严谨的作风，说话缓慢、吐字清晰，认真回答他们提出的任何问题。对他们来说，越详细越好。你不说，他们会觉得你是不可信赖的。切记，小心谨慎型客户最厌恶的是一见面就想促成交易的销售人员。

和这类型客户做生意与其说是一件事，还不如说是一个过程，需要你去慢慢引导，以最终达成目标。

二、"执着型"客户——不要太过着急

和"尽责型"客户相似，这类型客户做事也喜欢认真仔细，但相对来说更执着一些。他们不愿意和道德水准低下的人打交道。除了安全感，还要注意不能给他们压力。他们很少和陌生的销售人员打交道，但你要是能说服他们，得到他们的信任，你的后半生也许真的就不愁吃不愁穿了。

从心理学的角度去理解客户的行为对你的帮助是不言而喻的。和这种类型客户打交道有个重要的原则是不要太着急。你越是着急，客户越反感。要学会"忍"，允许客户反复比较，更不能在他们面前议论其他产品或供应商。作为

一个"正人君子",他们很不高兴背后说人坏话。你需要做到：不许无法实现的诺言，不做模棱两可的保证，少说空话，给客户一个可靠的印象。

在实际销售过程中，你可以顺着客户的思维节奏，尽量把你想表达的东西讲清楚，不时掺杂一些专业性话语，并借助辅助工具、图表证据、事实案例来配合自己，以增加客户的信心。

记住，你接触到的每一个谨慎型客户，都是你的"会下金蛋的鸡"，都是你以后销售生涯的坚实基础。想让鸡生蛋，长期赚钱，那就得喂鸡吃好的粮食。对客户不能撒谎，不能强迫客户买不需要的东西，更不要掩盖事实的真相。否则，小心鸡飞蛋打。

沉默羔羊型客户——"勾引"他，不惜一切手段吊足他的胃口

越是这种类型的人越可能成为你的忠实客户。他们"三缄其口"，你就必须反其道而行之，尽量多问他们一些问题，在一问一答中你将了解更多信息。

沉默是一种做人准则，也是一种生活态度。张国荣"哥哥"有一首《沉默是金》的歌曲，道出了一个男人对现实的无奈，洋溢着一股感伤的情调。然而，如果遇到沉默的客户，角色往往会发生错位，反倒是销售人员常常感到自己很无奈。对销售员来说，沉默不是金，是折磨。

沉默型的客户在整个销售过程中往往表现得很消极，对销售人员很冷淡。虽然让客户陷入沉默的原因很多，一方面是客户天生的性格；另一方面也不能排除销售人员不善辞令，也许正是你自身的原因导致冷场，使整个局面陷入僵局。如果是你的问题，就必须改变先前的谈话风格，可以提一些简单的问题，以激发客户的谈话欲。

如果客户对你所推销产品的专业知识缺乏或者兴趣不高，那你就要尽量避免多谈这些技术性的问题，可以就其功能进行通俗化的解说，以打破客户的沉默。

如果是客户因为暂时考虑的问题太多而陷入沉默，你不妨立刻就打住自己的讲解，适当给客户留下思考的时间。然后，你可以诱导客户把他们的疑虑讲出来，然后你帮助客户协商解决。

如果客户是因为讨厌你而沉默，不好意思，请你好好反省一下自己吧。找出自己令客户反感的症结所在，找出一些问题的根源，最好是能迅速调整自己。若不易解决的话，可以先退之，而后徐图之。

沉默型客户大约可分为三种：拙于交谈者；不愿交谈者；冷如冰山者。他们的心理特点相同的地方在于：不想说话，怕说错话，担心祸从口出，喜欢用"话语"之外的形体动作来表达心意；急于把你"撵走"。

因为这些客户的行为动机很多，心里所想也各不相同，所以销售人员必须仔细观察对方，通过其表情态度，摸清其内心的真实想法和心理动机。找准打破僵局的切入点或者能让他产生"同病相怜"的话题，让客户找不出拒绝你的理由。

还有一些不善言辞的客户，老成持重、稳健不迫，对销售人员的话虽然认真倾听，但是反应很冷淡，不轻易把自己的真实想法告诉你。这时，你不妨察言观色，通过客户的表情和动作来分析，捕获他们暗藏在"形体语言"中的信息。

不要被客户仔细听我们介绍产品的表面现象迷惑，尽管他们也会在你讲解的过程中偶尔提一两个小问题，但只是想更多地了解一下你的产品的相关资讯，而不是产生了浓厚的购买兴趣。他们保持沉默最主要的原因也正是在这里。你能做的就是"勾引"他，吊起他的胃口，让他想买你的东西。

怎么发现沉默型客户的动机呢？观察他的肢体语言，从动作或表情中体会他的情绪变化，回答他的问题也要谨慎。面对这类客户，你要拿出十二分的小心，正中其下怀方为上策。

根据经验来看，越是这种类型的人越可能成为你的忠实客户。他们"三缄其口"，你就必须反其道而行之，尽量多问他们一些问题，在一问一答中你将了解更多信息，当他们进入你所设置的环境和氛围中，他们的情绪就会被你调动起来，成交自然也就轻而易举了。

面对这类型的客户销售人员最好不要"胡扯"，把话题集中在产品的优点上和售后服务上，煽动、激发客户购买的欲望。态度要诚实、稳重，注意谈话的态度、方式和表情，给对方留下良好的印象。

第 四 章

决定客户是否购买的心理因素

"啊，这房子漏水。"售楼员就会对女士说："太太您看，后面的游泳池是不是很漂亮？"先生又说："这个房子好像哪里需要重新整修一下。"售楼员对先生微笑了一下，转过头继续对那位只顾盯着游泳池看的女士说："太太，这个游泳池非常适合您这样苗条的人保持身材……"

售楼员总是把问题有意无意地引到游泳池上，这位太太很"顺从"地回应："对！对！对！游泳池！买房子我最看重的就是游泳池！"

生意属于会定价的人

美国匹兹堡市一家名叫米利奥的家庭餐馆反其道而行之，在这里就餐你看不到菜单和菜品定价，无论点什么菜以及点多少菜都根据自己的判断，至于应该支付多少费用，这个也完全由你根据自己的满意度来决定。如果你觉得自己特别不满意，可以不用支付一分钱。不过奇怪的是，大多数人都是文明君子，进餐之后正常付款，甚至不少人还多付款。

我们逛商场或浏览网络店铺，经常会看到一些"10元店""98元店"之类的海报宣传语，还有在购买衣服、生活用品以及图书时经常会看到39.8元、99.8元的字样，这些都是商家为了迎合客户求实惠、求廉价、求吉利的心理，在商品定价上玩的数字游戏。有的更通过节日来做文章，比如在情人节推出520元、131.4元等定价产品，在春节以及更多时候推出666元、888元等定价产品……通过这些定价上的取巧，来达到招徕客户的目的。其实，这就是产品定价上的心理学运用，如果不搞价格欺诈的话，完全值得销售人员去学习和借鉴。

关于定价策略，美国内华达大学商业研究中心对商品的价格曾做过一次调查研究，他们发现，产品的价格和产品的成本、流通费用、利润的关系并不是很显著，影响价格最显著的因素是市场供求关系和消费人群的心理购买预期。影响消费者购买决策的最敏感因素是定价。所以，销售人员要把客户的心理需求作为定价的重要依据，最大程度激发客户的购买欲望。在实践中，常用的心理定价策略有13种。

一、取脂定价策略

此种定价法也叫撇油定价策略，意思是从鲜奶中撇取乳脂，有提取精华的意思。该策略利用消费者求新、求奇心理，抓住还没有其他竞争者出现的有利时机，故意把价格定高，以达到短期内就能获利，尽快收回投资成本的定价方法。比如，圆珠笔于1945年发明，当时成本只有0.5美元，但商家却利用消费者的求新求异心理，卖出了20美元的高价。

二、尾数定价策略

现代心理学研究表明，价格尾数的微小差别，绝对会对消费者的购买行为产生影响，迎合的是消费者求廉价的心理。一般认为，5元以下，末位数为9最受欢迎；5元以上，末位数为95效果最佳；百元以上的商品，末位数为98最为畅销。在我国8、6、9的定位较常用。

三、声望定价策略

声望定价是参考产品在消费者心目中的声望的一种定价策略。这种定价法迎合的是客户的高价显示心理。相对来说，消费者看重的不是价格，价格显赫更能满足自己的炫耀心理，看重的是对自身地位和身份的彰显。花高价的心理反应，无非是满足实现自我价值的需求。适用于那些知名度较高、市场较大、深受消费者欢迎的驰名商标。

四、招徕定价策略

招徕定价策略适用于经营日用消费品为主的大型销售商，可以把一部分商品价格定低一些，来吸引客户，真正的目的是招徕客户购买低价商品的同时，带动其他高价商品的销售。但要注意，这些低价的"牺牲品"最好是那些需求弹性较大的商品，能通过销售量弥补低价的损失。

日本创意药房就利用了这种招徕定价法。先把一瓶200元的补药定位80元，低价出售，引来消费者纷纷抢购，不但没赔钱，而且盈余每个月都在增长。原因是，药店里不止这一种药，人们以为补药便宜别的药也便宜，形成了盲目的购买心理。

五、习惯性定价策略

某些商品经过消费者重复性购买，性能、质量已经被消费者详细了解并形成了固定的心理价格标准。这些商品在市场上被打上了"烙印"，消费者已经习惯了，他们不想再付更多的钱。这时，销售人员就不要贸然去更改这些商品的价格了，改变的话很容易失去消费者的信任。

六、最小单位定价策略

最小单位定价策略是指销售者把同种商品按不同数量包装，然后以最小包装单位量来定价。一般情况下，包装越小，实际的单位数量商品的价格越高。比如某保健饮品将原先24瓶装、单价6元的大包装改为4瓶装、单价7.5元的小包装，总体价格没有发生变化，但销售业绩直线上升。

七、同价销售策略

这一策略最早起源于英国一家不起眼的小店。由于经营不善，这家小店处于濒临倒闭的地步。突然有一天，这家店的店主有了新的主意——只要有人愿意出1英镑，就可以任意选择一样商品带走，而且店内的所有商品都是这个价格。这一招用上之后，顾客就络绎不绝。这一招不仅这家小店用，一些大的商店也在用。现在网络上100元店、50元店等采用的也是这种销售策略。

八、分割定价策略

我们销售的敌人是什么？是客户对价格敏感的神经。如何才能将他们敏感的神经变得迟钝一些呢？分割定价是比较有效的心理策略。第一种方法是较小的单位报价比大的单位报价更好一些。比如，每千克200元的茶叶被聪明的商人改成每50克10元，这样就显得不那么昂贵了。第二种是用较小单位商品的价格做对比。比如，每天只需少抽一根烟，就可以成为我们视频网站的VIP会员，千万精彩大片随心看。用这个策略的关键就在于，报价的时候别忘记用最小单位。

九、超高定价策略

一般来说，这一策略适用于商家可以提供独一无二的产品或服务。由于把价格定得超高，商家很快就能赚取大量利润。如果你家的产品在市场上很少有竞争对手，就可以采取这样的定价策略。不过即使很畅销，但随着类似商品的增多，就会对你的产品造成冲击，价格上的垄断现象就会逐渐消失。这意味着如果你想继续保持高价策略，必须要在产品上持续创新。

十、超低定价策略

该策略有利于快速抢占市场，目的是垄断市场。定价很低，这就会让很多跟随企业望而却步，从而有效地将竞争者和模仿者甩在身后。一般来说，这一定价策略不适用于小型新公司，定价低，利润微薄，一不小心就会把自己逼到破产的边缘。但是对资本雄厚的大公司来说，运用这一招是为了更长久地独霸市场——一方面在市场上树立自己的品牌；另一方面可以采取大规模生产，最大限度地降低生产成本。其本质是薄利多销。不过要注意的是，对公司推出的高档产品要谨慎使用这种定价策略，否则就会给人一种便宜没好货的心理暗示。

十一、弧形数字定价策略

美国有心理学家在研究分析数千家生意火爆的商场之后，发现爆款商品和冷门商品的定价都遵循一个共同的规律，与定价中的尾号关系密切。根据其热销程度，对数字的排序为：5、8、0、3、6、9、2、4、7、1。为什么会出现这种情况呢？这是因为5、8、0、3、6这样的数字带有弧形，比较圆润，让客户的心理感觉比较舒服，从而容易接受。然而对于1、7、4这样棱角分明的数字，就会感到一种尖锐刺痛感，导致对价格过度敏感。不过在使用这一策略时，我们要注意结合中国国情灵活调整。比如在中国，8与发同音，具有发大财的寓意，人们都图个吉利，对8倍有好感；6则有六六大顺的意思，也是十分受人欢迎；至于4，则让人联想到死；7这个数字也给人不好的心理暗示，头七与鬼魂关系密切，人人避讳。所以这些敏感的数字要杜绝使用。

十二、明码定价策略

明码定价也就是一口价，谢绝讨价还价。如今这样的定价策略运用越来越普遍了。现代社会每个人都很繁忙，没那么多时间浪费，为了节约自己也为了节约客户的时间，就特别明码标价。一方面是商家货真价实，价格中没有那么多的水分；另一方面则是客户要养成良好的购物习惯。这一策略缺点是不够灵活，剥夺了客户讨价还价的乐趣；优点是有利于公司产品品牌的树立，给人一种强烈的信赖心理。

十三、客户定价策略

我们知道，商品都有定价，我们去餐馆吃饭，第一件事就是先看菜单，看着定价点菜。但是你想过吗，如果没有菜单和定价会怎么样？别说，还真有人这样玩。美国匹兹堡市一家名叫米利奥的家庭餐馆反其道而行之，在这里就餐你看不到菜单和菜品定价，无论点什么菜以及点多少菜都根据自己的判断，至于应该支付多少费用，这个也完全由你自己决定。如果你觉得自己特别不满意，可以不用支付一分钱。不过奇怪的是，大多数人都是文明君子，进餐之后正常付款，甚至不少人还多付款。有人或许会问，是否有人饱餐一顿故意不给钱？事实上的确有，不过这是少数，并没有影响该店的正常盈利。这种做法中国有人也尝试过，似乎不太成功，主要原因在于国人的消费素质还不是很高。

销售人员可以灵活利用上述产品定价方法，只要你能抓住客户的心理，引客户"上钩"，完成销售任务岂不是很简单？

怀旧心理：他追忆逝水年华，你攫取滚滚财源

时代会造就各种各样的特殊群体，他们有着共同的经历和喜怒哀乐。比如上山下乡的知青、共同上过战场的战友、远走海外的老华侨……这些人都有着特殊的经历，在他们的生命中，这些都是刻骨铭心的经历。因为这些共同的经历，很容易产生同样的心理需求。

人类是一种奇怪的动物，从心理层面发现有一个很重要的特点：面对不断推陈出新的新鲜事物，若感到不适应的话，往往喜欢"追忆逝水年华"，依托怀旧来寻找一种解脱或者精神安慰。在销售过程中，如果我们能够巧妙利用这种怀旧心理，对某些消费群体会产生非常积极有效的作用。

怀旧者所怀旧的东西必然是令其感到刻骨铭心的。我们说利用怀旧心理做销售，是要找出一个群体的共鸣点而不是某个人，这样才能更好地定位客户群体，扩大自己的业务范围。这个目标群体往往具有共同经历或者共同体验，只要你能引起他们的共鸣，以这群人的怀旧心理为基点，再做一些销售活动，必然能获得很好的效果。怀旧者细分的话，有以下三类。

一、年龄在40岁以上的群体

年龄越大，怀旧心理越强。40岁以上的客户群体生活和工作相对比较稳定，待着没什么事，总喜欢思考。再加上时代的差异性，他们大部分对现在的年轻人有些不适应，也可以说是看不惯。他们追忆的是男孩玩着链子枪、女孩梳着麻花辫的时候，有些更年长的人沉浸在知青岁月和革命年代，如果您能适时地提一些过去的美好生活，很容易勾起这些年长客户的回忆，很大程度上能拉近你和客户的距离，让他们倍感亲切和温暖，进而产生购买的欲望。

二、有特殊经历的群体

特殊的爱给特殊的你，如果你能给特殊人群提供一种特殊的场所，你就会得到他们独一无二的回报。在北京有一家老兵餐厅，餐厅内陈列着老式的三八大盖儿、锈迹斑斑的小钢炮，还有发黄的军事地图、陈旧的军装……餐厅老板利用的就是客户的怀旧心理，牢牢抓住了一些有特殊经历客户的心理需求，生意自然很红火。来就餐的除了真正的老兵，还有他们的家人，还有一些喜欢猎奇的年轻人。

时代会造就各种各样的特殊群体，他们有着共同的经历和喜怒哀乐。比如上山下乡的知青、共同上过战场的战友、远走海外的老华侨……这些人都有着特殊的经历，在他们的生命中，这些都是刻骨铭心的经历。因为这些共同的经历，很容易产生同样的心理需求。只要你能让他们追忆过去，产生共鸣，绝对会对你有一种认同感和亲切感。

三、远离或背离以往生活环境的群体

大多数成功的富豪都有过艰辛的创业经历。以前的日子很苦，经过很多年的奋斗，有了雄厚的产业，生活富裕了，但是，他们绝不可能完全忘记那些对他们来说非常重要的艰苦生活。如果你仔细观察的话，你会发现他们的言谈举止、生活方式和消费观念，仍然有从前的影子。不管他们现在多么富有，曾经贫困的生活都是他们一生中最宝贵的财富。

虽然现在的生活境况更好了，但那些深深刻在内心的生活体验是绝对不会忘记的。销售人员能做的就是让这些客户重拾过去的东西，让他们回忆过去生活的印记，让他们流露出怀旧的情绪。然后将这种情绪与你所提供的产品相结合，这样你就会看到不一样的销售结果。

从这三类消费群体我们可以看出，客户的怀旧心理各不相同，依托的物品也多种多样。在宣传和促销时，销售人员要采用不同的策略，有针对性地行动。

举个例子，曾经风靡一时的南方黑芝麻糊就是利用了某些南方客户的怀旧心理，羊肠小道、浓浓的南方口音、扁担和挑子，让那些对南方生活记忆犹新的人感到亲切和温馨，激起客户一种重返乡土的感觉。还有几乎每个地域都有着属于自己的"老字号"，这实际上是一种品牌的怀旧。由此可见，客户的怀旧心理不仅是一种真情实感的流露，更是百年品牌的出发客栈。从这里出发，你不仅能够收获一批忠诚的客户，而且还能打造属于自己的商业帝国。

赶时髦心理：时尚对客户消费心理的影响不可小觑

时尚性消费很容易受感情的驱使，一般体现的是人们对美好生活的向往。销售人员要特别注意客户的这种对美的渴望和对流行追求的趋同心理。要知道，希望自己"时髦"的需求大多建立在物质水平逐步提高的基础上，通俗地讲，想时尚的人大多手头比较宽裕。

任何一个时代都会有一种流行的事物。人们购买决策不仅受到自身经济条件的影响，而且还受到大众心理的暗示。社会生活的多样化，直接影响了人们的消费观念。尤其是那些带有时尚特色的心理需求，一旦被社会承认，就会形成一种消费倾向的流行。所以我们看电影，总能根据人物的衣着打扮以及沿街店铺，快速判断出这属于哪个时期的电影故事。

从本质上说，这种消费时尚的流行就是人们所说的"赶时髦"，像在改革开放初期，年轻人都喜欢穿喇叭裤，影视剧《与青春有关的日子》里的"冯裤子"就是这样；韩剧《来自星星的你》火爆之后，与剧中同款的智能门锁成为畅销一时的家装产品；《三生三世十里桃花》火爆之后掀起一股古装摄影的热潮。由此可见，人们很容易受到时尚文化、大众购买行为的影响。在过去，商品比现在更容易流行，因为市场竞争者较少，而现在由于商品极大丰富和个性需求的多样化，赶时髦心理在一定程度上得以抑制。尽管如此，在文化娱乐领域，诸如电影、音乐、图书等产品，赶时髦消费倾向仍然明显。不少明星和公众人物由此应运而生。

流行都是由人们相互模仿而促成的。你看见他穿这件衣服很好看，明天我也买一件，越来越多的人投入进来，产生了群体性的模仿，进而产生消费流行。很大程度上，模仿心理奠定了消费流行的基础。

时尚性的购买行为大多是由受外界环境影响，如社会风尚的变化而引起的。购买者的心理往往被这种社会性的"时尚"同化。表面上看，这些"时尚消费者"力图通过所购买的商品来达到引人注目的目的。其实，这些消费者更容易被聪明的商家"忽悠"，他们会尽力夸大客户的审美能力和判断能力，将其形象尽力美化。

时尚性消费很容易受感情的驱使，一般体现的是人们对美好生活的向往。销售人员要特别注意客户的这种对美的渴望和对流行追求的趋同心理。要知道，希望自己"时髦"的需求大多建立在物质水平逐步提高的基础上，通俗地讲，想时尚的人大多手头比较宽裕。

按照心理学家马斯洛先生的理论，这种时尚性消费体现的是人对自我实现的心理满足，是消费者希望自己与时代同步、赶上甚至超越时代潮流的心理需求。如果我们能够根据人们这样的心理需求，恰如其分地推广好自己的产品，一旦形成时尚性消费，必然会出现大批的购买者，爆款产品即由此诞生。诸如苹果手机，在全球吸引了大批果粉。即使乔布斯离开世界很久了，这股时尚的热潮仍然没有消退。可见时尚性消费的威力之巨大。

然而，像苹果手机那样持久热销的明星产品毕竟不多，大多数时尚性消费具有短期性，短时间内可以形成大量需求，再过一段时间很可能就被别的更流行的产品或服务取代了。比如呼啦圈这种产品，曾经在20世纪90年代风靡大街小巷、各个公园的广场，甚至连电视上的综艺节目都以呼啦圈来烘托气氛，然而持续的时间比较短暂，如今再也难觅踪影。如何才能打造长盛不衰的热销产品？这就要求销售者具有敏锐的眼光，在倾力打造"时尚元素"的时候考虑到以后的长远发展。

销售人员要善于把握客户的求新、求变意识和希望突出自己的个性、展现自我风采、与时代同步的心理需求，将自己的产品或服务与热点建立联系，在基本功能之上增加更多的精神元素，如果你能做到这一点，就能成功地激发消费者的购买欲望。实际上，这样的购买行为往往会成为时尚的开端。

所谓"三十六计，攻心为上"，不管什么时尚的东西，必须先让客户"心动"。而心动的过程是改变客户认知的过程。另外，有些客户并不认同你说的什么"时尚"，应该怎么办？你所能做的就是从品牌层面和产品质量上来"诱惑"消费者。这些客户对时尚文化关注不多也不够敏感，一般都是注重安全和实用。

商品陈列中的心理学：让客户购买冲动一触即发

俄罗斯有句谚语说："语言不是蜜，却可以粘住一切。"销售人员除了嘴上会说，还要学会让你的商品也有语言。让陈列的商品帮你向客户传达一种无声的邀请，打动客户的心，激发客户的感情，让客户产生购买的欲望。

生意火爆的秘诀是什么？即使是水果蔬菜，也要像一幅静物写生画那样艺术地排列，因为商品的美感能撩起客户的购买欲望。这是一句法国经商谚语，讲的是商品陈列的艺术。商品陈列关系客户的购买欲望，所以摆放商品要考虑到客户的心理需求。具体的操作中，商品陈列要注意哪些问题呢？

一、丰满

客户进商场的时候，最关心的是什么？不是销售人员的服务，而是货架上的商品。当客户一进门的时候，他的目光必定自然而然地去看货架，而不是看售货员长得是不是漂亮。

一位营销专家说："商品本身就是广告。"其实，商品陈列也是一种广告。

当客户看到货架上的商品琳琅满目时，就会产生较大的热情，精神也会为之一振，下意识里会产生一种信任感和轻松感，购物的兴趣也随之高涨起来。相反，如果他看到的是稀稀拉拉的商品，心里就会觉得商品这么少，看来是没什么好货，想必生意也好不到哪里去。因此，商品陈列的基本要求是商品摆放要丰满。

中国还有一句古话说："货卖堆山。"为什么要堆山卖呢？主要的目的是想通过丰富的商品来招徕客户，刺激客户的购买欲。所以，要把商品陈列当成是一种招徕客户的广告，为了吸引客户，一定要把商品摆放丰满。当然，也要注意区分不同类别的商品，避免乱堆一起、混乱一团，一定要做到丰而不乱。

二、展示商品的美

客户被那些堆放丰满的商品吸引，接下来必然要走到自己打算购买的物品的柜台前。这时客户最想知道的是"这东西怎么样"——具体包括商品的质量、外观美不美、适不适合自己用等。

这时销售人员就要学会展示商品的外在美。你可以运用多种手段把柜台货架上的商品予以美化，以此来激发客户的购买欲。当然也不能忽视产品的"内在美"，质量也要保证，光好看也不行。这就是商品陈列的第二个基本要求。

三、营造特别气氛

这是商品陈列的第三个基本要求，指的是通过对商品的组合排列，尽量营造出一种温馨、明快、浪漫的特有气氛。通过这种美好的气氛感染消费者，拉近客户与商品之间的心理距离，让客户产生可亲、可近、可爱之感。

俄罗斯有句谚语说："语言不是蜜，却可以粘住一切。"销售人员除了嘴上会说，还要学会让你的商品也有语言。让陈列的商品帮你向客户传达一种无声的邀请，打动客户的心，激发客户的感情，让客户产生购买的欲望。

销售心理学告诉我们："大多数消费者购买商品是在想象心理支配下采取购买行动的。"聪明的销售员要学会通过商品的陈列让客户去发挥自己的想象，让他们想象买到这种商品后会发生的种种可能，比如亲人的一个吻、朋友的赞赏或者是给以后的生活带来的变化等。

我们就拿买房子为例，当你走进一所经过精心布置的房子，如果看到的是富丽堂皇、宽敞明亮的话，很可能就会心动，情绪自然而然就会转到自己身上。你会想象自己住到这所房子是一种什么样的情景，未来的生活一定会很美好，不知不觉就进入了售房者设好的"圈套"。商品的陈列也是如此，你要学会让客户自己给自己"造梦"，买你的东西也就顺理成章了。

有一个成语叫爱屋及乌，说的就是"感情连带反应"，因为喜欢一座房屋，于是连屋檐上的乌鸦也喜欢起来。购物同样如此，当客户被你陈列的商品营造的气氛打动时，连带之下就会对你的商品产生兴趣。这也许就是商品陈列营造特有气氛能够达到目的的奥秘所在。

不同家庭成员在购买中扮演的角色

了解不同家庭成员在消费活动中扮演的角色，不仅是做家庭用品销售员必修的一门功课，更是每一个销售员要深入研究的学问。要知道，这个世界是由一个个家庭组成的，每个人在家庭中都扮演着不同的角色，不管你是销售房产，还是销售其他产品，都要注意这一点。

你是谁？你的产品怎么样？你要卖给谁？在这里，我们重点谈论第三点——你要卖给谁，我们也可以称之为定位。我们必须十分清楚，什么人最可能购买我们的产品，这可以防止我们在错误的对象身上浪费时间和精力。毕竟每个人的生命都是有限的，我们不可能在有限的时间里把产品卖给所有人，我们只能把产品卖给最需要它的人。所以，我们在销售商品的时候，首先要明确销售的对象。只有锁定了销售的具体对象，才能进一步了解他们在消费中的地位及心理特征。通俗地讲，要想卖出你的商品，你必须像了解手掌一样了解你的"买单者"。

这个道理很好了解，知彼知己，百战不殆，一个战士必须清楚地知道敌人是谁。作为销售人员，了解自家产品的定位以及自己将要面对的是怎样的人，这是一项最基本的训练。谁是最终付钱的人，主宰你的销售命运。在营销活动中，产品的实际购买人是真正的幕后大BOSS，看准对象才能保证你的"出单率"。

大多数情况下，不同的客户在产品购买中起着不同的作用。销售人员面对的消费群体80%以上是家庭用户。在家庭消费活动中，产品或服务的购买者和使用者往往不完全是同一个人。比如，父亲买了一个足球，也许自己根本不踢，使用者是他的儿子；母亲购买了一架钢琴，实际的使用者可能是她正在学琴的女儿；等等。由此可见，家庭成员在购买中分别扮演了不同角色，销售人员必须搞清楚出钱的人和使用商品的人。针对性强一些，更有成功的把握。

我们还以男孩子喜欢玩的足球为例，大多数情况下，我们直接面对的并不是某个男孩，而是男孩的父亲或母亲。因为家长才是产品的购买决定者和消费者，只有家长才是你销售的足球的付款人。

同样道理，在一个家庭中，衣服的购买者大多是妻子或母亲，不仅是她们自己的衣服，还包括丈夫和孩子的衣服。所以，在某些购买活动中，承担购买任务、"扛起花钱重担"很可能都是由一个人来完成的。

当然，有一些购买行为可能是由家庭成员共同承担的，比如大件的科技产品，诸如家庭影院设备以及高档家具，等等。面对这些重要的商品，家庭成员会成为这部"购物大片"里不同的主角。如何针对这些角色逐一攻破呢？古语有云"射人先射马，擒贼先擒王"，一般说来，我们要把主要精力集中在家庭"掌柜"身上。

有人或许会说，掌柜并不一定是最终的拍板人，我们还有必要浪费更多的精力吗？回答是肯定的，尽管这个"掌柜"提供的信息和建议，不一定总被其他家庭成员采纳，但他的分析处理，很大程度上是其他人做出购买决策的重要依据。要知道，这个掌控"财政大权"的人一般在家庭中占有较高的地位，对商品消费的最终决策影响力较大。销售人员必须有这种先知先觉的"星探"嗅觉，掌控这个人的心理，对销售起着极其重要的作用。

由此可见，我们在销售活动中所面向的真正对象应该是那些拥有购买决策权的"掌柜"，而不是产品的具体使用者。比如男孩想买一个新足球，可是他没有钱，有钱也不一定敢买，他的购买欲望能不能实现还是需要他的家长来决定的。甚至，他一点都不喜欢踢足球，但丝毫不会影响他老爸购买足球作为生日礼物送给他。他的喜好虽然重要，但绝对不是最重要的决定性因素。

　　了解不同家庭成员在消费活动中扮演的角色，不仅是做家庭用品销售员必修的一门功课，更是每一个销售员要深入研究的学问。要知道，这个世界是由一个个家庭组成的，每个人都在其中扮演着不同的角色，不管你是销售房产，还是其他产品，都在无形中受到你看不见的家庭成员的影响。销售员要明白，谁才是最有可能对你的产品感兴趣的人，谁才是这个产品的最终使用者，谁最有可能成为购买的最终决定者，谁在决策中发挥最大的影响力，对于不同产品的购买，家庭决策是以什么方式做出的，弄懂了这些，你才能游刃有余。

　　那么，家庭成员在购买中的角色有哪些基本规律呢？一般来说，保险的购买通常由丈夫决定；清洁用品、厨房用具、食品的购买基本上是妻子做主；电子产品、装修房子大多由夫妻共同做出决定；饮料、零用物品的购买大多具有随机性，由家庭成员分别自主决定。越是大宗物件，购买时间拖得越长，家庭成员越倾向于联合做决定。我们可以根据具体的销售活动，通过自己的双眼观察来推断出到底属于哪一种决策模式。越是有悟性的销售员，越能快速地得出自己的答案。

　　从某种程度上说，销售人员多多注意这些细节问题，弄清楚家庭成员在购买活动中的具体分工，掌握各家庭成员的心理，对我们的销售工作是大有裨益的。

促销要有技术含量——少一些单调，多一些创意

正确利用促销，不但可以使品牌更具亲和力，还能保证短期内的销售量。但是，现在品牌众多、竞争激烈，那些"没有技术含量的"传统促销观念已经落伍了。

如果捅破窗户纸，各行各业都是技术活。从国与国之间的交往到企业间的商务合作，从开店销售产品再到街头行乞，无不是技术活的具体体现。在电影《天下无贼》中，葛优扮演的"黎叔"对打劫的人说，"最讨厌你们这些打劫的，一点技术含量都没有"。看来，犯罪也需要技术含量，也需要独具一格的创意。虽然这是一个黑色幽默，但蕴含的道理却颇值得玩味。看看现在那些搞促销的商家，多数手段过于直白，"一点技术含量都没有"，总是如此单调乏味，怎么能赚到大钱呢？

那么，促销到底要不要搞，应该怎么搞？一位品牌专家曾说，一个品牌投入的促销费用高于广告投入是非常危险的，不仅不能提升销量，甚至还会拖垮这个品牌。促销很可能会使积累起来的品牌资产渐渐变得模糊甚至消失。

另外，还有一种观点认为——促销的最终目的是增强短期内的竞争力，在最短的时间内提升销售量。促销是一种能让产品销售量在短期内达到最大化的有力工具，可以有效地扩大市场份额，压制竞争对手。所以，销售者要大力推广。

这两种观点都不能说错，但要区分产品和市场环境的不同，然后再灵活运用。正确利用促销，不但可以使品牌更具亲和力，还能保证短期内的销售量。但是，现在品牌众多、竞争激烈，那些"没有技术含量的"传统促销观念已经

落伍了，具体表现在以下几方面。

一、手段单一，依赖性强

商家促销最常用的促销手段是"三板斧"——打折、抽奖、赠送。现在很多商家把促销当成了取悦客户的手段，希望通过这些经常性的打折、抽奖、赠送等促销手段来吸引和刺激消费者。其实，客户记住的不是你的产品而是那些鸡毛蒜皮的小优惠，更谈不上培养什么品牌意识了。

一般来说，这种手段单一的促销方法，由于没有长远的品牌规划，消费者很容易流失。以促销支持销售，一旦促销停止，销售马上回落。由此可见，对促销的依赖性太强并不是什么好事。久而久之，就像吸毒，一旦上瘾就戒不掉了，继续下去难以为继，放弃则意味着破产大吉。

二、攀比求廉，压制对手

很多商家存在盲目攀比的心态，看到竞争对手打5折，自己就打4折，对手打4折，自己打3折，推出比竞争对手更优惠的促销措施。结果搞得自己元气大伤，丢了西瓜，捡了芝麻，付出了很大的成本，却无法从促销活动中得到回报。有段时间的图书业就是这样，书籍的打折力度从8折到5折，从5折到4折，由于图书是一种明码标价的标准化产品，这样不顾成本地打折，造成出版商、经销商、作者都没有钱赚，从而让整个行业陷入一种可怕的恶性循环。

还有一些商家搞促销活动的理由更可笑，自己的生意本来就不错，但是看到周围的对手都在搞，自己着急上火，马上也去搞促销。这种行为因为没有促销计划、促销战术和促销目标，很难达到理想的效果。

三、随意粗糙，急功近利

促销不能太粗糙，一个没有整体规划意识的促销活动是很危险的。促销要注意形式、时机、具体商品等方方面面的原因。如果太随意，没什么创意，不重视长远计划，很难产生整体效益。

比如"买一送一"促销模式，就没什么新意，很容易被对手复制，即使能拉动销量也是短期的，甚至会让消费者产生"低廉没品"的歧视心理。"宣传单满天飞，赠品当街派"很大程度上会降低客户的购买信心，最终损害产品的品牌度。

不过，促销确实能起到一定的作用，有时候确实能达到打击对手、讨好消费者的目的。但是面对销售压力，不能完全依赖促销解决问题。如果营销的时候不得不借助促销手段，一定要改变陈旧老套的"三板斧"模式，摒弃传统的促销手段。比如"节日促销"是很多商家销售的重要手段，但要注意不能为了促销而促销，否则很容易起到不好的效果。可以多多开动自己的脑筋，琢磨一些与众不同的新鲜策略调动消费者的购买热情，从而让自己的销售活动多一些技术含量。

我们必须认识到，如果促销行为不能给客户留下什么印象，甚至产生负面印象，这样的促销行为无疑是失败的。所以，作为一名销售人员一定要谨慎对待促销，从心态上正视促销，努力开动自己的脑筋，让促销少一些单调，多一些创意，力争消除客户购物的心理阻力，让你的销售业绩更上一层楼。

游泳池的故事：反复刺激客户的购买关键点

　　每一个客户都有一个购买关键点，也就是说，你必须找到客户对你产品的兴趣发生点。不管你的产品有多少个自以为可以吸引客户的理由，面对每一个具体的客户，必须因人而异，因为对客户来说可能只有一项对他来讲是最重要的。如果抓不住这个最重要的关键点，再多的功能和优势都没用。

　　一个星期日的下午，一对夫妻和售楼员约好去看一套房子。看房子之前，丈夫对喜欢游泳池的妻子说："千万不能让售楼员知道你喜欢游泳池，让他知道咱们就没办法杀价了。"可惜，丈夫的忠告并没有起到什么作用，妻子"一不小心"就被售楼人员给套出底细……

　　原来情况是这么回事——这位先生故意刁难售楼员说："啊，这房子漏水。"售楼员就会对女士说："太太您看，后面的游泳池是不是很漂亮？"先生又说："这个房子好像哪里需要重新整修一下。"售楼员对先生微笑了一下，转过头继续对那位只顾盯着游泳池看的女士说："太太，这个游泳池非常适合您这样苗条的女士保持身材……"售楼员总是把问题有意无意地引到游泳池上，这个太太很"顺从"地回应："对！对！对！游泳池！买房子我最看重的就是游泳池！"结果也是显而易见的了，这套并不便宜的房子被卖了出去。

　　正因为销售员看出了这位太太对游泳池的特殊喜好，才能找到客户购买的关键点，这样说服客户的概率就会大大增加。这个关于游泳池的故事不正是"反复刺激客户购买关键点"对销售是十分有效的最好证明吗？

　　我们必须牢记这句话：每一个客户都有一个购买关键点，也就是说，你必须找到客户对你的产品产生兴趣的那个点。不管你的产品有多少个自以为可以吸引客户的理由，面对每一个具体的客户，必须因人而异，因为对客户来说可能只有一项对他来讲是最重要的。如果抓不住这个最重要的关键点，再多的功能和优势都没用。对客户来说，购买关键点意义重大，就像一个开关，召唤他们采取购买行动。

　　如何才能抓住并反复刺激客户的购买关键点呢？基本原则是先站在客户的角度想问题，然后再掌握客户的心理对症下药。根据销售心理学家的研究，精准掌握客户心理微妙的变化是成功销售的关键所在，一般来说，任何一次成功的销售都遵循三个步骤：①引起关注；②激发兴趣；③掌握成交时机。其中，最值得我们花费时间来探讨分析的是如何激发客户的兴趣点。如果兴趣点被激发，后面的成交推动就会轻而易举了。下面让我们具体看下有哪些激发客户购买兴趣点的策略方针。

一、利用好奇心激发和强化客户的购买兴趣点

　　好奇心是人类与生俱来的一种本能基本行为动机。美国一位专家说："探索与好奇是人的天性，神秘奥妙的事物，往往是大家最关心的对象。"由此可见，每个客户都对自己不熟悉的、不了解或者标新立异的东西感兴趣。人活着为了什么？从根本上说就是为了体验，如果你能够充分利用人的好奇心理推出各项营销活动，让客户参与其中，相信他们的购买兴趣一定会喷涌而出。

　　客户的注意力就是你要抢占的资源，如果你能让客户的注意力长时间地关注你的商品，就必然能够成功促进交易。这意味着你需要推陈出新更多与众不同的销售策略，反复刺激客户的购买兴趣点，让他们毫不犹豫地购买。

二、通过独特商品与营造气氛反复刺激客户的购买兴趣

　　心理学告诉我们，人的知觉具有选择性。人们对一个事物的关注受到焦点的诱导，也就是说，人们第一眼关注的是最核心的地方，其他次要的地方就

不知不觉忽视了。就像我们开头的案例，女主人关注的就是游泳池，其他微不足道的小毛病就不在意了。对销售人员来说，有哪些可以参考学习的呢？首先我们可以利用色彩鲜亮、形状独特、轮廓清晰而且简单易操作的产品来吸引客户，让他们流连忘返、爱不释手。个性商品就像战斗中的尖刀连，能够起到先声夺人的效果。另外，在产品销售现场，我们要懂得充分利用个性展台、POP海报、创意广告以及集声光电为一体的多媒体来渲染产品热销氛围，让主打的产品脱颖而出，成为万众瞩目的焦点，从而激发客户购买兴趣。

乔布斯就特别善用此道。他的每次苹果产品发布会都是气场强大、个性十足。2007年1月9日，乔布斯在苹果手机发布会上用超大的PPT对公众展示，整个画面上只有画龙点睛的文案——"我们今天将一起创造历史""我们重新定义了电话"……一下子将气氛烘托到极点，可以说达到群情激奋的地步。的确如此，乔布斯发布的iPhone手机，开启了智能手机时代。苹果手机确实很强大，乔布斯对营销心理学的精准掌握同样值得我们学习，他主持的产品发布会值得我们反复观摩。

三、在言语沟通中要反复激发客户的兴趣点

言语是有魔力的，如何说话是销售人员一辈子的功课。你的每句话都要引起客户的兴趣，不能枯燥无味、味同嚼蜡，更不可以自我为中心，唱属于自己的独角戏。在言语交流中，一般来说要注意把握以下两个要点：第一要擅长挖掘客户的购买兴趣点，以此让客户长久保持注意力，以使商品快速成交；第二是积极回答客户的提问，随时打消他们的购买疑虑，让他们的购买热情维持在亢奋状态，使成交得以完成。

总之，我们只有弄懂了客户的心理，才能更准确地抓住客户在购物过程中的"购买关键点"，然后再瞄准这个点，反复地加以刺激，就像射击高手打靶一样，"打中10环"才是我们的真正目的。

第 五 章

销售赢的是心态

下大雨了，有些销售员会说，雨这么大，就算我去了，客户那里可能也找不到负责人了，还是等明天再去吧。有些销售员却这么想，今天下大雨、刮大风，可能别人都不会去，我现在赶过去，客户肯定有时间。这就是一个心态的问题。

销售人员经常在天堂和地狱之间轮回

销售赢的是心态。只要保持良好的心态，销售技巧迟早能够熟练掌握，出业绩签大单也是水到渠成。所以，我们要认识到，其实并不存在什么"天堂和地狱"，我们不是天使也不是魔鬼，我们是一个销售，必须具备一种"波澜不惊"的优秀心理素质，即"胸有惊雷而面如平湖者，可拜上将军"。

在这个世界上，我们每个人都是天生的销售员，只不过所销售的物品不一样罢了。政客们到处向民众推销自己，是为了达到政治目的；演员卖力地表演，是为了得到影迷们的认可；小孩满地打滚向爸爸妈妈撒娇，无非是想买个玩具……

销售无处不在，成功当然极好，但失败也在所难免。每个人的一生都在这种成功和失败之间不断浮沉，上天堂，下地狱，我们都在不断地轮回。

作为销售人员，我们更要清楚自己的命运，我们不可能总是一帆风顺，不可能次次谈判都成功，不可能每次都能拿大单，不可能每次都能达成交易。失败是常态，没必要放在心上；成功是偶然，这是努力的结果，当然也有幸运的成分。毕竟，销售从本质上说是一门玩概率的游戏。如果再从人生的目的而言，是非成败转头空，唯有生命的体验永远鲜活、深刻。

根据我十几年的观察来看，销售人员就是不断在天堂和地狱之间轮回的人。销售成功了，提成很高，上了天堂；交易失败了，浪费了精力，下了地狱。

每个销售员都渴望一帆风顺，厌恶失败挫折，然而不如意事十有八九，那么到底是什么因素决定了一个销售人员的命运呢？我认为，很大程度上取决于心理因素。具体来说是你的性格，性格是最重要的，也是最难培养的。

俗话说"江山易改，本性难移"，说的就是一个人的个性会造就不同的人生观和价值观，这种很难改变的个性在很大程度上会影响销售的结果。作为一个销售人员，有哪些个性会导致你在天堂和地狱之间轮回呢？下面就让我们具体看看。

一、梦想和自信

在电影《少林足球》里，周星驰对他的"大师兄"说："做人如果没有梦想，跟一条咸鱼有什么分别！"对一个销售人员来说，没有梦想就意味着行之不远，梦想决定格局，格局决定你的世界观，你的格局小，世界就小，未来的成功也必定大不到哪里去。梦想也可以看作野心，有野心你才有行动力，才有自动自发的爆发力。另外，好的销售员还需要自信心。自信心是销售成功非常关键的因素，自信的销售人员会用积极的笑容去感染客户，他们相信自己会做得更好，能够完成销售目标；即使"堕入地狱"，也不会放弃，更不会怀疑自己的能力，而是去积极地寻找失败的原因，以找到解决的方法。

二、平等的意识

一个优秀的销售人员，必然具备一种平等的意识——我和客户之间不存在谁高谁低的问题，客户来购买我的产品是因为我的产品能满足客户的需求；客户付钱是因为我的产品能给他提供一定的价值和优秀的服务，销售人员和客户是等值交换的。销售人员在和客户交谈的时候也不能存在什么"天堂和地狱"的意识，不能认为自己比客户低一等，客户买我们的东西是看得起我们；客户喜欢你的产品就认为自己是最幸运的人。客户不是神，你也不是奴仆，真正好的销售员能和客户交朋友，平等交往和对话，而且客户还能帮他转介绍更多的客户。

三、坦然面对挫折的平常心

心理学家研究发现，人最痛苦的事就是付出代价，特别是看得见的金钱损失的代价。销售人员的主要工作是卖给客户东西，然后向客户收钱。但实际操作起来并不是这么简单，卖给客户东西很难，有时候收钱更难。有人认为，世界上最远的距离是你的口袋到我的口袋之间的距离。对销售人员来说，痛苦的恐怕也正在于此了。在你的销售生涯中是不是至少有80%的客户说"不"？我告诉你这很正常，销售人员要具备坦然面对挫折的心理。面对挫折和失败，我们不能自暴自弃，要努力去适应这种"地狱式的折磨"。那些不具备这种勇气的销售人员往往在不长时间就会离开销售这个大舞台……

四、永不言败的精神

我们人类擅长把成功比喻为天堂以及把失败比作地狱，那么销售员可以说是最能体会到这种"在天堂和地狱之间轮回"感觉的人了。然而，我们必须明确一点，做销售贵在坚持，不能轻易说放弃，越是遇到挫折，越是要想尽一切方法解决。"坚持就是胜利"不是一句空洞的语录，而是我们每一个销售人员都要写在台历上的格言。根据经验来看，销售人员需要"二"一点，太敏感的人别说成功，估计气都气死了，反而是那些具有阿Q精神的人，往往是最容易成功的。

五、好争第一的个性

拿破仑曾经说过："不想当将军的士兵不是好士兵。"每一个销售人员都要具备这种好争第一的个性，力争走在团队的前面。强烈的事业进取心往往是那些优秀人才成功的最大因素。我们经常会在团队中看到那几个"出头鸟"为了业绩相互竞争，今天你第一，明天我就是冠军。不要看不起他们，更不能嫉妒他们，你要做的是向他们学习学习再学习，同时注意处理好人际关系，避免锋芒太露。

从本质上说，销售赢的是心态。只要保持良好的心态，销售技巧迟早能够熟练掌握，出业绩签大单也是水到渠成。所以，我们要认识到，其实并不存在什么"天堂和地狱"，我们不是天使也不是魔鬼，我们是一个销售，必须具备一种"波澜不惊"的优秀心理素质，即"胸有惊雷而面如平湖者，可拜上将军"。如果你能做到"胸有惊雷而面如平湖"，你就是精英中的精英，老板中的老板。

消除内心对大人物的恐惧——就这样，没什么了不起

我们要学会消除对大人物的恐惧。就像乔·库尔曼所说的那样："回首往事，我觉得自己非常愚蠢，就是因为害怕见那些大人物，没有勇气去推销，失去了很多宝贵的机会。"

这真是一种奇妙的心理现象：无论是动物还是人类，气场弱的一方面对气场强的一方往往会心生畏惧，甚至失去正常交谈的勇气。想想这样的画面，兔子面见老虎，想想一名阿里巴巴公司的小业务员面见马云，不管大BOSS如何面

露亲和力十足的笑容，弱者一方的内心都会忐忑不安。是的，就是这样。不少大老板面见国家领导人的时候，心里也会激动不安。这是一种正常现象，没必要自责。

你害怕过那些大人物吗？答案是肯定的。我认识的不少人回答："我不仅害怕，甚至恐惧。"然而，承认这一点没什么可丢人的。只是，我们需要调整好自己的心态——正确看待世界和大人物。

美国著名金牌销售员乔·库尔曼曾说过这样一件事：

"很多年前，我刚刚进入保险行业，那时我非常害怕见那些大人物，甚至不想出门。我现在还记得，我拜访的第一个大人物是休斯先生，一家大型汽车公司的老板。经过多次预约，我终于走进了休斯先生的办公室。面对我从没见过的装修豪华的办公室和坐在高档沙发椅上面衣装讲究的大人物，我感觉自己说话都发抖。我真的太紧张了，过了好一阵子，才感觉不发抖了，但说话仍是结结巴巴，甚至没有一句话是完整的。

"休斯先生眼睛瞪得大大的，惊讶地看着这个登门造访的小伙子。因为这个销售员这样说：'休斯先生……尊敬的先生……其实我早就想来见您了……现在终于来了……不好意思，我很紧张……我不知道该怎么跟您说。'

"休斯先生友善地说：'不要紧张，放松一点，其实我年轻的时候也像你这样。'休斯先生还鼓励他继续提问。经过这一番对话，害怕得浑身发抖的销售员终于平静了，思路也慢慢清晰起来。

"虽然那天我没有卖出保险，但是我觉得，我获得了更有价值的东西。跟休斯先生的谈话，让我领会了一个原则——当你感到恐惧时，你就承认。因为，每个人面对陌生人的时候都会存在一定的恐惧心理，即使是那些经常抛头露面的成功人士。"

当你感到恐惧，你就承认。在你面对大人物的时候，你必须正视这一点，即使你的开场白极其失败。承认你的恐惧，并直爽地告诉大人物，也许这才能使你的会谈继续下去。当你说出第一句话的时候，心情就会慢慢变得轻松起来，所有的恐惧和担心都会随着你的言谈慢慢消失……

第二次世界大战期间，一位海军军官向台下数万的听众演讲。虽然他是一个战斗英雄，经历了战场上的硝烟弥漫和鲜血淋漓场景，以英勇杀敌而闻名全国，但是，他在讲那些本来是惊心动魄的故事时，却紧张得一塌糊涂，简直是令人沮丧。

他从衣袋里拿出了演讲稿，双手发抖，嗓音也发抖，开始还在磕磕巴巴地讲，后来连一点声音都没有了。台下的听众们窃窃私语，议论纷纷。这位军官沉默了良久，当他抬起头时，似乎又看到了那个战场的英雄，他看着台下黑压压的人群，有些窘迫但坦诚地说：“对不起，我太紧张了，比和敌人战斗还要紧张。”听众都笑了，随后就是雷鸣般的掌声……然后，这位英雄扔掉了那篇演讲稿，开始平静地讲述自己不平凡的战斗经历。他信心十足、激情澎湃，感染了所有的人。

当你面对大人物的时候也要如此，感到恐惧时，先承认自己的恐惧。不承认自己恐惧的人，往往会以失败而告终，只会让那些大人物瞧不起你。当你承认自己的恐惧时，说明你已经有了克服恐惧的正确心态。

作为一名销售员，我们要学会消除对大人物的恐惧。就像乔·库尔曼所说的那样：“回首往事，我觉得自己非常愚蠢，就是因为害怕见那些大人物，没有勇气去推销，失去了很多宝贵的机会。”

当你消除了对大人物的恐惧，你的销售生涯才能真正踏上一个新台阶。别不敢承认自己害怕，承认自己恐惧才能使情绪稳定。怕丢脸，死活不肯承认，甚至避而不见，这才是真正的愚蠢。

所以，不管你面对的是一个人还是千军万马，也不管你面对的是一个小人物还是大人物，一旦你出现了恐惧的情绪，请你念念下面这四句话，相信会对你的销售有所帮助：

1. 当你感到恐惧，你就承认。
2. 若要成功，必须跟大人物打交道，这样你的推销业绩才能上一个台阶。
3. 大人物也是人，跟我们没有差别。
4. 当你说"我怕"时，最可怕的时候已经过去。

销售不是"一夜暴富"，请做好"找死"和"早死"的准备

不管你多聪明，多有能力，不勤奋、不坚持，永远成不了一个优秀的销售员，也别梦想以后自己创业做老板。所以，如果你想在销售行业做得出色，必须要有"找死"和"早死"的准备。

我记得自己曾采访一位销售经理，他有句话是这样说的："销售成功的秘诀是把勤劳的双脚踏在正确的道路上。"一方面，成功不是一蹴而就，必须一步一个台阶地往上爬，一夜暴富的心态不适用于销售人；另一方面，勤劳一定要有正确的方向，如果方向错了，越是勤奋越是南辕北辙。我告诉他，这种成功秘诀不仅做销售时有用，对于很多行业、很多工作都是通用的。

我还听过一句话是："宰相必起于州部，猛将必发于卒伍。"什么意思

呢？就是说处理国家政务要事的宰相必定是从州郡官员中提拔而来的，统率三军的猛将大都是从士兵中提拔的。由此可见，不管多大的领导和老板，一线经验都是一笔不可忽视的财富。一个人只有承受得住底层的艰辛，才能承受得住高层的荣耀。回到销售领域，有了一线底层销售经验的人以后更能创业当老板。接地气如今成为大家共同认同的理念，做销售就是接地气的必修课。华为老板任正非说："要让听得见炮声的人指挥战斗。"这就是我们做销售的最好心态，必须来到战斗的第一线，有一种找死的不惧"牺牲"的信念。

我认识一家印刷公司的董事长，现在旗下有九家分公司，分布在全球各地，资产几十亿人民币。我和他交谈的时候，曾问过他成功秘诀何在。他没有回答我的问题，只是讲述了自己当年的经历，他是高中毕业，之后到广东老家的印刷厂做销售工作。由于他能吃苦，肯动脑筋，业绩非常突出。业务经验越来越丰富，与人沟通谈判的能力提升很快，最终破茧而出，和朋友一起合伙创办了公司。勤奋努力以及赶上了时代的发展机遇，公司发展快速，成为中国印刷行业排行前十位的巨头之一。他对自己当年的销售经历感慨良多，他说如果没有当年的一线经验，没有当年睡硬板床跑业务的精神，就没有现在的成绩。但是他并没有停下脚步，在互联网社会中，他继续以一线销售员的精神开拓创新，积极推进公司朝数字印刷的方向转型升级。

他的故事让我认识到，很多大人物大都是从底层销售员做起来的。他们从草根一步步成长为举手投足都透出强大气场的大BOSS，这是怎样一种惊人的修炼啊。由此我更加确信，顶级销售精英不是一朝一夕就能修炼成的，财富的累积也不是一蹴而就的，做销售千万不能存有一夜暴富的心态，而要有稳扎稳打的坚韧不拔的目标和持久战的打算。

的确，销售这项工作十分有挑战性，不是任何一个刚刚毕业的大学生都能做好的，销售需要很大的韧性和毅力。不能抱有这样的想法："连着半个多月了，一单生意也没有，看来我不是这块料。"如果你真的有这样想法的话，也许你真的就不是销售的"这块料"。不仅不是销售"这块料"，而且不是成功"这块料"！要知道，干什么都需要毅力。那么，怎样才能做好销售呢？踏踏实实，一步一个脚印，别有一下子就能发财的想法。

从某种程度上说，做销售就像和客户进行"战争"，在你和客户接触的过程中，不可避免地要听到这样的话："我不需要""我已经有了""不要再烦我了"……这些话透出残酷的拒绝，有些销售员可能因此而抓狂。而我告诉你，客户的拒绝很正常，客户的心理就是这样——往往喜欢质疑你的产品，并且拿同类产品做比较。你怎么办？你能强迫客户买你的东西吗？那不是销售，那是抢劫！

所以，销售人员要有耐心，对自己有信心，尽量让客户觉得你很真诚，相信你和你的产品是最好的，你的产品能满足客户的需要，是客户的最佳选择。遭遇挫折不能灰心丧气，沮丧的情绪对任何一个销售员都是致命的。

做生意需要勤奋，做销售更需要勤奋。不管你多聪明，多有能力，不勤奋、不坚持，永远成不了一个优秀的销售员，也别梦想以后自己创业做老板。所以，如果你想在销售行业做得出色，必须要有"找死"和"早死"的准备。

"找死"并不是鼓励你过马路往红灯上撞，这里"找死"的意思是说，销售是一项劳心劳力的活儿，需要你去做好吃苦的准备。如果你想把销售工作做得有声有色，必须具备吃苦耐劳的精神和良好的心态。

"早死"是什么意思？没有人愿意做短命鬼，这里是告诉你要抱着必胜的心态见客户，积极与客户交谈，但要做好最坏的打算。对一个销售员来说，拥有成熟的心态是绝对重要的。我们不能总是一厢情愿地做美好的白日梦，而是要对现实有着理智的分析和判断。我们要有一颗善于总结的心，认真分析研究市场，制定适合自己发展的战略和策略。

　　据美国专业营销人员协会和国家销售执行协会的统计分析，我们来看一组销售工作中的统计数据，也许这份生动直观的销售记录会对你的"一夜暴富"心态有所警示：

　　2%的销售是在第1次接洽后完成；

　　3%的销售是在第1次跟踪后完成；

　　5%的销售是在第2次跟踪后完成；

　　10%的销售是在第3次跟踪后完成；

　　80%的销售是在第4至第11次跟踪后完成。

　　事实上，有80%的销售人员不能坚持对客户进行跟踪，第一次洽谈后，就不去管了。似乎这是别人的事，以为一次洽谈差不多就能促成交易。这也是对"一夜暴富"心态最好的一个佐证。

　　对客户跟踪的最终目的是达成销售目的，绝不是你那句不痛不痒的"您考虑得怎么样"。说实话，刚开始客户根本不会考虑你。他们跟你不熟，为何要对你付出真情？人都是感情动物，你需要一次次跟踪来挖掘他们的需求，来跟他们进行情感沟通，从而打动他们的心，最终促成销售，甚至成为一生的合作伙伴。由此可见，做销售必须得学会跟踪。销售不跟踪，最终一场空。任何事都不是一下子就能抵达完美的，只有经过无数次的打磨，钻石才能散发璀璨的光芒。

　　有人说："销售不再是一个职业范畴，而是一门知识和技能。销售知识多学点，离当老板会近一点。"这话我十分认同，真可谓一语道出千万销售人的心声。

销售产品，其实就是销售你自己

人的一生何尝不是在销售自己。一个善于销售自己的人，一定能做出非凡的销售业绩，一定能在事业上取得丰硕的成果，一定能拥有一个圆满幸福的人生。

做销售是一门与人性密切相关的技术活，在如今这个市场经济蒸蒸日上的时代，营销理论多如牛毛，营销专家层出不穷，不管这些差别的存在有多么明显，但有一点几乎所有的营销专家都认同——销售产品之前首先要销售自己。

在你的销售工作中，你是不是感觉到有时候产品好像不是那么重要，各种推销技巧也不重要，反而自己本人跟对方是否谈得来更为重要？事实确实是这样的，人们从心理上首先接受的往往是销售者本人，然后才会考虑你的产品。这也是很多销售行家的经验。因此，一个销售人员必须学会销售自己。

什么是销售自己？自己又不是一件商品，又如何能够销售呢？这里的销售自己其实是一种自我影响力的扩散，指通过自身的努力使自己被别人肯定、尊重、信任和接受的过程。当别人完全接纳你的时候，就是自我销售成功。

销售自己的目的是什么？为了顺应社会，掌握一定的知识和技能，成为社会有用的人才，同时也是不断地完善自己的内心，树立人格魅力的过程。要做事，先做人。你只有成功销售了自己，赢得了客户的信任，才能更好地销售自己的产品。总之，你只有成功地销售自己，才能成功地销售产品。

那么，怎样才能更好地销售自己呢？

一、销售自己从仪表开始

我认识一个给房地产做配套业务的老板，他是从一线销售起家的。我见他非常注重穿着。上衣是质地考究的亚麻衬衫，腕上戴着价值40万元的卡地亚手表，脖上挂着价值20万元以上的沉香珠串。由于他接触的都是社会上流人士，这身打扮很容易就混入圈子，做起业务来风生水起，可谓如鱼得水、游刃有余，公司年利润8000万元以上。的确如此，"人靠衣裳马靠鞍"，一个人的服饰对个人形象的塑造是非常关键的。有经验的销售员，一般都注重自己的仪表，讲究穿戴和打扮。当然，也不是非得穿名牌、化浓妆，过于华丽的衣装反而会让人感觉浮躁、不稳重，让客户不敢接近你。服装也不要太陈旧、皱巴，未免显得寒酸，让别人觉得你的销售业绩不怎么样。穿着要整洁大方，可根据自己的年龄段来灵活搭配。如果客户对你的第一印象比较好，下面的工作相对就好做多了。如果让客户一开始就看扁了你，估计你失败的概率也就高很多。

二、销售自己要从进入客户视线的第一时间开始

销售工作一般是先拜访陌生客户，也就是说，主动上门向客户销售自己的产品或推介自己的合作项目。当销售员去拜访客户时，除了做好业务上的准备，更要做好心理上的准备，以便能更好地应对客户的问题，特别是初次见面时进入客户视线的第一时间，第一印象至关重要。你的举手投足、你的谈吐气质，都是你的个人名片，能否赢得对方的信任和青睐，就看你是否能够成功销售你自己。如果连自己都销售不出去，又怎么能卖出产品和服务呢？

三、销售自己要注重宣讲方式

销售员向客户宣讲时，表情一定要自然大方、稳重亲切。而且，这种零距离式的演讲更注重技巧，最好在刚开始的一两分钟内就抓住客户的心理，让客

户看到你身上的"闪光点"。演讲的语气和语调要平和，专业用语要恰当，不能太艰涩深奥。

四、销售自己时禁止贬低同行竞争者

人都有这样的缺点，喜欢在吹嘘自己产品的时候贬低竞争对手。然而，根据我的了解，绝大部分客户都反感销售员对同行业竞争者进行"贬低"。这样做反而会影响自己的形象，让客户觉得你的素质很差，背后说别人产品不好的人，自己的产品也好不到哪里去。人们都有这样的心理："同行是冤家"，你越是说"别人"不好，客户越认为"别人"好，这就是"逆向思维"。别以为客户很成熟，很多时候他们就像青春期的孩子，具有强烈的逆反心理。所以，销售员在推销产品时，绝不能对同行业竞争者"评头论足"、随意贬低。

五、销售自己要多多给自己充电

销售是一门学问，包含的知识面很广，因为你要和不同职业、不同层次的人打交道，他们的性格也不一样，所以销售人员要不断地充电学习，尽最大可能提高自己。一般来说，你学到的相关知识都将在销售工作中派上用场。比如学习"销售心理学"，就能更好地体察客户的微妙心理，更深层次地分析客户的真实意图。学习一些与业务结合较紧密的基本知识，不但能让你在与客户的谈话中拥有更广泛的谈话题材，同时还能充分显示你的学识和品位。

六、向高端发展——销售自己的人格魅力

世界上有两种事情最难，第一种是把别人口袋里的钱装到自己的口袋里，第二种是把自己脑袋里的思想装进别人的脑袋里。所以说，一个人最重要的不是拥有多少财富，而是人格和思想上的伟大魅力。如果你能让客户成为你的

粉丝，你卖的一切产品都将成为他崇拜的对象。这样的例子不少，比如罗振宇借助"罗辑思维"公众平台吸收了500多万粉丝，然后根据粉丝需求定制的产品很容易就成为爆款。原因何在？因为他销售的不是产品，而是自己的人格魅力。作为一名销售，我们必须明白：销售的最高境界不是出售商品，而是传播一种精神。如果你能让客户信任你，甚至是"爱上你""崇拜你"，你将成为销售界中的大神级人物……

其实，人的一生何尝不是在销售自己。一个善于销售自己的人，一定能做出非凡的销售业绩，一定能在事业上取得丰硕的成果，一定能拥有一个圆满幸福的人生。如果你想让自己的人生走向巅峰，就需要先从销售自己开始。

划着的火柴才点燃蜡烛，客户只买"热情"的单

热情产生动力，动力决定一件事的结果。在销售过程中，尤其是跟客户讲话的时候，绝对要热情，这也是成功的基本要素之一。热情最能够感化他人的心灵，使人感到亲切和自然，能够缩短你和客户之间的距离。

有人说，老板就是老板着脸的人。但你不是老板，所以你不能板着脸。即使你是老板，也不能老板着脸。现在，老板着脸的老板已经不符合时代的发展了。富有亲和力的老板反而更受合作客户和属下的欢迎。销售员更是如此，没有一位客户愿意跟一个总是板着脸、死气沉沉的售货员交谈，更不要说进一步

的生意合作了。

如果缺乏热情，你的工作就会像缩水的蔬菜一样，毫无生气和新鲜可言。这个世界上没有谁能够拒绝一个热情的人。热情如火，是世界上最具感染力的一种感情。产品知识在成功销售的作用中只占5%，而热情的态度却能占到95%。自己满怀热情，才能更好地完成任务。

北京百货大楼前矗立着一位普通售货员的塑像，你知道是谁吗？

这名销售员的名字叫张秉贵。1957年，张秉贵被评为北京市劳动模范。1978年，他被北京市授予特级售货员称号。1979年被国务院授予全国劳动模范称号。一个销售员凭什么能取得这么大的成就？这就是因为他的热情。他被客户亲切地称为"一团火"，对客户十分热情，就像一团火一样让客户时刻感受到温暖。

一天中午，一位女客户气呼呼地来到糖果柜台前，张秉贵微笑着对她说："您好，您想买点什么糖？""不买难道就不能看看吗？"说完，这位客户连看都不看他一眼，绷着脸继续向柜台东头走去。张秉贵心想："她一定是遇到了什么不顺心的事，她心情本来就不是很好，我热情一点，也许能让她消消气。"

张秉贵一边走，一边和颜悦色地说："最近到了一些新糖果，反映还不错，您想试试吗？"这位客户有些不好意思，她没见过这么热情的销售员。她很抱歉地对张秉贵说："对不起，您不要见怪，我孩子不听话，我真想狠狠地揍他一顿！"

"您可不能打孩子，教育孩子可不能这样，给他买点糖也许他会更乐意接受您的。"这位客户彻底被张秉贵感动了，她二话不说就买了二斤糖，还说："你的服务态度真是太好了……"以后，这位女客户每次到百货大楼，都要跟张秉贵聊一会儿。张秉贵的"这团火"温暖了自己，也照亮了别人。

没有热情就没有销售。你好意思拒绝一个对你满面堆笑的人吗？你好意思拒绝一个对你说好话的人吗？你好意思拒绝一个在你有困难时给予帮助的人吗？不能！热情的人能让你感觉温暖，热情的销售员能赢得客户的好感和认可。

不管你是一个超市导购员，还是对固定客户服务的销售人员，或是四处奔波的商务主管，你都要保持热情，热情才是你创造价值的关键秘诀。

热情产生动力，动力决定一件事的结果。在销售过程中，尤其是跟客户讲话的时候，绝对要热情，这也是成功的基本要素之一。热情最能够感化他人的心灵，使人感到亲切和自然，能够缩短你和客户之间的距离。

所以，销售人员不管在什么时候都要充满热情，并学会用自己充满热情的话语去感染客户、打动客户。

那么，怎样才能激发自己的销售热情呢？

一、每天保持快乐的心情

只有内心真正快乐的人，才能让别人也跟着快乐起来，所以你要每天保持一种快乐的心情。快乐是热情的基础，自己愁眉苦脸怎么能够热情起来呢？快乐点燃热情，而热情的情绪能让你把话题的侧重点更好地放在客户最感兴趣的地方。如果你做到了这一点，热情的话语就会自然从口中说出来。

二、对自己销售的产品要充满激情

热情就和感冒一样会传染，你对自己的产品充满信心和热情，必然会"传染"给自己的客户。换位思考一下，假如你是客户，你会购买连销售人员自己都没什么兴趣的商品吗？当然不会了，所以说，销售人员一定要对自己销售的产品充满热情。

三、把握尺寸，不能过分热情

古人云："过犹不及。"过分热情往往会使人觉得虚情假意，同时有了戒备心理，无形中就会筑起一道心理防线，要攻破这道防线必定要大费周折。

关于热情的重要性，无论我们多么强调都不为过。正所谓"只有划着的火柴才能点燃蜡烛"，我们把火柴比喻成热情，把蜡烛看作客户，只有我们自身充满热情，才能感染冷冰冰的客户，让这根"蜡烛"燃烧起来。

像爱自己的孩子一样爱你的品牌

刚刚诞生的品牌就像一个初生的婴儿，没有任何产品生来就是名牌，销售人员要对自己的品牌像初生婴儿那样去照料。孩子每走一步都需要父母的精心呵护，产品每一次成交都要投入大量的心血，品牌和孩子一样都需要爱的浇灌，这样才能茁壮成长。

品牌是提高销售成功率的基石。想想看，当你去推销可口可乐和不知名的饮料时，哪个能更好地吸引客户呢？当然是名牌产品啦。

销售人员要善于利用自己产品的品牌效应，更要学会维护自己的品牌，把自己的品牌当成自己的孩子去看待。品牌是一个企业的无形资产，其中蕴含着种种非物质的力量。

客户买东西的时候都希望称心如意，能得到周围人的认同，你的品牌足够硬的话，绝对会让客户感到信任。这就是所谓的品牌效应。当你的品牌拥有了较高的美誉度，你和你的产品将会在客户心中树立起极高的威望，就会像磁石一样吸引更多的客户。

客户在这种吸铁石般的"磁性诱惑"下，在反复购买的同时，也会对你的产品不断宣传，让更多的客户加入到你的"磁场"中，成为这个品牌的忠实消费者，从而形成品牌的良性循环。

刚刚诞生的品牌就像一个初生的婴儿，没有任何产品生来就是名牌，销售人员要对自己的品牌像初生婴儿那样去照料。孩子每走一步都需要父母的精心呵护，产品每一次成交都要投入大量的心血，品牌和孩子一样都需要爱的浇灌，这样才能茁壮成长。否则，很可能就会夭折。

三鹿毒牛奶事件向老百姓普及了化学知识，让人们知道了三聚氰胺这种化学物质，更让营销人深刻地认识到了一个品牌是如何在一夕之间垮掉的。品牌代表的是一份荣誉，代表着一种承诺，更是一种责任！

我们都知道，等孩子长大一点，需要接受良好的教育，不断提高自己的文化内涵，让他们懂得追求理想，更好地规划人生。品牌也是如此，在不断的发展过程中，慢慢形成自己独特的气质和内涵。这种"气质"的培养靠的是企业文化的指引，但更多的是基层销售人员给客户传达的信念，销售人员说什么，客户就接受什么。你的一言一行对品牌的"气质"起着很关键的作用。

孩子成熟了，要走向社会，在更广阔的人生舞台上一展拳脚。品牌慢慢成长，它的影响力也在逐渐地扩大。这个成长的过程伴随着销售人员的汗水，你爱你的品牌，它才能走得更稳更远。

当你的孩子懂得如何运用自己的知识和专长增强自己的核心竞争力时，他会赢得上司、同事的尊重，他的事业也将走向更美好的明天。

一个品牌也是如此，在这个到处都是名牌的时代，要让人记住你的产品不是一件很容易的事。我们销售人员能做的是处处维护自己的品牌，不断地增强产品的竞争力，让更多的客户认识你的产品的优势，成为你的"孩子"成长的"踏板"。

当你的孩子功成名就，他会去做更多有意义的事，他品质正直、诚信友善、乐于助人，让领导同事提起他都跷大拇指，让街坊邻居们赞不绝口。也许这就是销售人员所希望的最终结果吧。你的品牌强大了，赢得了社会的尊重和客户的信赖，你的客户资源也会滚滚而来，你的销售之路也会越走越平坦，你的业绩提成也会越来越高。

男大当婚，女大当嫁。孩子长大了，他和他的爱人忠诚相爱，组建了美好的家庭，生儿育女，子子孙孙，慢慢形成了一个大家族。品牌也是如此，通过销售人员爱的浇灌，慢慢会形成自己的品牌家族，枝繁叶茂，愈来愈强。

跳蚤的忠告：冲出心理禁锢才能激发巨大潜能

这是个竞争才能存活的时代，没有竞争就没有一切，销售人员要想在竞争中取得优势，就必须开发自己的全部销售潜能。

曾经有位大学教授对跳蚤产生了兴趣，跳蚤为什么能跳到超过身体一万倍的高度呢？于是他开始了研究，在显微镜下研究了很长一段时间都没有找到答案。

有一天，下班的时候，教授把一只跳蚤用一个1米高的玻璃罩套住，以防它逃跑。痛苦的跳蚤看着外面的花花世界，不停地跳来跳去，可惜始终逃不出

"如来佛祖的五指山"，它左跳右跳、上跳下跳，怎么跳都是1米高，这个玻璃罩总会把它挡下来。

第二天，教授来上班，取下了玻璃罩，可是跳蚤已经没有了往日的"激情"，它最多只能跳1米高了。教授惊奇地发现，原来跳蚤也有不能跳的一天啊！教授心想，我换个更低的玻璃罩，看看这个小东西还能不能跳1米高，于是他用一个50厘米高的玻璃罩罩住了跳蚤。

第三天，教授发现，在玻璃罩子里折腾了两天两夜的跳蚤只能跳50厘米的高度了。于是，教授立刻又换上更低的20厘米高的玻璃罩。

第四天，跳蚤只能跳20厘米了。晚上，教授干脆直接用一小块玻璃板压住了跳蚤，只允许它在玻璃板下爬行。果然，明天再看，跳蚤已经不跳了，只能在桌面上爬行。

忽然，教授不小心打翻了酒精灯。酒精洒在桌子上，火慢慢地向跳蚤爬行的地方蔓延。这时，奇迹出现了，就在火烧着跳蚤的一瞬间，跳蚤猛地一跳，跳到了实验室的玻璃屋顶上，这个高度大概是它身体的一万倍……

事实上，不仅跳蚤，人也是如此。相关科学证明，人从0岁到80岁一直在动脑，最多也就利用了十分之一的脑力。不管这个课题的争议性有多大，但很多情况下确实这样。人的潜力是无穷的，但人们往往就像被玻璃罩子罩住的跳蚤那样，在潜力还没释放时就弃械投降，承认自己失败了。

有不少销售人员就存在这样的情况，面对陌生的行业，面对陌生的客户，以及不够理想的业绩，整日心里感觉压抑，对自己的前途命运深感渺茫，甚至明明再打一次电话就能达成交易却轻易放弃了。

作为一个销售人员，你要知道营销能力不能像跳蚤那样凌空一跃，必须经过稳健踏实的工作积累，才能将自己的潜能激发出来。积极自信的心态更有利于你超越障碍，迈向高峰。那么，销售人员如何激活自己的销售潜能呢？

1.苦练基本功。重新检视自己是否已具备基本的营销技术和能力。

2.越努力，越幸运。不怕挫折、勇往直前，你将拥有出乎意料的能力。

3.别让过去的成绩限制自己。在营销过程中，不要因为一点小小的成就，就自以为是，骄傲自满，要更加努力地寻求突破。别让过去的荣耀限制了你未来的成就。无论你过去的业绩多么辉煌，都无法决定你未来的方向。

4.不抱怨，多反思。在销售上遇到挫折，不要埋怨客户，而应该去审视自己，痛定思痛，分析研究自己的销售技巧，看看哪些方面没有做到位。

5.把自己的优势发挥到极致。不能只看到自己的缺点，更不要沮丧，多发掘自己的优点，尽力发挥出来。很多天才其实并不是各方面能力都强，而只是将自己的天赋发挥到极致的人。无论对销售还是对人生来说，充分利用自己的优势就会起到四两拨千斤的效果。

6.在想象中强大自己。现在不成功没问题，你可以在心中想象自己的模样，比如努力把自己塑造为成功销售人员的形象，你可以把自己想象成一个销售精英，并努力朝着这个目标迈进，潜能很可能就会在这个过程中展露出来。

要知道，这是个竞争才能存活的时代，没有竞争就没有一切，销售人员要想在竞争中取得优势，就必须开发自己的全部销售潜能。

作为一个销售人员，你必须学会把握自己的人生，把握自己的成功，认识到不断学习、不断提高自身的重要性。如果不能发挥自己的潜能，就无法适应这个变化剧烈的社会。要想成为一个顶尖的销售人员，除了知识、技巧，更需要心理上的不断激发，以战士的心态挑战销售潜能开发路上遇到的一切"牛鬼蛇神"，克服不断出现的种种困难。

每个人的心里都有一个看不见的玻璃罩子，我们就像可怜的跳蚤一样蹦来蹦去，潜能总是受到种种限制，不能更好地发挥出来。我们要相信自己，相信自己可以创造无限的奇迹，勇于打破自己的固定思维，冲出心理禁锢，激发内心的巨大潜能，勇敢地跳出去。最后，我们必须牢记跳蚤的忠告——如果不能突破限制，激发潜能，你只能被火烧死。

没有放弃购买的客户，只有放弃客户的销售员

有很多销售人员听到客户说了"不买"，遭受了一次拒绝就放弃了，或者看到客户脸色不好、情绪不对，就不敢再问了，这样做都是不可取的。所以，一个成功的销售员要树立这种"不放弃每一个客户"的正确理念，真正地提高自己的业务能力。

不同的人干同样的事情，都会存在境界层次的不同。在销售领域，同样存在不同层次的销售员。一般来说，一流的销售员能使客户马上就产生购买冲动；二流的销售员能使客户马上产生心动；三流的销售员通过不断努力，能让客户产生感动；四流的销售员把自己搞得被动，客户却一动不动。这就是区别。虽然法律规定人与人是平等的，但实际上根本没有办法做到完全平等。每个人的起点不同、经历不同、悟性不同，怎么可能做到百分百的平等？唯一平等的就是后天的修炼，你可以通过自己的不懈努力，提升自己所处的境界和层次。

干销售最关键的一点就是坚持，不要轻言放弃。这一点无论如何强调都不为过。很多销售员之所以失败就因为很容易放弃。他们放弃的理由十足，他们说客户已经放弃了购买，所以我的放弃天经地义。果真如此吗？事实上，没有放弃购买的客户，只有放弃客户的销售员。我们要明白，销售的道路不可能一帆风顺，总会有很多崎岖坎坷，没有坚持不懈的精神一切都完蛋。坚持是成功的动力，虽然坚持不一定马上见效，但不坚持绝对是半途而废。

英国首相丘吉尔曾说过这样三句经典的话："绝不放弃""绝不绝不放弃""绝不绝不绝不放弃"。英国之所以能在"二战"中取得辉煌胜利，与这

几句话是密不可分的。同样，做销售更需要有这种精神。对待客户，我们就要抱着不放弃的精神。可能有销售会问：那怎么样才能做到不放弃呢？不妨换一下思路：不把客户当作麻烦和负担，而要把客户看成自己的"摇钱树"。这样一来，你舍得放弃一棵不断掉下金果子的"摇钱树"吗？不能。我们不可能放弃。"绝不绝不绝不绝不放弃"，因为我们要靠客户来吃饭。

销售人员需要用业绩来证明自己，每一家公司都会以业绩来考核销售。业绩源自交易，交易的对象是谁？是客户！是我们的每一个客户！客户不买你的账，你去哪里赚钱？

有一部电视剧叫《士兵突击》，主人公许三多是个小人物，但本着"不抛弃，不放弃"的精神，最终成为"兵王"，一个英勇的特种兵。所以，对任何一个客户，我们都不能放弃，轻易否定客户的购买欲望是愚蠢的、不可饶恕的。

"没有放弃购买的客户，只有放弃客户的销售员。"不是要求销售让每一位客户都购买自己的产品，说的是要有"不放弃每一位客户"的精神。有很多销售人员听到客户说了"不买"，遭受了一次拒绝就放弃了，或者看到客户脸色不好、情绪不对，就不敢再问了，这些都属于过早放弃。

具体到销售工作，我们来看看如何实现"不放弃每一位客户"。

一、你所接触的每个人都可能成为你的客户

作为销售员，最忌讳的就是以貌取人，目光短视是最要不得的。我们要本着来的都是客，任何一个与你交往的人都可能与你达成各种形式的合作，任何人都是我们客户的思想，以积极开放的心态来结交他们。我们必须全身心以饱满的热情面对每一位客户，以十二分的热诚接待他们，让他们产生备受重视的感觉，从而高兴而来，满意而归。毕竟，"生意不在，仁义还在"，人来脸难看，人走茶就凉，这种态度最终会让你成为孤家寡人。你要有这样的想法：客

户今天不买不代表明天或者以后就不买；客户不买不代表客户的朋友就不买。眼光要放远一点，善待每一个人，因为他们都有可能是你的客户。

二、销售像钓鱼，把握拉竿时机

做销售最重要的是什么？就像钓鱼一样，除了耐心，还要把握拉竿的时机。如果一个客户跟你谈了很长时间，一般来说都极有可能会诚心诚意地与你合作，除非他是一个无聊到极点、只想打发时间的人。当你服务了很长时间的客户最后因为种种原因而推辞，告诉你改天再合作，你一定要想尽办法让客户今天就决定。因为错过了今天，也许永远就不会有明天了。今天就买，是一个非常重要的销售法则，就像钓鱼的时候要及时拉竿一样。稍微错过，鱼就跑了。

最后，让我们重复强调这句话——没有放弃购买的客户，只有放弃客户的销售员。作为一个好的销售人，我们必须相信这一点，多从自己身上找原因，不能总是抱怨某个客户吝啬、虚伪等。一个总是给自己找借口的人，往往会被这些借口毁掉。但愿你不是被毁掉的那一个。

越是怕被客户拒绝，你就越会被拒绝

销售员必须正确对待自己和客户的关系。你卖我买，这本来就是很正常的一件事。你向客户销售产品，获得金钱，客户从你手中获得产品和服务，二者各取所需，不存在绝对的依附关系，只要你能给客户带来实实在在的利益，那么你和客户就是平等互利了。

亲爱的，你怕被客户拒绝吗？

先别急着说"害怕"，先来看看你为什么会被拒绝！

你为什么会被拒绝？因为你认为自己会失败！

很多情况下，销售人员会被客户拒绝，原因在哪里？原因有很多，最常见的是因为销售员自身的心理障碍。你越是害怕被客户拒绝，你就越会被客户拒绝！作为一个销售人员，不仅不能害怕拒绝，更要时刻做好被拒绝的准备！

一些心理障碍往往会打击销售员的销售热情，影响销售员发挥能力，导致客户的不信任甚至是反感，从而被客户拒绝也就变得理所当然、家常便饭了。

要想成为一名优秀的销售员，必须时刻做好被客户拒绝的准备，克服种种不利于销售的心理障碍。具体来说，常见的心理障碍有以下几种。

一、反复想象自己被拒绝的情景

有不少销售人员由于担心客户拒绝导致迟迟不敢展开行动，从而眼睁睁看着一笔大单流失。这真是一种犯傻的表现。其实，这种杞人忧天是不必要的。一般来说，我们之所以会有这样的担忧，主要是对客户不够了解，或者感觉现在销售的时机还不是很成熟，在想象世界上演的剧情里，自己已经被拒绝了无数次。想得越多，行动力越差，甚至再也不敢行动。这就是为什么"秀才遇到兵，有理说不清"了，秀才擅长辩论和多思，但是大兵信奉行动力，胆大勇猛脸皮厚，不考虑那么多，凡事先做了再说。所以，有时候做销售需要不怕拒绝的大兵精神，脸皮厚点，不要怕被拒绝。你没必要害怕，被客户拒绝很正常。失败不可怕，可怕的是不能以一种坦然的心态勇于面对现实。只要你敢于行动，敢于追求，大单如爱情，自然会到来。

二、担心自己为了自身的利益而欺骗客户

有些销售人员过于考虑客户的感受，担心自己公司的产品可能无法让对方满意，从而造成错位心理，时刻担心被拒绝，从而影响销售能力的发挥。换位思考本没有错，但是不能关心过度，不能错误地胳膊肘总是往外拐，你才是公司的代言人，要更多地关注自己和本公司的利益。有这种心理障碍的销售，不妨从客户"需要"的角度上去衡量自己销售的产品，多挖掘自家产品的闪光点，而不是妄自菲薄。

三、如果自己提出交易，就像向客户乞讨似的

有些销售人员总是担心——如果自己主动提出交易，就像向客户乞讨似的，没尊严和面子，还会被客户利用自己迫切交易的心理来讨价还价。如果你总是抱着这种想法，等着客户主动跟你提出交易，结果是沮丧的，很多机会就在这种等待中白白地流失。事实上，这是一种错位心理。销售员必须正确对待自己和客户的关系。你卖我买，这本来就是很正常的一件事。你向客户销售产品，获得金钱，客户从你手中获得产品和服务，二者各取所需，不存在绝对的依附关系，只要你能给客户带来实实在在的利益，那么你和客户就是平等互利了。

四、如果被拒绝，会失去领导的重视，所以不如拖延

有的销售员害怕遭到客户的拒绝后，失去领导的重视，想一直拖延下去。但你要明白，拖延着不提出交易虽然客户不会拒绝你，但是你永远也得不到订单。

五、竞争对手的产品更适合于客户

这种心理反映了销售员对自己和自己的产品缺乏信心。更可怕的是，这种心理还很容易导致销售人员不负责任。你会想，即使我这次交易没有达成，那是产品本身的错，和我这个小小的销售员没什么关系。这样的心理对一个销售

员来说简直是致命的。

六、我们的产品并不完美，客户日后发现了怎么办

销售员要明白：客户之所以买你的东西，那就说明他对你和你的产品已经有了相当的了解，或者相信你，认为你的产品符合自己的需求。客户也许本来就没有期望什么产品能十全十美，你的害怕只是杞人忧天罢了。

七、对于达成交易的前景患得患失，担心会失去即将到手的订单

有时候，你会看到一些销售人员特别关注客户说的每一个字、每一句话，战战兢兢，生怕自己不能让客户满意，唯恐引起客户不快而丧失订单。达成交易之前，是成交的关键时期，你的竞争者肯定也在利用这段时间加紧对客户进行攻关。你要是害怕被拒绝，不能及时、主动地提出交易，结果真的可能会被客户拒绝。消极被动只能让竞争对手抢占先机。在这段时间里，销售人员不能消极等待，要和客户保持密切联系，多提一些达成交易带给双方的实实在在的好处。

胆大心细不要脸，销售需要死缠而不是烂打

销售人员要和客户保持一种"若即若离"的关系，就像你追一个女孩一样，总缠着她，不给她留一定的空间，是很难成功的。虽说"美女怕缠郎"，

但也不能一味地死缠烂打。要注意，"即"是真，"离"是假。真真假假，虚虚实实，追女和营销何其相似也！

　　一个情感专家曾这样告诉我，追女孩子的秘诀是：胆大心细不要脸。这番话让我一下子明白自己为什么当年恋爱总是不成功了。七个字，可谓是七字真言，让我一下子猛醒了。的确，人生确实需要这七字真言，正所谓"脸皮厚，吃个够"，"脸皮薄，吃不着"。首先我要声明，这不仅是销售秘诀，更是赤裸裸的社会真相，几千年来人类江湖貌似一直如此。

　　胆大说的是要有一种无所畏惧的精神，心细是说知进退、懂分寸，该出手时就出手，对时机和细节的洞察十分到位。"不要脸"说的就是一种死缠着不放的"赖皮精神"，虽然我们都不喜欢这种说法，但在这里我们只是讨论此精神，值得我们学习用在正道上。一般来说，不要脸并不是真的不要脸，只是钝感力强，让自己不那么敏感而已。但是，我们也不能完全不考虑对方的感受去"穷追猛打"。"烂打"未必就能让女孩子接受你，只有"死缠"着女孩不放，并不断地去接近她们，才能让她们感觉到体贴，并为你的诚恳感动。销售的道理也是如此，在商业活动中也同样可以灵活运用。

　　第一次遇到客户的时候，因为这个客户很忙，很多销售人员觉得见一次面不容易，所以总是竭尽所能去缠着客户，用自己的"谋略"想说服客户。其实，这是一种心理错觉，把第一次见面当成了自己最后的机会。事实并非如此，你越是想给对方留下好印象，越难实现。这样做的后果很可怕，不仅不能充分表达你的热忱和愿望，一句话说不对，就会遭到客户的反感。正所谓，催得越急，跑得越快。你想一次就把客户给套住，简直是痴人说梦。

　　美国戴曼博士长期致力于残障儿童的教育事业，他发明了一种叫"戴曼法"的文字教育方法。先把写好的"妈妈""爸爸"字样的红色大卡片在智障孩子们的眼前晃一下，以引发他们的兴趣。看过很多次以后，逐渐把文字缩小，把红色也改成了正常的黑色，坚持这种重复的识字法，很多智障孩子学习到了文化知识。其实，这就是一种心理暗示。不断地重复，能给人留下深刻的印象。

销售员在销售过程中也可以利用这种心理策略。为了向客户加强重复印象，我们必须大胆、不要脸地反复，高频次地"纠缠"他们，如果他们真的有所需求，不知不觉就会成为我们的客户。

假如你想签下一张单子，就必须费尽心机地去说服客户，让他们点头，但是这些老板级的客户一般都很忙，也许根本抽不出时间和你长谈。经过三番五次的相约，客户终于答应和你见面了。面对这个来之不易的见面机会，如果你像个甲鱼一样咬住客户不放，很可能这个客户以后再也不想见你。

如果你是个深谙客户心理的人，最好是尽快完美地结束谈话，主动起身对客户说："谢谢您抽出时间和我谈话，改天我再来拜访您。"这样就会让客户感觉你是个识趣的人，一个很懂得拿捏分寸的人。经过几次谈话，这个客户就会逐渐熟悉你，产生一种"这个销售人员还不错，他的产品也错不了"的想法。

一次性长时间纠缠客户，会让客户产生"这个家伙真烦人"的感觉，从而讨厌你，不想和你再见面。如果你的谈话能让客户感到意犹未尽，就能获得多次造访的机会。热情加上适可而止的高效率对话，往往可以促成交易。

当然，这个方法只适用于初次见面或客户十分忙碌的情况，如果遇到的是一个时间充裕并愿意了解你和你的产品的客户，最好长时间加以详细说明。这需要销售人员对客户的情况进行有效把握。

在实际操作中，销售人员要和客户保持一种"若即若离"的关系，就像你追一个女孩一样，总缠着她，不给她留一定的空间，是很难成功的。虽说"美女怕缠郎"，但也不能一味地死缠烂打。要注意，"即"是真，"离"是假。真真假假，虚虚实实，追女和营销何其相似也！

如果客户受不了你的"纠缠"，同意和你签约当然好。如果不满意你的"追求"，也没关系，记住——不要放弃，你永远有机会！即使客户明确表示不会考虑，在客户跟别人签约前，你和对手的机会仍然是一样的。一个优秀的销售人员必须具备"死缠烂打"的韧性和顽强拼搏的勇气。

积极而不心急，变成销售"牛人"并不难

就像比武打擂一样，学艺不精或者准备不足者，匆匆上台就像找个人练练，很可能被打得满地找牙。销售人员没有熟练的业务知识和成熟的心态，不但不能说服客户，还会让客户的"冷言热语"打垮你的自信。

所谓"万事开头难"，想做一个成功销售人，首先要接受系统的培训，这个培训包括一系列业务知识的学习和销售心态的调整。培训的时间虽然很短，但是在实际工作中，需要你花更多的时间，三五个月甚至是几年来实践和运用。每个人的具体时间都不一样，要看个人悟性。如果你要问，有什么捷径吗？告诉你一句话：积极而不心急。

营销是一个渐进式的过程，开始谁也没有什么客户资源，都是从零开始。初期，因为销售员自己的销售心理不成熟、销售技巧的不熟练，总会出现这样那样的问题，常常被客户排斥。所谓罗马建成非一日之功，任何事都不是一蹴而就的。销售人员不能被这些暂时的困难吓倒，觉得自己不是这块料，而是要

坚持下去，慢慢你就会发现自己也行了，自己也"牛"了。

如果你认定了自己要做销售，那么就算很多同事都转行了，一些同事灰心丧气了，你也要保持积极的心态，比别人乐观一点，比别人自信一点，勇往直前，永不言弃。

古书《事林广记》中有这样一个故事：

秦朝时，某书生喜收集古董，非常想成为一个大收藏家，所以不管价钱高低，只要自己看中的东西一律设法买进。

一日，有人携一竹席对他说："此为孔圣人洙泗讲学所坐之竹席。"于是，书生以良田百亩，易之。

又一日，有人拿来一根拐杖，说："此为周文王避难时所拄，比孔子座席更有收藏价值。"于是，书生俱出家财，易之。

某日，又一人拿来一个木碗，说："此为夏桀吃饭所用之碗，比文王拐杖更值钱，你不买太可惜了。"于是，书生把房子卖掉，易之。

最后，书生才发现自己什么都没有了，只剩下手里的三件"宝贝"。居无定所的"大收藏家"只好披着孔圣人的座席，拄着文王的拐杖，手持夏桀的木碗，到处行乞……

这个书生就是一个心急的人，既不明察秋毫，仔细辨别真伪，同时也不考虑自己的财力，只求尽快达成目标。这样的人怎么能达成目标呢？

正所谓"心急吃不了热豆腐"，作为销售，最忌讳的是急功近利，恨不得一下子就能赚得盆满钵满，殊不知，做任何事都有一个过程。"积极而不心急"，是成为优秀销售必备的素质。

酸柠檬的启示：销售是痛并快乐的事

人生道路上，充满了荆棘，没有人能一辈子顺顺利利。销售也一样，面对的挑战和挫折很多，关键我们要学会怎么去看待这些挫折，怎么把你的"酸柠檬"变成可口解渴的"柠檬汁"。

众所周知，柠檬这种水果闻起来很香，但是不能像其他水果那样生吃。生吃的话，味道很酸还有些苦。如果你现在很渴，手里只有一个这样的柠檬，吃也不能吃，扔了又很可惜，那么你打算怎么办？

每个销售都会遇到这样困窘的局面。在销售过程中，难免会有这样的酸柠檬现象出现，这个酸柠檬也许是你的某一个客户，或许是你的某一单生意，遇到这种情况，你该如何处理？

关于这个难题，西尔斯百货公司的总裁罗森华先生如此回答："如果你手上有一个酸柠檬，就做一杯可口的柠檬汁吧！"这就是备受很多商业心理学家推崇的酸柠檬效应。悲观消极的人拿到一个酸柠檬的时候，往往会说："我真是太倒霉了，别人能得到一个大苹果，为什么就给我一个酸柠檬？"说完也许随手就扔了，他觉得这个酸柠檬没什么可利用的价值。一边和这个世界对抗，一边感叹着自己的命运是多么可悲，沉溺在自己的悲观情绪中无法自拔。

当你面对一个类似酸柠檬型的客户，你能说放弃就放弃吗？这个世界上不存在什么完美，每件事都有其合理性，就算这个客户喜欢拖欠你的款项，那也没有什么可抱怨的。毕竟，客户也不都是一样的人。

一个聪明的人接过上帝赐予的这个柠檬时，他绝不会无故地抱怨，因为这个柠檬永远也不可能变成一个又红又甜的大苹果。自己能做的，是想办法让这个柠檬发挥最大的效应，变成一种可以食用的东西，比如把它榨成一杯柠檬汁。

一个成功的销售员要学会这种"废物利用"的本领，面对扑面而来的挫折，问问自己："我能不能从这些'不幸'中学到什么？""我在这次的交谈中有哪些出彩的地方，有哪些错误是可以避免的？""我怎么才能改变这种不尴不尬的状态？""我该怎么处理善后的事宜？"

人生充满荆棘，没有人能一辈子顺顺利利。没有一个营销专家或者精英会说自己的销售道路一帆风顺。那是不现实的，也是绝对不可能的。销售更多的是挑战，更多的是挫折，关键我们要学会怎么去看待这些挫折，怎么把你的"酸柠檬"变成可口解渴的"柠檬汁"。

大家都知道狐狸的"酸葡萄"故事，其实还有一个"甜柠檬"典故。狐狸吃不到甜葡萄时，只好偷了一个酸柠檬吃，吃着酸涩的柠檬，却咬着牙非要说自己吃的柠檬是甜的。这种"甜柠檬心理"其实很值得我们每个销售人去学习，这不可笑，这是一种有效的美化心理的防卫方式。这种良好的美化心理能够帮助自己放松自己紧绷的神经，缓解销售工作中的不满情绪。

很多时候，逆境带给人的是一种财富。虽然会造成心理上的挫折感，增添心理上的痛苦，但不也是一种磨炼吗？这种磨炼会让你越来越成熟，越来越成功。

如果你愿意，痛苦可以成为快乐的源泉。有个心理学家说："真正的快乐不见得是从享乐中得到的，它多半是来自一种对困难的征服。"销售的快乐不是你今天出了两个单子，你拿了2万元钱的提成，更大程度上源自战胜失败的成就感和超越挫折的胜利感，也就是你把命运的酸柠檬榨成可口柠檬汁的经验……

学会狐狸的"甜柠檬心理"，掌握把"酸柠檬"变成柠檬汁的方法，用乐观的心态去面对销售过程中的挫折，你才能真正体会到什么是销售的快乐。

第 六 章

消费心理知多少

人和大猩猩的区别在哪里？不是你长得好看，而是因为你的心理千变万化！每个人的消费心理都不尽相同。一个不能觉察客户消费心理的销售人员无疑是失败的。你想做精英，先把客户的消费心理搞明白吧！

嫌货才是买货人

必须牢记"嫌货才是买货人"法则，客户之所以"嫌弃"你的货物，不正是说明他对你的产品产生了兴趣吗？客户有了兴趣，才会认真地加以思考，有了思考，必然会提出更多的意见，有了意见就有了批评和指责，有了批评和指责，于是也就有了成功交易。

"嫌货才是买货人"，这是一句台湾俚语，意思是说，嫌货品不好的人才是真正的内行，才是愿意购买你产品的人。遇到挑三拣四的客户，销售人员不能轻易地否定客户的购买欲望，恰恰相反，我们要对自己的货物有信心，跟客户诚恳地讲解产品的优势，不怕人嫌，不怕比较，嫌货才是买货人。

我认识一名房产销售员孟凡就遇到这样一位难缠的客户。"你们的房子怎么没阳台啊？价位也比别家贵这么多！"这个客户在样板间里仔细端详。

"呵呵，您放心，我们的房子不能说是这个区域最好的，但绝对不次，您可以和别家的比较。虽然没阳台，但是其他的优势比较明显，比如距离地铁不到1000米，附近还有一座正在建设的大公园，等等。"孟凡满脸堆笑，不紧不慢地说。客户边仔细地看房边说："太贵了！你看，你们这里的卫生间设计有些不合理，还有这里，都有些脱皮了……这样的房子真的不值，你看能不能多给点优惠？"

孟凡还是笑眯眯地说："先生，如果我给你价格太低的话，对刚买我们房子的人不好交代吧？何况都是这个价钱，不能再低了。"

不管客户多么挑剔，无论是什么态度，孟凡都一直保持着微笑。虽然这个客户口里嚷嚷着太贵，但最后还是忍痛出手购买了。

"嫌货才是买货人啊。"孟凡感慨地说。

必须牢记"嫌货才是买货人"法则，客户之所以"嫌弃"你的货物，不正是说明他对你的产品产生了兴趣吗？客户有了兴趣，才会认真地加以思考，有了思考，必然会提出更多的意见，有了意见就有了批评和指责，有了批评和指责，于是也就有了成功交易。这是事物发展的必然规律。如果一个客户对你的产品无动于衷，没有任何的异议，不用猜了，这个客户绝对没有一点购买的欲望。

打个比方，你向一个工薪家庭推销一种豪华型轿车，你口若悬河，大谈什么节能环保，客户是不可能对你有什么异议的，因为他那点工资收入是根本买不起你的豪华轿车的。但你要向他推销一款皮鞋，也许他会很认真地跟你说："这个皮鞋款式有点老，皮子也不是很好……"实际上，这个客户已经有些心动了，他的话已经无意间告诉销售员"我很有兴趣买一双你家的皮鞋"。即使现在不买，那也是你以后尚待开发的潜在客户。

当然，面对你所销售的产品或服务，有的客户会直接告诉你"我不喜欢"，或者是"我现在不需要"等无条件拒绝性异议或者是明显的推托。这时，你可以拿起产品离开了，他根本没有买你东西的打算，也不符合你所要求的客户条件。

你不卖他偏要，不许偷看他偏看

人人都有逆反心理，别人告诉你"不准看"，你就偏偏要看。当你的欲望被禁止的程度越强烈，抗拒心理也就越大。所以，销售人员不妨深层次地研究一下这种心理倾向，善加利用，不但能把那些"顽固"的客户软化，还能让他们对你的态度发生180°的大转弯。

"你不给他偏要！"这是人类普遍存在的一种逆反心理。

人们在受到批评的时候，都会觉得"不服"，心里很别扭。就算明明是自己不对，也死不承认。在营销中利用这种心理倾向，对销售工作大有裨益。

有一家酒馆生意一直不是很好，于是老板想出来一个主意。

老板让人在离他酒馆不远的大街上盖了一所漂亮的小房子，并且在房子墙壁四周打了一些小孔，房门上写着四个大字："不许偷看！"很多路人因为好奇，都要对着小孔看看。看进去，映入眼帘的是"美酒飘香，请君品尝"，鼻子下面正好放着一瓶香气袭人的美酒。于是，闻到酒香的人纷纷走进了这家酒馆。越来越多的人"偷看"了小房里的美酒，越来越多的人走进了老板的酒馆。

"不许偷看"四个字，正是利用了人的逆反心理，你不让我看，我偏偏要看。抓住客户的心，才是经营获胜的法宝。

从心理学角度分析，这种现象被称为禁果效应。其原本意思是，上帝警告过亚当、夏娃千万不要吃伊甸园里的苹果，可是夏娃充满好奇，最终受不了蛇的诱惑偷食了禁果，从而犯下伦理大罪，被逐出伊甸园。希腊也有类似的神话传说，有个潘多拉魔盒不能打开，越不让打开这个盒子，有人就越要打开，结果疾病和罪恶遍布世界。"禁果效应"的魅力在于，越是不知道的"神秘"事物，人越是充满好奇，越是有难以抑制的诱惑力。于是从心理上就更加急迫地渴望亲近和了解。民间说书艺人和今天的悬疑剧作家特别擅长此道，在关键地方"吊胃口""卖关子"，让听众和观众如痴如醉、欲罢不能。

心理学家鲁滨逊在自己所著的《精神发达过程》一书中说："人们在没有感觉到太多的压力时，往往不会改变自己的想法，但一被人误解，就会生气，甚至怀恨在心。每个人的心里都隐藏着一些动机，这些动机包含着强烈的信念，如果有人想要改变自己的信念，那他就会不知不觉对想要改变自己的人反感。"这段话的意思很明确，人人都有逆反心理，别人告诉你"不准看"，你就偏偏要看。当你的欲望被禁止的程度越强烈，抗拒心理也就越大。所以，销售人员不妨深层次地研究一下这种心理倾向，善加利用，不但能把那些"顽固"的客户软化，还能让他们对你的态度发生180°的大转弯。

现在很多商超和网店都在搞什么"五年店庆""十周年庆"促销活动，广告词大同小异，都是一些诸如"加10元多一件""买一赠一大酬宾"的口号，这些营销手段很平常，没什么出彩之处。销售人员要走出类似这种"顺"心理的怪圈，适当用些"逆"手段，也许效果更好。

比如，在一个大型卖场里，举行了一场这样的促销活动："本饮料每人限购两瓶。"大大的广告牌几乎要被熙熙攘攘的顾客挤倒了，生意火得不得了。为什么会这样？原来这是一款新饮料，开始是"买三赠一大酬宾"，效果不是很好，愿意尝试的客户不多。后来，经过营销专家的指点，采取了这种"限量版"销售，吊起了很多客户的胃口。人们充满好奇，都想试试这个新饮料有什么特别之处，卖东西不是越多越好吗？干吗还要限制数量呢？

出于逆反心理，很多客户本来想买一瓶，但是一说限购，就觉得买两瓶还是很合算的。你不卖给他，他偏偏要抢着买，是不是很奇妙？一点也不，这就是人类心理上共有的特点，人的天性就是如此。

所以，巧妙利用客户的逆反心理，是一种比较有效的销售策略。成功的关键在于——能不能让客户"对着干"，不知不觉走进你布下的"迷魂阵"。

得不到的永远是最好的，吃不到嘴里的永远是最香的

销售人员在销售中大可使用"物以稀为贵"这一招式，不能老实巴交地告诉客户："我们这货太多了，您随便挑。"客户就会感觉自己选择的余地很大，完全没有必要花大价钱买你的东西。

英国作家劳伦斯的小说《查泰莱夫人的情人》一度被列为禁书，在小说成为合法出版物之前，光黑市上的盗版书就卖出了好几千册。人们往往都有这样的心理，得不到的永远是最好的，吃不到嘴里的永远是最香的。按照社会心理学家罗伯特·恰尔蒂尼的说法："我们对稀罕货的本能占有欲直接反映了人类的进化史。"

在销售中，这个道理同样适用。人们常常对那些买不到的稀罕东西，兴趣比较大，越买不到，就越想得到。销售员大可利用客户"怕买不到"的心理，吸引消费者的眼球。比如你可以这样说："这款产品就剩下这最后一个了，而且货源也比较紧缺，短期内我们不会再进货了，您要不买恐怕以后真买不到了。"一般来说，只要对这个商品感兴趣的客户就会"听话地"成交，因为他怕"买不到"。

现代经济学认为，价格是商品和资源的稀缺性的信号。供不应求时，价格必定上升；供大于求，价格绝对下降。也就是人们所说的"物以稀为贵"，就像鲁迅先生《藤野先生》笔下所写："北京的白菜运往浙江，便用红头绳系住菜根，倒挂在水果店头，尊为'胶菜'；福建野生着的芦荟，一到北京就请进温室，且美其名曰'龙舌兰'。"有时候，东西贵点更好卖。

据心理学家的一项研究，商店老板将一些巧克力曲奇饼干免费让客户品尝，先是从一个满满的罐子里取出一些饼干给他们吃，客户说"味道不错"；然后又从一个个快空了的罐子再拿一些饼干给他们吃，客户说"这种饼干味道更好"。其实，老板拿的是同一种饼干，只是形状略有不同罢了。这项研究说明，人类天性一个很有趣的特点：人们往往认为稀缺的东西价值更高。

销售人员在销售中大可使用"物以稀为贵"这一招式，不能老实巴交地告诉客户："我们这货太多了，您随便挑。"客户就会感觉自己选择的余地很大，完全没有必要花大价钱买你的东西。有时候，"存货不多""限时特供"，会让客户倍感珍惜哦。销售精英们都知道，强调对损失的恐惧比强调收益更能见效！

一个阿拉伯商人拿着三样稀世珍宝到一个大型的拍卖会上出售，三件开价5000万美元，第一次出价，根本没人回应。这个商人当机立断，打碎了一件，人们在惊讶之余都感到很痛惜；第二次出价，两件仍开价5000万美元，可惜还是没人买，于是商人又打碎了一件，众人大惊，情绪波动十分强烈；第三次出价，只剩一件珍宝了，商人仍开价5000万美元，众人皆抢……

面对这样的绝世珍宝，真正的收藏家是不可能再容忍其损坏的，商人对自己的东西有信心，又利用了人们的"物以稀为贵"心理，最终实现了交易。假如他降价的话，根本卖不到5000万美元。这就是一种销售中的"匮乏术"，让客户感觉到货物奇缺，错过这个店就没有了。人们害怕失去又渴望拥有，掌握了客户这种心理，何愁你的销售不能成功？

意大利著名的莱尔商店采用了一种独次销售法，对所有的商品仅出售一次，以后再不会进货，再热销的东西也是如此。你是不是觉得，这家商店会损失许多利润呢？实际上，恰恰相反，因为商品太抢手，利润反而更大。这家商店就抓住了客户"物以稀为贵"的心理，让客户觉得这家商店的东西"机不可失，时不再来"，一犹豫就买不到了。所以，莱尔商店只要有新品上市，往往会被客户一抢而空。

为客户编个"她"的故事

给客户造一个梦，然后让他们沉浸在这个梦里。适当灌一些"迷魂汤"，多用用褒义词，多夸夸他们。利用影视剧中人物在最紧要关头所说的对白或者是剧情最高潮时主角的"深情呼喊"刺激一下，效果会更好。

我们先来看看那些迷恋韩剧、日剧、美剧等电视剧的女生——

"围上这条围巾，您简直就是《我的野蛮女友》里的全智贤。"

"穿上这双鞋，您看起来真像美丽可爱的小公主呢！"

"您看，您真像电影《麻雀变凤凰》里的茱莉亚·罗伯茨，这件外套完全可以呈现您知性的一面。"

每当服装店里的销售员这么解说时，这些女生于是就迷迷糊糊地穿上了店里衣服，掏出了自己口袋里的钱。有人说，女人等待的是会说故事的男人。我要说，客户期待的是会说故事的销售人员。如果你会说故事，成为销售高手指日可待。

人们在看电影或者电视剧的时候，往往会把自己当成主角，遨游于"幻想"的世界中。这是人类的天性，人们总是喜欢把自己当成英雄或者美人，面对现实的无奈，"意淫"就成为人们缓解心理压力和获得心理快感的一种方式。

销售人员也会幻想自己能成为一个销售精英，月薪5万元，买一栋别墅，开着宝马，也会在自己幻想的美好世界中"翱翔"。客户也是如此，他们的心里也是这样想的，他们也幻想自己能穿上最好的衣服，住上最好的房子，开最好的车……

销售人员要充分认识到客户的这种"不切实际"的幻想心理，努力去接近他们的内心，给他们编一个美好的故事，让他们沉迷在这个美好的故事中，情不自禁地掏出自己的钱包。

当然，销售员编的这个故事要切合客户心理上的"盲点"，找准这个点是至关重要的，客户穿上一件时尚衣服觉得自己是一个成熟的都市白领，你非要说人家是个清纯的小女生，这个故事就编得太失败了。

人们在梦醒的时候往往更多考虑的是现实。就拿女性客户来说吧，"女孩的心思男孩你别猜，你猜来猜去也猜不明白"，女性的心总是摇摆于幻想和现实之间。销售人员一定要搞清楚她们真正急需的是什么，心理搞不明白也不要紧，很正常，你能做的是给这些女性客户一个做美梦、说梦话的机会。这个机会源自她们表现出来的态度和所说的话，不管她们的态度多么变化无常、摇摆不定。销售人员要学会跟这些女性客户一起同步做梦，把对方理性现实的想法尽量打断。

心理学研究证明，任何一个正常的女性，不管多大岁数，她们都喜欢"做梦"。而且说"梦话"的时候，并不会忘记梦和现实之间的差距。销售人员可以针对女性的这个心理特征，让你的客户继续做梦，并同时告诉她们现实中仍可得到实惠的利益。如果你遇到了一个"难以对付，说话摇摆不定"的女性客户，千万不要放弃，放弃了真是太可惜。

事实上，不仅女性客户是这样，男性客户也同样如此，男人从孩童时期就喜欢奥特曼打怪兽、超人以及各类英雄的故事，他们渴望展现自己的力量，渴望自己能够拯救世界和人类，拥有人人称赞的能力。如果回到销售领域，无论男女老少，你都可以编写一个以客户为主角的故事，让你的客户沉浸在这个故事中无法自拔，同时还要让他在"梦里"看到现实中的利益。

那么，如何才能让客户"做梦"呢？

首先，你要学会为客户制造梦境。

为客户制造梦境需要一些"非日常生活的形容词"，实际上，这些话完全可以参考电视剧中的对白，没有你想象的那么难，就算是不合实际也没关系。谁让人们这么爱听呢？擅长为别人造梦的人最终会实现自己的梦想。从某种意义上说，阿里巴巴的马云不就是一个擅长造梦的人吗？成功者大都是造梦大师。

给客户造一个梦，然后让他们沉浸在这个梦里。适当灌一些"迷魂汤"，多用用褒义词，多夸夸他们。利用影视剧中人物在最紧要关头所说的对白或者是剧情最高潮时主角的"深情呼喊"刺激一下，效果会更好。虽然这些对白连你也感觉可笑，但是这些曾让他们内心超级感动的台词，会让他们在不知不觉中被你的商品吸引，"故事"之所以感动人心，其实就源自这种"非现实的对白"。

最后，给这些"做梦"的客户一个购买的理由。利用你的销售技巧，谈价格、谈质量、谈品位、谈实用性、打折优惠等。总有一个办法让客户行动起来，用实实在在的金钱来支持你的销售事业。

枪打出头鸟，客户想知道除了自己之外，还有谁买过

中国是个传统文化深厚的国家，老子曾说："勇于敢则杀，勇于不敢则活。"加上民间俗语有云："枪打出头鸟。"所以，很多人不敢争先，不敢尝试新鲜的事物，不敢做你产品或服务的第一个客户。

每个销售人员面对的最大对手就是客户。那么，我们应该怎样才能顺利达成交易呢？除了必须了解产品和业务知识以外，我们更要常常问自己一个问题——客户的心每时每刻在想些什么？你能够听懂他们没有说出的潜台词吗？

客户心中总是充满各种各样的疑问，即使他们对你的产品很熟悉，对你的业务很了解，他们仍然会问你很多问题。销售员必须认识到这一点。面对客户的"故意刁难"和形形色色的问题，我们该怎么回答呢？

要知道，每个客户的情况不同，关注的焦点也不尽相同，销售人员可以根据客户的不同情况具体分析和具体对待。比如，当一个客户在购买之前认真地问："除了我之外，还有谁买过咱们的产品？"

第一次听到这个问题，你蒙了吗？这句话的意思到底是什么？客户说这句话的真正意图究竟是什么？其实客户这样询问不值得惊讶，因为它合乎人性。

鲁迅先生曾说："第一个敢于吃螃蟹的人才是真正的勇士。"但在购物的时候，很多客户不愿意成为一个"勇士"。他们不愿意承受"被螃蟹夹伤"的疼痛，他们深深知道，枪打出头鸟，第一个买单者往往是炮灰。没有人愿意做一个产品的"试验者"。客户想知道"除了我之外，还有谁买了"，目的就是搞清楚自己的决定是否冒险，因为对于未知的商品我们吃过太多

的亏。

从某种意义上说，消费者这种"怕做出头鸟"的心理能够起到一定的自我保护作用。尤其当购买金额较大的商品，一旦失手就需要承受巨大风险，加上产品知识及其他相关经验缺乏，客户更喜欢提出疑问。这时，销售人员不妨告诉客户："我们有一大批对该产品感到满意的用户，您放心，我们的产品绝对不会让您失望。"看似简单的一句话，就像定心丸一样让客户下定决心采取购买行动。

很多客户认为，一个人充当领先者总是有风险的，他们有这样的疑问也很正常。换成是你，同样会有这样的想法。有问题并不可怕，问题才是销售的开始。要知道，解决客户心中的问题，是营销过程中至关重要的环节。如果你能很好地帮助客户解决这个疑问，客户自然会更加信赖你、喜欢你。

广告学中的"名人效应"正是为了解决客户这个"还有谁买过"的问题。销售人员自己和客户解释效果可能不是很好，如果加上一位有声望的人给你做证的话，客户的怀疑心理就会减轻。销售人员一定要洞察消费者不愿意当领先者的心声，如果你不能打消他们的"潜在忧虑"，就会被一道无法逾越的城墙挡住。

当然，抱着浓厚好奇心的客户还是有的，在具体的销售工作中，我们会看到一些喜欢"尝鲜"的客户。这些"尝鲜者"虽然敢于冒险，但大多也是心存疑虑的，尽管对你的产品和服务略微有些了解，但就是一直下不了购买的决心。正因为没有人敢轻易尝试新鲜事物，才最终导致销售业绩的空白。其实，遇到敢于"尝鲜"的客户绝对是你的福气，所以我们一定要好好把握——只要销售人员能给客户提供优质的产品和服务，懂得从客户的角度思考，给他们一个"名人常来光顾"以及"某大学的老师曾购买过"等理由，说不定他们二话不说就付钱了。

中国是个传统文化深厚的国家，老子曾说："勇于敢则杀，勇于不敢则活。"加上民间俗语有云："枪打出头鸟。"所以，很多人不敢争先，不敢尝试新鲜的事物，不敢做你产品或服务的第一个客户。为了打开销售局面，你要构思一个让他们信赖的方法。比如你开一间餐厅，除了提前供应早餐、外卖服务，还可以免费赠送一些咖啡。尽可能地在你现有的业务范围内，制造一些新鲜的噱头，从而达到吸引客户的目的。信任你的人越多，你的销售量自然也就越大。

物以类聚，人以群分：不同人群消费心理大不同

销售人员面对的销售群体各种各样，老人和孩子，男人和女人，白领和农民，官员和商人，如果不能掌握他们的心理，你就很难进行销售活动。

在这个世界上，每个人都是孤独的，每个人都害怕孤独，所以才需要聚集在一起生活。但是，每个人的志趣不同，聚集也是会根据自己的秉性进行针对性选择。只有气味相投，才能欢乐地在一起玩耍。用8个字来概括，就是"物以类聚，人以群分"。这句话真可谓一语道破人性真谛。该俗语源自《战国策·齐策三》，意思是说："同类的东西常聚在一起，志同道合的人相聚成群。"

要想成为销售高手，这个道理岂能不懂？

战国时期，齐国有一位著名的学者名叫淳于髡。他博学多才，能言善辩，被任命为齐国的大夫。齐宣王喜欢招贤纳士，于是让淳于髡举荐人才。淳于髡一天之内接连向齐宣王推荐了7位贤能之士。

齐宣王很惊讶，就问淳于髡道："寡人听说，人才是很难得的，如果一千年之内能找到一位贤人，那贤人就好像多得像肩并肩站着一样；如果一百年能出现一个圣人，那圣人就像脚跟挨着脚跟来到一样。现在，你一天之内就推荐了7个贤士，那贤士是不是太多了？"

淳于髡回答说："不能这样说。要知道，同类的鸟儿总聚在一起飞翔，同类的野兽总是聚在一起行动。人们要寻找柴胡、桔梗这类药材，如果到水泽洼地去找，恐怕永远也找不到；要是到梁文山的背面去找，那就可以成车地找到，这是因为天下同类的事物，总是要相聚在一起的。我淳于髡大概也算个贤士，所以让我举荐贤士，就如同在黄河里取水，在燧石中取火一样容易，我还要给您再推荐一些贤士，何止这7个！"

为什么有时候你绞尽脑汁也找不到自己的目标消费群体在哪里？为什么有时候你举目四望茫然无助不知道自己销售事业的未来在哪里？那是因为你没有找到目标客户聚集的场所，就像鱼群，如果你找不对池塘，放再多的诱饵也没用；如果你找对了池塘，隔着水面就能看见鱼儿四处游动。为了让自己在销售工作中获得更丰厚的回报，必须理解"物以类聚，人以群分"背后真正的含义。

"物以类聚，人以群分"，这是因为人们所处的社会地位不同，扮演的角色不同，兴趣爱好不同，所以各自的思维模式、消费需求和消费方式也不尽相同。在一定时期内，任何一个消费者都会从属于某一群体，有着相同或相似的消费心理。如果我们能够看穿客户属于哪类群体，往往能够对症下药、事半功倍。

对销售工作来说，了解不同消费群体的心理不是锦上添花，而是必须要了解。销售人员面对的销售群体各种各样，老人和孩子，男人和女人，白领和农民，官员和商人，如果不能掌握他们的心理，你就很难进行销售活动。下面就让我们看看如何透视不同消费群体的消费心理。

一、根据经济收入划分

1. 富裕阶层群体。

该类群体经济收入和生活水平较高，处于社会金字塔顶端。饮食上追求营养、健康；生活上追求感官感受；穿追求美观、舒适、新潮，体现个性特征；用名牌、高档、高质量产品，体现自我价值；住舒适型别墅或高档公寓，装潢较有品位。

2. 中等阶层群体。

该类群体是整个社会的中流砥柱，介于富裕型和贫困型之间。经济收入一般，正所谓"比上不足，比下有余"。受收入限制，生活上注重消费的实用性，消费心理比较稳定。这个群体大多属工薪阶层，具有求实从众、求廉要好的普通心理，同时存在求美求新、求奇求名的消费欲望。

3. 贫困阶层群体。

该类群体经济收入低微，只能勉强维持基本的生存需要。消费仅限于生活必需品，心理上存在严重的不平衡。自卑心较强。这一群体受个人经济收入所限，在消费上比较"谨慎"。

二、依据文化教育水平和知识技能划分

1. 知识群体。

一般由大学专科以上学历及具备系统化专业化知识技能的人群组成。因为职业和工作需要，身份、地位的特殊性，消费心理更多表现为求信、求诚、

求质、求优、求雅。在满足生存需要的前提下，偏重于发展性需要，享受性需要较少。他们的消费心理大多和"充电"有关，或追求事业成功或提高个人声誉。

2. 半知群体。

大体上包含中等学历（如中专、技校等）出身的人群以及某些拥有专门知识技能的人。他们虽然和其他知识群体一样，也希望能获得更好的发展，但由于身份、地位导致的经济收入低下，在某些程度上限制了他们的内在需求。在消费心理上，大多求实从众，侧重于生存性需要。

3. 粗知群体。

一般指初中以下文化或文盲，但直接从工作劳动中掌握了一些初级知识技能的人群。绝大多数是体力劳动者，消费几乎全部用来维持生存需要。消费心理最不稳定，较为冲突、剧烈：一方面不得不安于维持生存需要现状；另一方面攀比心理导致仇富思想，消费方式多种多样。

在现代社会中，不管消费者从属于哪一类群体，都会对个人消费产生一定的强化作用。这种强化作用，往往导致了个体消费心理和消费行为的趋同性。简单来说，看见别人买什么，我也想买什么。

销售人员可以针对这些相同或相似的心理特点，妥善地运用公众群体影响个体消费心理，诱导消费者购买我们的产品。只要你能让群体中的一部分人喜欢你的产品，使之成为一种"时尚"，想想看，无数的客户就会朝你拥来，无数的金钱也会掉入你的口袋！

身份决定行为——给他一个购买产品的身份

你想让一个人成为什么样的人，就给他一个什么样的身份标签。你给客户什么样的身份标签，他就会做出相应的购买行动。你整天说自己家的孩子不听话，他最后就朝着不听话的方向发展；你天天说自己的老婆爱生气，她就整天跟你过不去。

身份很重要，这是人们给你的定位，也是你内心渴望成为的人。有个朋友在饮茶时告诉我，他手腕上的手表价值60多万元。这几乎是二线城市一栋房子的价格了。我问他你戴这么贵重的手表有什么用？他说，身份的象征。你知道的，我所面对的客户大都是国企、上市公司的大领导，你要想挤进这个圈子里，就必须用一些外在的东西来定义自己的身份。没有身份，人家就不会陪你玩。我恍然大悟，我想，名表在某种意义上就起到了门槛的筛选作用吧，有效地将不够资格的人阻之门外。换句话说，如果你想进入某个圈子，可能就必须让自己拥有相对应的身份，给自己贴上一个内外都说得过去的标签。

如果我们睁开眼睛仔细地看这个世界，就会发现每个人都有自己的身份，有什么样的身份就会做什么样的事情，如果一个人做的事情跟自己的身份背道而驰，就会引起众人质疑的目光。比如一个大学教授去赌博，一个7岁的小男孩抽烟喝酒，一个大学生不去课堂学习却流连于网吧和KTV，一个作家不去写作却整天忙于参加各类活动……这些都是行为与身份相矛盾的情况，必将引起人们的猜测和讨论。是的，你自己并不能代表你自己，你的身份才能代表你自己。你的身份就像一个紧箍咒，决定了你应该按照身份行事。

记得前几年苹果手机流行的时候，年轻人都以能够拥有一部苹果手机为荣，以此来彰显自己在圈子里的身份和地位。根据新闻报道，有不少人为了买苹果手机，不惜卖掉自己的肾。身份的诱惑如此之大，竟然让人敢于以伤害自己作为代价。在世界上，我们个个行色匆匆、拼死奋斗为了什么？说到根本，也是为了获取一个自己梦寐以求的身份，让自己成为别人眼中羡慕的对象。这是每个人心中不为外人道的"真心话"。在《天下无贼》中，刘德华饰演的江洋大盗王薄开着宝马去高档别墅区行窃，满载而归时保安对他肃然敬礼，他乐了，于是对保安说了一句经典的话："你以为开好车就一定是好人吗？"保安一脸茫然，他扬长而去。其中就透出很深刻的身份标签意识，开好车在保安眼里就是身份的外化，如果一个叫花子想混进小区，估计比登天还难。

每个人内心里都有一个"身份梦"，都渴望别人高估自己的身份，给自己提升一个等级。不少暴发户喜欢附庸风雅，购买一些古董和名人字画，在某种意义上也是出于这种潜意识。作为销售人员，我们能想到什么呢？你在销售产品的时候，一定要思考你的产品能否提升客户的身份层次，能否让他觉得自己因此倍显荣耀，在别人眼中风光无限？这是人性中的秘密所在。另外，在销售的时候，我们也要看对人，你所销售的产品一定要符合客户的身份。比如新奇另类的衣服，如果让明星穿比较适合，如果推销给一位教授，他或许会觉得与自己的身份不符，穿上这样的衣服是十分尴尬滑稽的。

你想让一个人成为什么样的人，就给他一个什么样的身份标签。你给客户什么样的身份标签，他就会做出相应的购买行动。你整天说自己家的孩子不听话，他最后就朝着不听话的方向发展；你天天说自己的老婆爱生气，她就整天跟你过不去。事实正是如此，这是人类普遍的心理活动。在战争年代，美国政府曾经有效实践这一心理法则，结果令人震惊——

"二战"时期，美国逐渐陷入兵力不足的困境，新的军人哪里来？美国政府召集智囊团共商对策，终于有人提出这样一个建议——将关在监狱里的犯人经过训练之后派到前线战斗。不过有人提出质疑，犯人不是英雄，他们不可能有什么爱国热情的。最终美国政府采纳了这一建议，选派了几名心理学专家特别对犯人进行战前训练，希望能将他们成功训练成英勇善战的军人。

如何训练呢？心理学专家并没有过多地进行宣传和说教，而是指导犯人们每周都给自己最亲爱的人写一封信。在信中，犯人对亲爱的人讲述自己表现得多么优秀、如何洗心革面等。三个月后，这批犯人被派往战场。在军营里，心理专家们再次指导犯人给亲人写信，这次信的内容是自己如何服从命令、英勇善战。犯人不是犯人，而是英雄。他们心中油然而生爱国热情、责任感和使命感。在战场上，犯人的表现甚至比正规军还要勇敢、优秀。

在心理学上，这一策略被称为贴标签效应，利用了人的心理暗示来改变一个人的想法和行动。每个人在内心深处其实都希望得到他人的认同和赞美，只要你能给他们设定一个美好的身份和形象，他们就会表现出超你预期的成绩。身份决定行动，一个人之所以做一件事就是因为这件事符合他的身份，或者可以提升他的身份。如果你想让自己的产品成功销售出去，很有必要赋予产品新的含义，贴上一个能让客户认同的、非同寻常的标签，让客户认为购买该产品是身份的象征，荣誉之所在。如果你做到了这一点，销售成交自然会水到渠成。

高档商场工作的销售员琳子，在周末遇到带女朋友逛街的李先生。李先生的女朋友看中了一套衣服，价格4999元。很明显，他女朋友被这套衣服迷住了，穿在身上舍不得换下来。李先生则因为价格陷入沮丧之中。

李先生："这件衣服太贵了，能不能便宜点？"

琳子："是的，这件衣服确实有点贵，不过这么名贵的衣服只适合那些有品位、气质高雅的女士穿，你女朋友这么漂亮，穿这件衣服太好看了！"随后又扭头对李先生的女朋友说："这位小姐，您可以随意走走，体验一下感觉。"

毫无疑问，琳子深谙销售心理学。她首先和李先生站在同一个立场上，表示认同他的观点，然后说"有品位、气质高雅"是给客户一个购买的身份；让客户"随意走走"是在引导客户体验拥有的感觉……这一系列组合拳打得实在漂亮！

看着李先生漂亮的女朋友，琳子又说："太漂亮了！我在这个店工作了三年，以我的经验来看，只有那些很爱女朋友的男孩子才舍得给女朋友买这么名贵的衣服。你真的好幸福啊，真羡慕你！"

只是几句话，就给李先生加上了一个"好男人"的身份……

话都说到这份儿上了，李先生能不买吗？女朋友一生气，后果很严重！

很多时候，销售为什么成功？根本原因就在于销售员掌握了一个很简单的方法——"身份层次"的运用。实用心理学认为："身份"层次决定"行为"层次，人们都会做一些与自己身份相符或提升自己身份的行为。在销售中，你想让一个人购买你的产品，最好先给他一个购买产品的身份。只要他认可了这个身份，自然会认同你的产品。这就是销售心理学的奥秘。

冲动有时是魔鬼，有时却是你滚滚的财源

客户拒绝购买的理由很多，但是客户购买的理由只需要一个——"我喜欢"。这是我们让客户"冲动"起来的理由，也就是那个让客户感情用事的

"情感快捷键"。

人与动物最大的区别在于，人有情感和理智。每个人都是情感动物，没有情感的人，我们称之为冷血。从营销学的角度来说，当客户做购买决策时，往往是感情用事，然后在逻辑上将其合理化，以获得内心的安宁。也就是说，客户买东西的时候，大多不用做什么理性推断的，感性占据了上风。所以，对一个销售人来讲，在销售时，最好是让客户的情感战胜理智、冲动淹没思虑。这不是欺骗客户，而是一种有效的营销手段。

人的情感世界是丰富多彩的，正所谓："人之心，海底针。"所以，如果你想深入了解每一个客户的情感世界和情感喜好，这是非常不容易的。但是，我们要知道，任何人的内心都有一个"情感快捷键"，只要你能迅速准确地摁下这个"情感快捷键"，就能启动客户的购买欲，让他们决定购买你的产品。

找到一个陌生人的"情感快捷键"很难，尤其是那些非常理性的客户，这就需要销售人员能够针对不同的客户类型，不断地进行归纳总结。优秀的销售员都知道，客户拒绝购买的理由很多，但是客户购买的理由只需要一个——"我喜欢"。这是我们让客户"冲动"起来的理由，也就是那个让客户感情用事的"情感快捷键"。

那么，如何来激发客户的购买冲动呢？

一、挖掘热卖点

人们每天面对的无非是衣、食、住、行四件"大事"，每天都要在这几件大事上花钱。销售时关心这些"大事"，让人们感觉新鲜、有价值，生意绝对错不了。生鲜商品往往是超市吸引客户的法宝，那些有特色的生鲜商品在很大程度上能够激发客户的购买行为，让客户冲动起来。而一款新上市的靓车，也同样具有让客户疯狂的诱惑力。所以很多大型招商活动，总喜欢拿新车做奖品。

二、巧用招徕定价法

一般情况下，价格是影响客户购买态度的第一要素。很多家庭妇女为了二斤大米便宜两毛钱，愿意多走二里地到更便宜的大商场去，也不愿意在家门口购物。这就是巧用价格来招徕客户，让客户远道而来、冲动购买的效果。

三、巧用POP广告

POP广告指的是购买现场广告，也被称为第二推销员。有关研究表明，95％以上的消费者在销售现场会对那些形形色色的商品犹豫不决，只有40％的客户是在现场决定购买的。利用POP广告，可以迅速提升客户的购买指数。君不见，那些大商场里超大的"美女"广告牌子吗？是多么让人神魂颠倒啊。

四、生动化商品陈列

前面我们已经说到过商品陈列的艺术，科学合理的陈列能提升客户的购买欲望。不同的商品可以选择不同的摆放方式，既能方便客户，又能起到促进购买的心理效力。比如，在收银台附近放一些糖果、香烟等，就是利用了客户等待付款这段放松的时间来增加客户冲动购买的可能。

五、营造良好的现场气氛

"吃饭的时候，哪家人多我进哪家。"这是大众的普遍心理。越是门可罗雀的饭店，越是没人去就餐。销售现场人越多，想看想买的人就越多。客户往往把拥挤程度视为商品受欢迎的程度，觉得人们都来买，商品肯定错不了。商家可以自己设计下现场环境，调动现场气氛，从而增强客户购买的欲望。

六、现场的促销活动

合理的促销活动不但能增加销售，还能提高自身的竞争力。现场促销活动可分为长期性促销和短期性促销。长期性促销的目的是奠定优势，增加客户的向心力，培养一批忠实老客户。短期性促销往往是为了达到短期内的销售目标。促销能让人疯狂，这句话的价值从那些挤破脑袋疯抢"处理货"的客户身上就能看出来。

当然，让客户冲动起来的策略不只是以上这些。除了这些还有体验营销，让客户进入具体的消费场景中，可以快速引发客户的购买冲动。

美国有家汽车4S店老板就颇有头脑，他发现汽车摆在展厅销售枯燥单调，很难引发客户的购买冲动。怎么办？他突发奇想，决定把店里的名车都开出去，然后停在豪华别墅门口，邀请专业摄影师拍摄照片。接下来他是怎么做的呢？他把这些照片快递给了豪华别墅的主人，特别邀请他们参加自己举办的车展活动。结果令人吃惊，别墅主人几乎都来了，店里的开单率比原来翻了好几倍。这一招非常厉害，把你渴望的东西真实地植入你的生活场景之中，就好像真的发生了一样。这或许就是让人无法拒绝的理由。

类似的情景体验式营销还可以运用在橱柜、厨具的销售过程中。通过厨师现场的演绎给客户带来一种强烈的消费冲动，他们想象着自己置身其中是多么惬意。如此的联想和心理暗示，必将带来雪花一样的订单。无论如何，万变不离其宗，其根本规律就是快速启动客户的心灵开关，让他们的购买冲动一触即发。

羊群效应：吸引大批的"羊"来吃你的"草"

客户在买东西的时候，不仅会考虑自己的需要，还要顾及社会规范，服从于某种社会压力，以大多数人的行为为参照。销售中的从众成交法就是一种利用人们的"羊群心态"，利用人们随波逐流的从众心理，创造出人们争相购买的气氛，来促成客户迅速做出购买决策的销售方法。

不知你是否认真观察过：一个羊群组织散乱，平时大家都挤在一起，盲目乱闯。如果一只羊发现了一片肥沃的绿草地，这个群体里所有的羊都会一拥而上，疯狂地抢草吃，全然不顾旁边虎视眈眈的狼，或者远处还有更鲜更多的青草。

有这样一个幽默段子：一位石油大亨死后到天堂参加会议，一进门就发现会议室座无虚席，根本没地方落座，于是他喊了一声："地狱里发现石油了！"于是，在座的所有大亨都向地狱跑去。最后，只剩下这个石油大亨站在那里。他站了一会儿，觉得不对劲，心想："莫非地狱里真的发现石油了？我可不能错过！"于是他也急匆匆地向地狱跑去。

这个笑话说的就是这种无处不在的羊群效应。不管是生活中还是商业活动中，几乎人人都有这种从众心理。销售人员如果能合理利用人的这种从众心理，必定会吸引大批的"羊"来吃你的"草"。

社会心理学研究表明，从众行为是一种普遍的社会心理现象。这种行为既是一种个体行为，也是一种社会行为，既受个人观念的支配，也受社会环境的影响。从众现象产生的根本原因是个人认识水平的局限性和社会公众的压力。从某种意义上说，从众心理可以让人更加安全，减少冒险的不确定性。

的确如此，客户在买东西的时候，不仅会考虑自己的需要，还要顾及社会规范，服从于某种社会压力，以大多数人的行为为参照。销售中的从众成交法就是一种利用人们的"羊群心态"，利用人们随波逐流的从众心理，创造出人们争相购买的气氛，来促成客户迅速做出购买决策的销售方法。

从众成交法也叫排队成交法，大体内容是：利用客户的从众心理，通过客户相互的影响力，给客户施加无形的社会心理压力，促成交易的实现。

比如，一位爱美的女孩去买化妆品，她会考虑自己的皮肤特征，但更多的是问问自己周围的朋友买什么牌子。也许，这个女孩很喜欢一种化妆品，但她还是会认为大家的口碑才是最重要的。"大家说好的，那肯定就是好商品。"这是她自己都无法拒绝的一种潜意识。

利用"羊群心态"，再辅助"物以稀为贵"，也许更容易成功。比如一个客户对某商品摇摆不定，销售人员就可以跟他说："对不起，这种商品太畅销了，今天已经被抢购一空了，就剩下这一件样品了，要明天才能进到货。您要是喜欢的话，我可以在进货时，帮您留一件，否则又怕被抢光！"一般来说，客户马上就会心动，这么"抢手"的好东西，不买会后悔的。于是他对该商品快速产生好印象。

从心理学角度讲，客户之间的相互影响力和相互说服力要远远大于销售人员的说服力。根据我们的经验来看，人们更信赖身边"同病相怜"的人，而不是总想着掏光自己口袋的销售人员。"羊群心态"的优势也正在于此。但是，对那些个性较强、喜欢自我表现的客户，千万不能随便使用这招——恐怕不能达成目的，还会起到一定的反作用，一不小心反而会失去这个客户。

此外，在使用从众成交法的时候我们要注意，你出示的有关文件和相关数据必须真实可信，采用的方法须以事实为依据，绝对不能欺骗客户。"水能载舟，亦能覆舟"，小心"羊群心态"让所有的客户离你而去，如果那样的话，不仅不能实现交易，反而影响到你的信誉，破坏你的销售工作。

巧用认知对比原理：50000元钻戒与500元饰品

如果客户刚刚花了50000元买钻戒，那500元的小饰品就显得微不足道了。其实，这就是一种"认知对比原理"的应用。

一位营销专家曾提到过这样一件事：

一位女士走进了珠宝店，她想买一枚高档钻戒和一个小饰品，假如你是一位销售员，你会让她先看哪一种商品，是钻戒还是小饰品？那么，先看哪个才能让这位女士更容易成交以及赚到更多的钱呢？

按照我们普通人的理解，肯定是那个小物件了，从价格便宜的东西入手不是更容易成交吗？答案出乎我们意料。营销专家认为：先把售价高的钻戒卖给她。

这和我们的常识可能恰恰相反，我们大都认为，如果一个人刚刚花了很多钱买钻戒，很可能不愿意再花钱了，不会再考虑买小饰品。但是经验丰富的珠宝店店长却对此一清二楚：如果客户刚刚花了50000元买钻戒，那500元的小饰品就显得微不足道了。其实，这就是一种"认知对比原理"的应用。

西方心理学家弗洛伊德认为，人的心理包括意识、前意识和潜意识三部分。潜意识里包括个人的原始冲动和各种本能，以及与本能有关的欲望，潜意识是人类行为的决定力量。

心理学家洛伦兹与廷伯格，在一次观察动物行为时偶然发现：动物行为普遍存在"特定刺激必然引起一系列固定反应"的现象。人类也同样如此，经过特定的刺激，人的心理也会产生"一系列固定反应"。这两位心理学家认为，人类一些固定习惯之所以发生，就是因为那些"特殊性质的刺激"激活了人的潜意识，从而导致了行为固定模式的出现。

认知对比原理就是一种"特定的刺激"，运用这种刺激可以激活客户的购买欲望。就像上面那个卖珠宝的销售员一样，通过一个商品推荐的顺序变动和价格落差，"诱惑"消费者进入我们设定的销售轨道。

在日常生活中，我们也会有类似的心理感觉。你花几百元买一件衣服以后，再买一双名牌袜子是绝对不会"手软"的，要放在平时，你可能还会犹豫，一双袜子十几块钱是不是有点贵呢？如果让你先买一双贵袜子，再去买一件贵衣服，我们就会感觉东西的价格在上涨，往往舍不得花大价钱再去买东西，在心理上就会有些摇摆不定。

这个道理放之四海而皆准，不只是珠宝商、服装商，他们不是唯一懂得如何巧妙利用认知对比原理的人。

买房子的时候，你也可以注意到，房产公司有时候也会保留一两套很破但价格很高的房子，先让客户参观这些连销售自己都感觉"不值"的样房，然后就可以顺利地引出那些自己真正想卖的房子了，相对而言，房子好价格低就显得格外有吸引力。

汽车经销商也经常使用这个认知对比原理，先和客户谈一辆汽车的价钱，然后就向客户提议："您看看，您的车子配上这样的车灯才够时尚、尊贵。"就这样，客户购买了他们一项又一项附加设备。

大家可以看到，这种认知对比原理被很多的销售商运用得"游刃有余""炉火纯青"。作为一个销售人员，我们必须也要学会这种认知对比原理，把那些让客户感觉档次较高、质量较好的商品先推荐给他们，然后再"顺手"卖出更多价格相对低的商品。这正是营销的技巧所在。

记住，我们的主要目的不是欺骗，而是巧妙地利用销售技巧，合理地操控客户的心理特点，以实现利益的最大化。锋利的武器往往是制胜的关键，对销售来说，精于察言观色、体会客户心理是销售人员的"武器"。

当然，客户也不是那么好糊弄的，也不是那么盲目。有时候，这种由简单"对比"激发的"认知"，很可能会给销售人员带来一种误导。销售的时候，我们一定要注意到这一点，以免不小心反被客户给"忽悠"了。

第 七 章

从身体语言识破客户的诡计

别以为一个美女对你笑就是喜欢你，她脸上的笑可能只是迷惑你的诡计！客户也是如此，别以为他多说几句好话就是要买你的产品，说不定只是要你玩的一种伎俩。如何修炼火眼金睛，一眼看穿客户的心理，有没有什么捷径？很简单，通过他们的身体语言看透他们的心理！

小动作"出卖"客户大心理

一个人在向外界传达信息时，单纯的语言成分只占7%，语气和声调占了38%，剩下的更重要的55%信息依靠非语言的肢体形态来传达。而且肢体语言通常很少具有欺骗性，因为它通常是下意识的、不易觉察的。

人性是复杂的，人与人之间的关系更是复杂到了极点。所谓"知人知面不知心""人心隔肚皮""人心叵测"都是对人类心理高深莫测的一种解释。在商业行为中，这种心理上的不可知更容易让人"头昏"，一不小心就会导致交易失败。销售人员每天和形形色色的客户打交道，不同的客户，不同的性格，这就要求销售员必须学会透视客户的心理，把握客户内心真实的需求，最终实现你的目的。

如何让客户把内心的小秘密告诉你呢？通过语言的交流是最简单的方法，但是很多情况下，客户不愿意也不希望把自己的真实想法告诉你。这时候，你怎么办？很简单！通过客户的肢体语言去用心体会他们的心理。

人与人之间总是存在着一定的心理隔阂，这和口是心非无关，这是人类的天性。在销售过程中，我们想准确地判断出客户内心的真实想法，绝对不能单纯地听客户说什么，更要考虑到其他种种复杂的主客观因素，心口不一的情况也经常出现。如果你只凭客户嘴上说的去判断，往往会出现一定的偏差。

那么，如何才能更好地了解客户的心理呢？现在就要告诉你，你需要对客户的身体语言多加了解。通过观察客户的肢体动作来洞察其内心的真实想法，不仅能及时体会他们的内心变化，戳穿他们的谎言，更重要的是，能及时捕捉客户的所思所想，从而服务到位，赢得客户的认可，提高销售业绩。

销售人员要把你的客户当成一个你理想中的"情人"，做到不听其任何表白，就能体会到他的心意。拥有身体语言方面的知识，不仅能读懂客户的内心世界，及时体会客户的真实意图，还能有意识地规范自己的动作和体态，避免自己无意间表现出来的肢体动作给客户留下不好的印象。

据心理学家研究发现，一个人在向外界传达信息时，单纯的语言成分只占7%，语气和声调占38%，剩下的更重要的55%信息依靠非语言的肢体形态来传达。而且肢体语言通常很少具有欺骗性，因为它通常是下意识的、不易觉察的。

肢体语言，是指经由身体的各种动作以代替语言来表情达意。广义的肢体语言包括面部表情和身体、四肢所表达的意义。一般意义上，说到肢体语言，我们就会很自然地想到很多惯用动作：鼓掌表示赞同；顿足代表生气；摊手表示无奈；搓手表示焦虑；捶胸代表痛苦；垂头代表沮丧等。我们用这些肢体活动来表达情绪，别人也可以通过这些肢体语言来体察我们的心境。

当我们用肢体动作表达情绪的时候，很多情况下自己并不能觉察到。比如，当我们和别人谈话时，摇头、摆手、两腿交叉、抖脚，我们多半并不自知。客户也是如此，他们在和你谈话的时候，也许已经把自己的真实想法暴露在你的面前了，想掩饰都来不及！

作为一个销售人员，我们必须练就察言观色的本领，掌握观察他人"心口不一"的体态特征。说什么话，可以"信马由缰""信口开河"，可以胡编乱造，但说话时的体态绝对骗不了人。除非对方故意做出一些假动作，来躲避你的"读心策略"。

比如，不管客户的话有多难听，销售员都不能轻易说放弃，仔细观察客户的个别举止，也许就能判断出他的话语中包含购买需求的信息。的确如此，灵活掌握体态语言的观察方法，善于捕捉客户的心理，可以避免多走弯路。

最后，销售人员必须牢记这样一句经典的话：话语能透露一个人的品格，表情、眼神能透露人的内心，坐姿、手势也会在不知不觉之中出卖它们的主人。

眼睛就是客户赤裸的内心

人们往往会有这样的心理：面对一个你不想见到的人，你不经意地就会去看别的地方，尽可能地摆脱这个人。把目光转向其他地方，通常是对谈话失去兴趣的表现。所以，在和客户交谈的时候，千万不能斜视，以免引起客户不快。

俗话说："眼睛是心灵的窗户。"你在想什么，通过这扇窗户别人可以看得一清二楚。所以，在公众场合，我们常见明星喜欢戴着大墨镜，一方面是为了挡脸，另一方面是为了不让别人轻易看穿自己的心思。的确如此，在我们的肢体语言里，眼睛所传递的信号是最有价值也是最为准确的。为什么这么说呢？因为眼睛是传达身体感受的焦点，瞳孔的运动是独立、自觉、不受意识控制的，通过眼睛来判断内心往往最为准确。

在和客户交谈的过程中，时时注意观察他们的眼睛，能帮助你更好地了解他们的真实想法。舌头能骗人，眼睛骗人可不是那么容易就能做到的，没有经过特工式的专业训练，普通人的眼睛传达出来的信息基本就是他内心的所思所想！下面，我们通过客户的几种眼神来具体看看他们到底在想些什么。

一、注视——他的目光投向哪儿

彼此的眼神相交，是真正形成沟通和交流的基础。我们和客户交谈时，为什么有时会感觉舒服愉快，有时却感觉局促不安，甚至有时还会有赶快远离客户的想法。这些想法的产生因人而异，但究其源头都是从眼神开始的。在你和客户交流时，客户注视你的时间和面对你的注视所做出的反应，很大程度上决定了对你的态度。

一般情况下，两个人交谈时第一次目光接触，往往先移开视线的人比较弱势。很明显，保持注视对方的姿态，隐含着挑战的意味。当你和客户对视的时候，你有没有体会到这一点呢？仔细观察你会发现，当客户对你的观点不认同时，他往往会长久地注视你。所以，不要以为客户盯着你看就是喜欢你。如果客户转移目光，很可能代表着他已经被你的话打动了，表示了"屈服"。

二、斜视——我不是很确定

客户转移了视线，目光变得游离起来，不是正视你，而是斜视，这又代表着什么呢？斜视的内容很丰富，有可能表示感兴趣，也可能表示不确定，还可能是敌意。如何区分呢？

当客户斜视时眉毛微微上扬或者面带笑容，很可能表示对你的话很感兴趣，恋爱中的女孩子经常将之作为求爱的信号。

如果斜视时眉毛压低、眉头紧皱或者嘴角下拉，那就很可能代表的是猜疑或者是敌意。人们往往会有这样的心理：面对一个你不想见到的人，你不经意地就会去看别的地方，尽可能地摆脱这个人。把目光转向其他地方，通常是对谈话失去兴趣的表现。所以，在和客户交谈的时候，千万不能斜视，以免引起客户不快。当客户斜视我们的时候，要想办法把客户的目光拉回来，让他专注地看着你。

三、眨眼——频率决定态度

通常情况下，自高自大的人往往会用延长眨眼的间隔来显示自己高人一等，有时候还会脑袋后仰，长时间地凝视你。一般来说，眨眼的频率比较慢，大多含有蔑视的意思。如果你和客户交谈的时候，发现客户眨眼的频率变得慢了起来，那就意味着你的话语没有打动他，这个时候怎么办？你必须采取另外的策略来激发客户的兴趣。

模仿是你跟客户交往的"黏合剂"

一个销售员想和客户拉近关系，获得客户的好感，不妨先从模仿客户的肢体语言开始。模仿客户的肢体语言和声音语调，能够迅速地建立起友善的关系。

模仿是什么？模仿不仅仅是要猴人操纵下的小猴子拉车，也不仅仅是鹦鹉学舌，它是一种本能，人类同样具备这样的能力。从远古时期开始，模仿就是人类的一种社交工具。模仿是最原始的学习方法之一，当双方相互模仿彼此的身体姿势的时候，也就意味着对对方毫不掩饰的欣赏，模仿也就成了双方交往的"黏合剂"。正是靠"模仿"，我们的祖先才能成功地融入群居生活中。

现实生活中，我们却很少能意识到"模仿"的作用。心理学研究认为，人们在交谈的时候，无意间都会模仿对方的行为，比如同时眨眼睛、张大鼻孔和抬眉毛，甚至还有同时扩张瞳孔现象，是不是感觉有些不可思议？这么微小的动作，是不可能有意识地模仿的。人们为什么要相互模仿呢？

因为模仿能给人一种安心的感觉，可以构建友善的关系，是社交强有力的工具。当人们彼此有相似情绪或相同思路时，双方很可能互相产生好感，而且会开始模仿对方的肢体语言。销售人员意识到"模仿"的重要性后，就可以试着去"故意"模仿客户的一些面部表情和肢体语言，以更好地交流。

面对陌生人，我们首先考虑的是对方是否有敌意，对方对待自己是真心还是假意。客户第一次看到销售人员的时候，往往也是如此，客户需要安全感，也需要"亲近"。这种亲近在很大程度上源自"模仿"。是的，你没看错，是模仿。初次见面，你和客户都会仔细打量对方的身体，观察对方是否很容易接近，是否会"模仿"自己的身体姿势。

销售人员在和客户交流的时候，需要和客户保持"同步"，同步状态是人与人之间联系的一个纽带。当我们还是子宫中的胎儿时，就学会了让自己的心跳节奏尽量和母亲保持一致。模仿肢体语言可以实现双方节奏的"同步"，更容易得到客户的认同。比如一位老板想和一个拘谨的员工建立亲善关系，为了营造轻松的谈话氛围，他就可以通过模仿员工的肢体语言来达到目的。

一个销售员想和客户拉近关系，获得客户的好感，不妨先从模仿客户的肢体语言开始。模仿客户的肢体语言和声音语调，能够迅速地建立起友善的关系。你去"模仿"客户，让他"看到"你的态度，让他感觉到你确实认同他的观点，最终达成交易岂不是很简单？

如何才能做到恰如其分地"模仿"呢？

初次见客户，你可以先从模仿他的坐姿开始，仔细观察他的体态、身体朝向、手势。谈话的时候，可以谨慎地模仿他的面部表情和语气语调等。看看吧，过不了多长时间，他就会看到你身上那些他所喜欢的东西。他会认为你是一个"随和"、易于接近的人——因为他在你的身上看到了自己的影子。每个人之所以喜欢别人，只是看到了熟悉的东西，正是自己身上存在或欠缺的气质。由此可见，每个人最爱的人都是自己，通过爱别人来实现爱自己的目的。

具体来说，模仿客户的策略有以下几种。

一、模仿客户的说话速度

传统典籍《鬼谷子》云："口者，心之门户也。"有不少客户很重视聆听的感觉，这是他们判断理解外界信息的一种途径。有些客户说话的速度不快不慢，声音抑扬顿挫，这个时候你也配合他们的语速与之沟通，可以形成巧妙的互动。有些客户说话速度比较慢，边说边思考问题，不时会停顿一下。这个时候，我们也需要配合客户的说话习惯来调整自己的语速，不能太急促以防给对方带来焦虑情绪。还有些客户说话吞吞吐吐，这类人做事喜欢思考再思考，总担心自己上当受骗。与这类人沟通交流，我们一定要有耐心。

二、模仿客户的思维特点

对有些用图像来思维的客户来说，一张好图胜千言，通过视觉获得的印象才是最深刻真实的。这类客户的关键词是："看看""展示""描绘""外观""前景"等，我们应该如何对症下药呢？在与这类客户沟通时，我们可以用这样的沟通句式，诸如："关于我们的商业企划书，您'看看'还有什么地方需要调整的？我们'描绘'了未来的前景，但是一定还有未曾'关注'到的细节，您看还有哪些自己不'清楚'的地方？""有时间去您公司亲自'演示'下我们的产品如何使用，好吗？""您'看看'这款产品的'外观'多么'漂亮'，拿出去一定能让很多人'关注'！"……一般来说，话语中的关键词能够打动他们的心。

对有些用听觉来思维的客户来说，他们渴望听到的关键词是："听听""咨询""谈谈""讨论""讲述"等等。对于这类客户，我们可以采取这样的谈论句式，您可以说："我很想'听听'您对这个项目的意见，能跟我'谈谈'吗？""您'讲述'的一系列问题让我深有感触，关于我们的产品在解决难题方面有什么'意见'，咱们可以一起来'讨论'一下。"这样的话语，很能调动客户的积极性。

对有些用感觉来思维的客户来说，诸如"认为""感觉""把握""忍受""抓住"等关键词是思维的常态。我们在具体的销售工作中，可以这么说："您'认为'我们提供的服务，哪里让您'感觉'还不到位？""这份项目计划书让您'感觉'怎么样？关于商业模式方面，哪些问题还比较难以'忍受'呢？"总之，你模仿客户的说话习惯，会给客户带来亲切感，让他们心甘情愿购买你的产品。

从根本上说，这些策略运用的是情感共鸣心理。曾经有人擅长说全国各地的方言，不管是四川话、东北话、河南话，还是粤语、上海话，他都能听懂说出，从而他的朋友满天下，无论对多么陌生的人，在短短几分钟他就可以让对方产生"老乡见老乡，两眼泪汪汪"的亲近感。毫无疑问，这是一种千金不换的能力。

三、模仿客户的身体语言

身体语言是最为真实的语言之一，很多时候身体语言连顶级翻译家也无法破解。比如，有些客户喜欢伸出两根指头跟人握手。这个时候如果你伸出拳，估计就很难让对方心感到温暖。正确的做法是，你也伸出两根手指头与他轻轻相触。看似不经意的反应，却可能在对方心里掀起一股暖流，产生极强的精神共鸣。记得有一次与朋友喝酒，对方与我碰杯放得很低，我也模仿他放得很低，这样一来，双方相视一笑，陌生的距离因此而消除。

四、模仿客户的情绪

不管动物还是人，都无时无刻不处于复杂的情绪之中。回想一下，你第一次拜访客户的时候是否有一种不可名状的兴奋和激动？作为销售人员，你在客户眼中最好的样子就是沉浸在忘我的工作状态中。销售人员都保持快乐，让你的积极情绪感染更多的人。

总之，"模仿"拥有神奇的力量，就像黏合剂一样，让你和客户亲密无间。由此可见，模仿能让动物更好地生存，也让人类学习更多的知识。任何技能的掌握不都是先从模仿开始的吗？只要你的模仿不是邯郸学步、东施效颦，更不是侵犯他人的原创著作权，就请大胆地模仿吧！模仿正是拉近你和客户之间距离的工具，利用好这个工具，你的销售会更出色。

点头Yes摇头No，来是Come去是Go

在电视剧里，我们经常看到大臣们在皇帝面前低头耸肩，保持这种姿势是为了保护柔弱的脖子和喉咙免受攻击，也就是说，臣子小心翼翼地努力让自己显得渺小，以免"触犯龙颜"。这种姿态是一种示弱的表现。

"点头Yes摇头No，来是Come去是Go……"

著名表演艺术家赵丽蓉老师在小品里这样说。点头、摇头在不同的国家和民族有着不尽相同的含义。不管代表的含义是否相同，头部动作在很大程度上也反映了一个人对事物的不同看法。在销售过程中，我们经常会看到客户的头部动作，自己也在不自觉地使用头部动作，下面我们就从一般意义上来看看头部动作代表的含义。

点头一般具有两个功能：一是人们怀有积极肯定态度，说话的时候就会频频点头。销售人员能让客户频频点头，说明你就是成功的；反过来，你也可以刻意地做出点头的动作，引导客户走向积极。

点头非常具有感染力，如果有人对你点头，你通常也会向他回报以点头，即使你不是很喜欢这个人。因此，点头是一种建立友善关系、赢得肯定意见的绝佳手段。在和客户谈话时，你也可以边说话边点头，引导客户和你一起做出点头的动作，让客户的内心产生积极的情绪，引导客户赞成你的意见。

点头的动作还能激发合作与肯定的态度。你向客户提了一个问题，听取回答时，你应该边听边点头，同时还可以把手放在下巴上，表现出认真思考的样子。这样的动作是对客户讲话的一种尊重，也能够激发客户继续说话的欲望。

摇头通常是客户表达"不"的意思。仔细观察你的客户，如果客户一边摇头一边跟你说，"我觉得你的产品确实不错"或"我们一定会合作愉快"，不管他的话让你觉得多么诚挚，都应该持有怀疑态度，因为他的内心情绪是消极的。所以，销售人员在和客户交谈的时候要多留个心眼，看看客户对你的意见是真赞同还是假赞同，答案你可以通过他的摇头动作看出来。

有时候，客户谈话时会把头向一侧倾斜。一般意义上，这个姿势代表顺从的意思。如果你发现当你说话时客户喜欢歪着头，身体前倾，做出用手接触脸颊的思考手势，那么你就可以确信你的发言起到了积极的效果。当你聆听客户发言时，也不妨做一些头部倾斜或者频频点头的动作，这样客户就会对你产生信赖感，让他觉得你对他毫无攻击性，很有安全感。

在电视剧里，我们经常看到大臣们在皇帝面前低头耸肩，保持这种姿势是为了保护柔弱的脖子和喉咙免受攻击，也就是说，臣子小心翼翼地努力让自己显得渺小，以免"触犯龙颜"。这种姿态是一种示弱的表现。

当你猛然听到背后传来一声巨响，通常也会做这种姿势。这源自动物与生俱来的本能，一种对强大势力的防范。如果客户在商务谈判中做出这样的姿势，大都表示向他人道歉。所以，销售人员在和客户交流过程中千万不要做出低头耸肩的动作，那样只会让自己显得没有信心，这会给你的形象减分。

那些撒谎者最常做的手势动作

撒谎会使敏感的面部和颈部神经组织产生刺痒的感觉。人们想掩饰自己的撒谎行为，往往会通过一些摩擦或抓挠的动作来消除这种不适感。这也是撒谎者面对测谎仪不断冒汗的原因所在。

有很多销售员对客户的话感觉很无奈，就像丈二和尚摸不着头脑，实在搞不懂客户哪句是真哪句是假，于是被客户耍得团团转，更不要说什么谈生意了。怎么才能识别客户的谎话呢？不仅要听，还要学会看。看什么？看客户的手势。

一、用手遮住嘴巴

当人们说谎话的时候，有时会下意识地用手遮住嘴巴，试图掩饰自己的撒谎行为。再进一步，为了掩饰自己的"掩饰"，他们会假装咳嗽，掩饰自己遮住嘴巴的手势。如果一个客户做出了这样的动作，说明他不想把自己内心真实的想法告诉你，这个手势意味着客户对你有所隐瞒。

二、触摸鼻子

也许你会发现这样一些客户，他们说话的时候，偶尔会用手在鼻子下很快地摩擦几下，动作小到几乎令你难以察觉。这样的手势虽然很不起眼，但也无形中反映了客户的怀疑心理，甚至他摸完鼻子就会和你撒谎。

三、揉擦眼睛

小孩子不想看见某样东西，往往会"掩耳盗铃"，用手挡住自己的眼睛。成年人虽然不可能直接用手去遮挡自己的眼睛，但是当他们看到一些讨厌的事情时，很可能就会做出揉擦眼睛的手势。

客户也是如此，不想再听你说话的时候，他们有时也会揉擦眼睛，企图用这样的小动作来阻止眼睛看到一些让人不愉快的事情。如果客户做出了这样的手势，"偶尔"揉擦眼睛，很可能是他想掩盖一个弥天大谎。

四、抓挠耳朵

和触摸鼻子的手势一样，抓挠耳朵有时候意味着客户正处于焦虑状态。抓耳是为了"堵住耳朵眼"，当客户感觉自己已经听得够多了，或者想开口说话时，也可能会做出抓挠耳朵的动作，尽管他嘴里说的是"我愿意倾听你的讲述"。

五、抓挠脖子

这个手势常常是用右手的食指抓挠脖子侧面位于耳垂下方的区域。根据心理学家观察，人们每次做这个手势，食指通常会抓挠五下。具体为什么要五次，原因还在争论之中，但这个手势表达的含义却是显而易见的：疑惑、不确定，甚至是谎言。有时候，客户的口头语言和这个手势所表达的含义迥然不同，矛盾也会更加明显。

六、拉拽衣领

科学研究证明，撒谎会使敏感的面部和颈部神经组织产生刺痒的感觉。人们想掩饰自己的撒谎行为，往往会通过一些摩擦或抓挠的动作来消除这种不适感。这也是撒谎者面对测谎仪不断冒汗的原因所在。当一个城府不是太深的客户撒谎的时候，他们一般都会做一些小动作，比如拉拽自己的衣领。

当你看到客户做出了这个小动作，不妨直接对客户说："麻烦您再说一遍，好吗？"或者"您有话可以直说，有什么困扰，我们一定会为您解决的！"这样直白的话在很大程度上会刺激这个企图撒谎的人，逼迫他露出马脚。

七、手指放在嘴唇之间

除了那些性感女星，喜欢用这个手势表示自己的魅力之外，大部分用手接触嘴唇的动作都和撒谎、欺骗有关。这种欺骗主要源自内心的安全感。比如，人们把手指放在嘴唇之间、吸烟、衔着钢笔、咬眼睛架、嚼口香糖等。这些行为都是一种寻求安全感的表现，撒谎也是为了掩饰这种"胆怯"。所以，遇到做出这类手势的客户，销售人员不妨给客户一定的承诺和保证，或许能得到他们非常积极的回应。

怎么坐？腿怎么放？你能看出客户怎么想

双手轻松地放在双腿上，身体前倾，脚尖微翘，做出一副即将离开的样子。这样的姿势是一种起跑者的姿势，表示"我已经准备好了，没什么好谈的了"。

不要以为客户坐在那里不动，几乎没有什么身体语言，你就一筹莫展了。

事实上，即使客户坐着不动，你也可以洞察他的心理秘密。坐姿在很大程度上也能反映一个人的心理状态。怎么坐？坐的时候腿的姿态又是什么？这些微小的细节都能传达给你一些有价值的东西——客户心里到底在想什么？

一、把腿放在椅子扶手上

在你和客户商谈过程中，如果客户把腿放在了椅子的扶手上，那真是一件不幸的事，这样的姿势代表着一种漠不关心，甚至还带点挑衅。如果是两个好朋友平时聊天，这样的姿势本是无可厚非，没什么大不了的。但是放在客户的身上，就代表他对你不是很友好了。比如，你在一边喋喋不休地向客户大谈自己产品优势的时候，客户一脸微笑，貌似很认真地听你讲话。实际上，他的一条腿已经跨在了椅子的扶手上……这时候，你说得再多也没什么效果了。

你能做的是让客户把腿放下来，当然不是让你真的跑过去强行把那条腿拉下来，而是要设法让客户改变这样的坐姿，让他改变这种漠不关心和挑衅的态度。给你提供一个简单易行的方法：拿一些资料递给他，请他往前面坐一点。

二、弹弓式坐姿

这种姿势是把一条腿放在另一条腿上，形成一个阿拉伯数字4字形，双手放在后脑勺上。这种姿势意味着冷酷、自信、无所不知，很多男性喜欢用这种坐姿来彰显自己的强势。一些经理级别的人往往钟爱这种姿势，通过这种姿势给下属施压，或者故意营造一种轻松的假象。这类人往往自我感觉高人一等，具有超强的自信心，有时候甚至到了自负的边缘。

如果一个客户采取了这样的坐姿，那就代表他想掌握这场交谈的主动权。他放在脑后的双手告诉你：我很放松，我是胜利者，我不会上你的当。如此故作轻松的姿势麻痹你的感官，让你做出错误的判断，从而真让客户掌握了主动权。

如何应对这样的客户呢？根据不同的场景，你可以采取不同的策略。总体来说，最明智的做法是打破客户的这种壁垒，让其改变自己的姿势。你可以身体前倾，摊开手掌，对他说："我知道您对我的话可能有些成见，您能跟我分享一下您的想法吗？"然后你就可以靠在椅背上静待佳音了。基本上，客户对你的态度会发生很大的改变。

三、起跑式坐姿

双手轻松地放在双腿上，身体前倾，脚尖微翘，做出一副即将离开的动作。这样的姿势是一种起跑者的姿势，表示"我已经准备好了，没什么好谈的了"。遇到这样的客户，你可以松一口气了。如果你们的谈话是在和谐融洽的氛围中进行的，多半客户会认同你的观点，接受你的产品。

如果销售员向客户推销商品时，客户先是抚摸了一下下巴，表示考虑，然后就做出准备就绪的姿势，那么客户50%以上已经喜欢上了你的产品，也就是说：你已经成功了一半！当然也要注意，还有一种可能是——客户对你已经失望透顶，怒火中烧，恨不得立刻就"逃跑"，远远离开你。所以，我们要注意观察客户谈话时的表情和态度，结合其他肢体语言进行综合判断。

四、军人式坐姿

有的客户坐姿笔直、中规中矩，像个军人一样，挺胸、平肩、四平八稳、泰然自若，这样的人大多比较正直。这类人做事喜欢直来直往，稳扎稳打。销售人员面对这样的客户不要"耍滑头"，以免引起他们的反感。

保持距离——90%的人都不愿意和别人挤电梯

每个人都希望自己能和别人保持一定的距离，甚至是你的父母或者你的爱人。自己的私人空间不希望别人侵入，这也是在图书馆里常看到人们在自己座位两边的空位上放一些东西的原因。

黎明曾经唱过一首叫《看上她》的歌，在这首歌里黎明看上了一个开电梯的女孩。他唱道："我要看上她，有什么关系？反正我每一天也会坐电梯。"如果你也看上一个开电梯的女孩的话，我想下面的东西你可以跳过去了。

为什么要这样说呢？因为90%的人都不愿意和别人挤电梯，不只是电梯，还可能发生在公共汽车上，拥挤的聚会上，甚至是简易的厕所里。人们被迫接受这些"拥挤"的时候，往往会感觉有些不自在，有点放不开，觉得自己的自由空间太少了，这就是我们为什么要强调保持你和客户之间距离的重要性。

身处狭小空间内，人们都会在自己的脸上扣上一副毫无表情的面具，试图掩饰自己的真实情绪，以免被别人看出自己的真实想法。在上下班高峰期的地铁上，你经常会看到人们的脸上什么表情都没有，人们面无表情是为了保卫自己的私密空间不被他人侵犯，是一种集体伪装。

人类学家观察发现，一般情况下，公共场所的陌生人之间的距离，通常维持在3米以上。人们通常会根据彼此情感的亲疏远近，不自觉地调整双方的距离，这种现象在心理学上被称为人际距离。

在销售过程中，和客户交谈的时候，我们也要注意到这一点，保持一定的人际距离能让客户感觉自己是被尊重的，是自由的，是值得信赖的。每个人都希望自己能和别人保持一定的距离，甚至是你的父母或者你的爱人。自己的私人空间不希望别人侵入，这也是在图书馆里常看到人们在自己座位两边的空位上放一些东西的原因。

　　心理学家由此提出一个假设：当你和人说真话的时候，你的身体会和对方接近；当你和人说假话的时候，你的身体将远离对方。说假话的人编造假话时，会不自觉地与对方保持一定的距离，而且身体向后靠，肢体的活动较少，但为了掩饰，面部笑容反而增多。

　　明白了这个道理，我们在和客户商谈的时候就能更清楚地看清客户的真实想法了，客户说没说假话就能一目了然。当然，和客户保持距离不能太远，以免被客户认为你是在说假话，"偷鸡不成蚀把米"，这可不是智者的行为。

　　每个国家的领土都有明显的国土分界线，每个省市都有不同的区域划分，每个城乡都有不同的地界，每个人都有属于自己的空间领地。尽管这个领地有时候是无形的，是看不见摸不着的，但它确实存在。

　　每个销售员都是神枪手，每句话都要打动客户的心。销售员需要做的是尽量拉近你和客户之间的距离，让每个客户都感觉你是他的亲人。要知道，亲人之间的亲密距离一般只有短短的1.2米。保持你和客户之间的距离的同时，请不要忘了把客户当成你的亲人。

　　总而言之，掌握客户的身体语言不是一项很简单的工作，需要我们通过认真观察，结合各种肢体动作、面部表情和语气语调加以分析，最终才能得出正确的结论。所谓知人知面难知心，这句话不是没有一定道理的。

第 八 章

如何说客户才爱听，怎样听客户才肯说？

嘴巴一开一闭，意味着说话和聆听之间的灵活转换。会说话是人才，但是懂得倾听才是智者。善于揣摩客户心理，通过话语激发客户购买兴趣是一门大学问。另外，我们也要深深懂得——倾听胜过夸夸其谈，客户的话是一张藏宝图，顺着它能找到宝藏。很多时候，销售失败并不是因为你少说了什么，而是因为你听得太少。

不该说的批评性话语："你家这楼真难爬"

"赞美与鼓励可以让白痴变天才，批评与抱怨可以让天才变白痴"，这句话有一定道理。在这个世界上，几乎没有人愿意接受批评。销售人员在推销工作中，几乎每时每刻都要和人打交道，说话非常有必要注意技巧。

"你家这楼可真难爬啊……"这是很多上门服务的销售人员常说的话，尤其是那些新人，说话往往不经思考，不经意间就伤害了客户。有时候伤害了客户还觉得自己很幽默。这样的例子屡见不鲜，很多销售人员为了打一个圆场或者寻找开场白的话题，见了客户第一句话便说："这件衣服不好看，一点都不适合你。""这个茶真难喝。""你这张名片有点土！"虽然销售人员是无心的，并没有真正批评指责客户的意思，但在客户眼里，你就是在批评他们，会让他们感到不舒服。

心理学研究表明：每个人的内心深处，都有一种渴望别人尊重的愿望，也就是说，人们都喜欢听好话。正所谓，"好话一句，做牛做马都愿意"。所以说，人人都希望听到别人对自己的赞美之言，厌恶负面批评的言论。如果你上来就对客户说一些难听话，就算客户的忍耐度够好，对你的印象也是大打折扣。

"赞美与鼓励可以让白痴变天才，批评与抱怨可以让天才变白痴"，这句话有一定道理。要知道，在这个世界上，几乎没有人愿意接受批评。销售人员在推销工作中，几乎每时每刻都要和人打交道，说话非常有必要注意技巧。

有时候，销售人员还经常犯这样的毛病，对客户是客客气气的，可是对竞争对手却丝毫不留情面，或者对其他销售人员说一些或刺耳或带有攻击色彩的话语，甚至把对方说得一钱不值。如果你这样说话，就会让客户觉得你是个尖酸刻薄、没有宽容心、不值得信赖的人，导致你的整体形象在客户心里直线下降。

不管对人还是对事，只要你说难听的话，就会引起客户的反感。因为你说话的时候，更多情况下是站在自己的角度看问题，过于主观，效果很可能会适得其反，对你的销售业绩只能是有害无益。

如此说来，是不是就应该多说赞美性的话呢？是的，赞美的话语必不可少，但是也要注意适量。说得太多，往往会让客户觉得你很虚伪，缺乏真诚。比如现在做保险和做直销等人员，他们在说话的时候就存在一些弊病。一位老大妈这样说："这些卖保险的，说话都是一套一套的，嘴巴甜得要命，这保险公司培训出的都是一个模式，满嘴的油腔滑调，就会耍嘴皮子！"看看，客户的实际心理就是这样。老大妈的话，无形中就提醒我们：与客户交谈时，赞美的话要出自内心，不能不着边际地瞎赞美。好话也要会说，会说才能俘获人心，让人信服。

还有另一种情况：我们经常听同事说："某某客户怎么这么坏""怎么这么讨厌"，不能否认确实有一些客户是不适合跟我们合作的，甚至是根本不配和我们合作。但是，我们不能把牢骚挂在嘴边，即使不能合作也要客客气气，对客户尊重一些。你对客户好一点，也许这个客户还能给你提供更多的准客户。每一个人都有自己的个性，每个人都有自己做事的方法，我们不能改变这一切，但是要尝试着让客户看问题的方法和自己的趋向一致，不能一味地去抱怨和批评。

那么，如何才能更好地和客户沟通呢？我们要认识到，销售人员不是完人，客户也不是，但客户是我们的服务对象，他们是能够改变我们生活命运的人，所以我们对待他们要宽容一点——商人的一切行为不都是受利益驱动的吗？明白了这一点，我们就不再以抱怨的态度去批评客户了。只要你理解了客户80%的行为，沟通就会变得十分容易，成功自然就会向你招手。

千万不要用推销员的口气说话，要像好朋友一样去帮助他

人们都相信这句话："王婆卖瓜，自卖自夸。"客户不傻，你说什么，他们就信什么，那他们不成待宰的羔羊了吗？站在这里听你说话，已经是给你天大的面子了，你还想卖货啊？滚犊子吧！

我们经常会听到这样的议论——不少人走出商场的时候，跟身边的同伴说："本来我想买那件东西，但是讨厌的销售员像唐僧一样絮絮叨叨，用一堆老掉牙的推销技巧向我施压，简直是在强迫我购买——感觉很不爽。"

销售人员在和客户交谈的时候，切记不能用推销员的口气说话，要像对待朋友那样去帮助客户。这是我们一直在强调的观点。站在客户的角度考虑问题，不但能赢得客户的好感，还可以减少经营过程中许多不必要的麻烦。

记得有一年，我太太想买一台洗衣机，本来她已经考虑好了自己想买的品牌，没想到一走进商场，销售人员上来就是一通热情的介绍，什么水流洗涤方式啦，电脑主控板啦，发动机电压稳定不稳定啦……一些消费者根本无须了解的行业细节一股脑地说了出来。

我太太虽然听这个销售员说了一番话，长了一些学问，但是却很委婉地谢绝了这个销售员的推销，最后她选择到一家网络商城选购了产品。也许你会问：为什么？销售人员做得不对吗？让客户多知道一些专业知识不是更好吗？这样的想法是对的，但是没有找到客户购物的突破口。简单地说，没有说到客户的心里去。

我太太是这样想的：我家的电压一直很稳定，我对什么"高科技、全功

能"也不太感兴趣，我只关心洗衣机的品牌是不是我喜欢的那一个、产品好用不好用、价格实惠不实惠。看到销售员在那边口若悬河，太太早就捂紧了自己的钱包，生怕掏走自己的钱。她最后通过一番比较，选择了在网上购买，第一是品牌货真价实，第二是价格在同类商家中最为优惠。估计这也是电商冲击实体店的一个重要因素吧。

从这件事之后，我心里一直想问问销售人，你为什么不能先试着搞清楚客户的意图呢？上来就像例行公事一样宣传你自己的产品，可惜这样的宣传毫无价值。如果你站在客户的角度想问题，就会认识到问题的真相——客户喜欢的销售员类型不是口若悬河，而是说话的口气像朋友，客户觉得你是在帮他，而不是冲着他的钱而来。这是每一个渴望成功的销售人员起码应该养成的工作习惯，也是所有销售人员最基本的工作方式，更是所有营销人必须学会的一种说话技巧。

"先生，您好。我们的皮鞋全部是意大利进口的，可以满足您低、中、高各档需求。您现在看到的这家店是我们公司在全国开设的第108家连锁店。我们经营的理念是：总有一款适合您。先生，您看您需要哪一双？"这样的话似乎有些可笑，就像"文革"时期人们说话先念毛主席语录一样。

这是很多客户在购物时遇到最多的推销方式，被人们戏称为"最能打击客户购买热情的推销方式"。所以，很多销售员总是在抱怨自己说得口干舌燥了，但很多客户还是无动于衷，最后面无表情地转身离开。

人们都相信这句话："王婆卖瓜，自卖自夸。"客户不傻，你说什么，他们就信什么，那他们不成待宰的羔羊了吗？站在这里听你说话，已经是给你天大的面子了，你还想卖货啊？滚犊子吧！

那我们究竟该怎么说好呢？你不妨试试这样说：

"先生，您好，我是商务总监。不好意思，我能占用您几分钟时间，向您介绍一下我们的最新产品吗？"你这样一说，开门见山，把决定权交给客户。

如果客户点头同意了，你再开始你的演讲不是更好？说话的时候多从客户的角度想想，客户一般是不会走开的，既保住了自己的面子，也能让客户产生浓厚的购买兴趣。接下来，你再这样说：

"先生，您真有眼光，您现在看到的产品是我们公司最新研发的，真的很适合您，您可以试用一下。"客户听了你的话，会感觉自己受到了特殊的关照，心理上对你有了认同感，最后付款成交的概率就会很高。

以上只是一种抛砖引玉的简单策略。事实上，我们只需要牢记一个原则——不要用推销员的口气去说话就可以了，其他的我们可以根据具体情况灵活变换自己的话术，越自然越不刻意越好，最好的营销是像朋友一样进入客户的心智，让他觉得自己遇到困惑和难题都想找你聊一聊。这样一来，你还愁自己的产品卖不出去吗？

多说"我们"少说"我"

人人都喜欢戴高帽子，人人都喜欢被别人重视。所以销售人员要把握客户这种微妙的心理，在和客户谈话的时候多说"我们"，少说"我"。

在人际交往中，你也许会发现，那些城府很深的"老油条"，一般很少直接跟你说"我怎么着怎么着"，都是说"我们怎么怎么样"，虽然有拉关系、套近乎的嫌疑，但是，你没发现吗？这招很有效，很多人就吃这一套，被这些老狐狸几句话就忽悠得晕头转向了。

在人际交往中，很重要的一条就是少说"我"，多说"我们"。乍一看，就差了一个字，也没什么特别的呀。但你仔细想想，里面的"水"还是很深的。"我们"表明说话的人很关注对方，站在双方共有的立场上看问题，把焦点放在对方，而不是时时以自我为中心。

这也是很多销售员总结出来的经验，面对形形色色的客户，我们不可能准确地把握每一个人的心理，但是有一条准则却是相同的，你为客户着想，虽然不能让客户绝对信任你，但是会让客户喜欢你。

从心理学角度来讲，一个人对自己的关心要远远大于对他人事情的关心，关注自己是人的天性。所以，在很多情况下，人会不自觉地替自己说话。销售员在工作中要学会控制自己的情绪，不能总是把自己挂在嘴边。

毫不夸张地说，你试着注意一下自己每天说"我"的次数，就会发现，自己几乎每句话都提到了一个"我"字。所以，销售人员要尽量避免这种情况出现，避免老是说"我"。如果想成为一个受客户欢迎的人，请你必须牢记：少说"我"，多说"我们"。关注客户，客户才会更关注你。

中国古典小说《红楼梦》里有这样一段描写王熙凤为人之道的话：

这熙凤携着黛玉的手，上下细细打量了一回，仍送至贾母身边坐下，因笑道："天下真有这样标致的人物，我今儿才算见了！况且这通身的气派，竟不像老祖宗的外孙女儿，竟是个嫡亲的孙女，怨不得老祖宗天天口头心头一时不忘。只可怜我这妹妹命苦，怎么姑妈偏就去世了！"说着，便用帕拭泪。

贾母笑道："我才好了，你倒来招我。你妹妹远路才来，身子又弱，也才劝住了，快再休提前话。"这熙凤听了，忙转悲为喜道："正是呢！我一见了妹妹，一心都在她身上了，又是喜欢，又是伤心，竟忘了老祖宗。该打，该打！"

　　王熙凤的话说得太妙了！仔细看看，凤姐在这么长的"演说"中提到自己了吗？没有！为别人着想的结果是"双赢"。大量的事实证明，人的心理就是这样奇怪，人们都很在乎别人对自己是否投入，是否关注自己。如果一旦发现对方是一副"无所谓"的样子，立马就会想方设法避开你。

　　人人都喜欢戴高帽子，人人都喜欢被别人重视。所以销售人员要把握客户这种微妙的心理，在和客户谈话的时候多说"我们"，少说"我"。

　　再想想看，既然人人都喜欢被别人重视，那我们就必须学会重视别人。如果客户在炫耀自己的能力，就让他炫耀好了，即使你很讨厌他，但也装作喜欢听他讲话的样子。对常和客户打交道的销售员来说，博取对方信赖是赢得对方青睐的重要法宝。

　　首先，说"我们"表明你对客户较为重视。你的态度本身就意味着你的价值，如果你对客户总是说"我怎样怎样"，客户肯定会认为你是个自私的人，一点也不在乎他，那么他怎么可能会在乎你，更怎么可能去照顾你的生意？

　　其次，说"我们"意味着你有和客户继续交往的欲望。对许多客户来说，他们跟你谈话的目的并不是单纯地想解决问题，更重要的是希望销售人员真心地关心自己。

　　"我"和"我们"这两个词之间，表面看只是一个称谓问题，只有一字之差，但是给我们的心理感觉完全不同。事实上，当你在客户面前频繁地说"我"的时候已经失去了你自己，更失去了客户对你的信心。当然，你也要注意，不能事事说"我们"，否则就会丧失自我的独立性，让别人认为你没有立场，从而不愿意跟你多沟通和交流，更别谈有什么商务合作了。为什么会这样呢？因为有些东西不是我们这些销售人员所能掌控的，记住"过犹不及"四个字就好了。

将对方和你的"一些相同点"加以放大

在电视上，你也会经常看到这样的场景：某保健品电视广告中，李大妈会说："以前腿老疼，吃了某某药，现在一口气能上六楼了……"这就是广告人寻找相同点以引起消费者共鸣的一种手段。

一对老人对自己女儿的婚姻大事非常看重，他们心目中的女婿必须年龄要适合自己的女儿，学历、家庭都要达到一定的水平，可是女儿所选择的对象偏偏是一位"学、经、年"皆不足的洒脱青年。虽然这对老人都是非常开明的人，但是在女儿的婚事上却谨慎得很，非常反对女儿嫁给这个"学、经、年"皆不足的年轻人。虽然年轻人委托了一些能说会道的"高手"来说亲，可是得到的结果仍然是婉拒……

后来，年轻人把"准岳丈"的上级领导都找来了，领导对"准岳丈"说："为了令千金的幸福着想，我们的确应该慎重再慎重，但是不能不为孩子们的幸福着想，就算找个有钱人，也不一定让你的女儿幸福，这又何苦呢？况且咱们当年不也是什么都没有吗？现在也一样过得很好，不是吗？现在什么都没有，不代表以后什么都没有，只要孩子争气……"

"说客"领导劝告夫妇二人站在自己女儿的立场上来重新考虑一下这桩婚事。他们经过一段时间的考虑，认为领导说得很有道理，如果总是坚持自己的标准，女儿独守空闺也不是个办法，毕竟岁数也不小了。再加上年轻人嘴甜，慢慢也就感化了这对老人。最后，老人尊重了女儿的意愿，终于答应了这桩婚事。后来，这对年轻人过得一直很幸福。

为什么那些说媒"高手"不能打动这两位老人的心呢？也许是因为他们总

是站在委托人男方的角度上考虑问题，向这对老人采取了"进攻式"的方法。这对老人能答应他们女儿的婚事，很大程度上是因为老领导那句"为了令千金的幸福着想"的"相同点"，再加上勾起老人对自己青春岁月的回忆，有一种情感共鸣。没有这一点，这件事情恐怕就无法办成。"一些相同点"促成了一桩美满的姻缘……

销售的道理也是如此，在销售的时候，找出与对方的相同点并加以放大，能更好地拉近你和客户之间的心理距离。比如，你知道了某某老板对成本控制十分关注，优秀的销售人员就会说："您可以放心，我们是以贵公司的成本预算为第一考虑因素，才为贵公司量身定做了这套方案……"在电视上，你也会经常看到这样的场景：某保健品电视广告中，李大妈会说："以前腿老疼，吃了某某药，现在一口气能上六楼了……"这就是广告人寻找相同点以引起消费者共鸣的一种手段。

一天，一位帅哥走进了北京某商场，在一个专卖店前，他感觉一套休闲服很适合自己，但还是有些犹豫，一个善于察言观色的销售员看懂了他的心理，于是就跟这个帅哥聊了起来：

"您长得真像周星驰，一定是个幽默的人吧？"

"呵呵，星爷啊，是我偶像啊！"

"真这么巧，我也很喜欢星爷的，星爷的电影真是太经典了！"

"是啊，我也超喜欢星爷的电影，尤其是《功夫》……"

"哇，真是英雄所见略同啊，我也超喜欢这部！"

"哈哈，看来咱们还挺有缘分。"

"怪不得你看中这套衣服了，这套衣服跟星爷首映式穿的风格真是太像了！"

"是吗？"

最后，销售员不仅顺利地卖出了这件价格不菲的衣服，还鼓动这个客户买走了一条迷彩休闲裤，理由很简单——星爷就这样穿过！

当我们把客户和你的"一些相同点"加以放大，往往能获得良好的说服效果。如果对方对你有偏见，你不能直接说出来，可以将自己的想法说成是"偏见"，让客户听到你的"偏见"后，会以此为镜，反省自己的想法，因此认识到自己所坚持的观点不一定是正确的。

我们沟通的目的是什么？目的就是打破客户厚厚的心理障壁，巧妙地化解他们的偏见，让客户自然而然地接纳你。不得不承认，寻找"一些相同点"，再加以放大，这是我们销售时的一把利器。如果你能掌握这把"利器"，销售工作将变得游刃有余。

不要把客户当上帝，要把客户当朋友

做生意是一时的，做朋友才是长久的。把客户当成朋友，有时候是一件很有满足感的事情。一方面，这个朋友会带给你更多的生意，毕竟资源共享才能越做越强。另一方面，这个朋友或许给你的人生带来更多的精彩，让你体味友情的可贵。

我认识一位叫大刘的销售员，他说："我的销售业绩一直就不好，不是我不勤快，主要原因是我不会讲笑话。一次，我和我们经理去谈生意，不到几分钟，经理就和客户像朋友一样开玩笑了，笑哈哈的。可我呢，像个木头桩子似的戳在那里，太失败了！"

他的销售经理看到他这个样子，就对他说："熟读唐诗三百首，不会作来也会凑嘛。如果那个客户说他很忙，你可以说，你不要赚那么多钱就好了嘛，闲着没事给孩子当马骑乐呵乐呵。这样，一边说一边笑，气氛很快就能缓和下来。"

其实，销售员最关键的是要有灵活的头脑，思维敏捷更有利于沟通，在沟通的时候不要把客户当上帝，要把客户当成你的朋友，保持一种对待朋友的心态，客户就不会有拘束感，这样才能放松下来，幽默的气氛才得以营造。

然而，很多销售员觉得与客户谈生意是一件很严肃的事情，自己要注意礼节，说话要严谨，谈话内容最好是围绕着生意来进行。殊不知，很多经理级别的销售人和客户谈判时，都会特别注意一些生意以外的东西，这些看似和生意无关的东西反而能影响到一桩生意的成败。正所谓"工夫在诗外""醉翁之意不在酒"。

要想赢得生意，首先要赢得客户的心。尤其对于远道而来的客户，在短暂的时间里，销售人员不可能马上就和客户谈什么新的采购计划，一般都是非常随意地与客户闲聊，比如什么生活情况、家庭、教育、有趣的事情等，完了再邀请客户吃饭。这种感觉就好像"他乡遇故知"一样，把客户当成了自己的好朋友。

实际上，能否跟客户从普通的合作关系发展到相互分享各自经历的朋友，难度是相当大的，所花费的功夫比做成一桩生意要多得多。当然，其背后的意义也比做成一桩生意更大。

从营销学角度来讲，最大限度地获取客户的终身价值是成功营销的重要标准。什么是客户的终身价值呢？简单地说，就是指一个客户为一种产品一生的花费能给公司带来的价值。这个终身价值反映的是客户对这个产品的忠诚度，忠诚度又来自客户对这个产品的感情。

客户对产品的感情，包括对产品的质量、价格以及使用满意度等客观因素，还会受到主观因素，也就是和销售人员之间关系的影响，甚至还可能会高于客观因素。和客户交朋友，不也是"把客户当上帝"吗？

像朋友一样和客户谈生意，不仅能让客户感到自己受重视，也会对销售人员产生信赖感。长时间地保持这种信赖关系，会最大程度地发掘客户的终身价值。即使做不成生意，多个朋友也不是什么坏事。

当然，我们不可能和每一个客户谈生意的时候都像朋友一样，从客户关系管理上看，你也不可能有那样的精力和资源。我们要有所选择和侧重。

我们与客户谈生意的时候，务必保持认真、务实、诚信的态度，最好能将这种态度形成一种习惯。你要想把自己的生意做得长久一些，请坦诚相待，努力争取一个合作双赢局面，而不是挖空心思去算计对方。

做生意是一时的，做朋友才是长久的。把客户当成朋友，有时候是一件很有满足感的事情。一方面，这个朋友会带给你更多的生意，毕竟资源共享才能越做越强。另一方面，这个朋友或许给你的人生带来更多的精彩，让你体味友情的可贵。要知道，物质和精神的双丰收，才是人生追求的最高境界。

专业性术语，让客户如堕五里雾中

一个销售人员首先要做的是什么？不是说专业词语，而是要用客户明白的语言来介绍自己的产品或服务。客户搞不懂，你再好的产品或服务也没用，现在的人都没耐性，没有谁会绞尽脑汁思考你讲的是什么，所以最好用一句话能说清楚你是做什么的。

在销售过程中，你喜欢说专业术语吗？

你认为客户喜欢满口专业术语的销售员吗？

关于这个问题，其实让我们换位思考一下就可得知，比如当你在网上采购一款手机的时候，你渴望了解的是手机的功能，还是手机内部的技术构成和具体参数？对大多数客户来说，能否听懂更重要。所以，我们在各大网络商城看到的产品详情页总是用一种创意十足而又明白如话的文案来解读，简单的几句话很直接地就戳中了客户的痛点。而许多不懂这个道理的商家，总喜欢堆砌很多专业名词，让客户看得如堕五里雾之中。

这类销售员在现实中相当常见，下面看看他们的具体遭遇如何——

李勇在保险公司还没干两个月，就处处以保险专家的身份自居，一上阵，就一股脑地向客户炫耀自己是专家；一张口就说出一大堆专业术语，把客户搞得一头雾水。李勇最大的特点就是：当与客户交谈的时候，接二连三地狂吐专业名词，什么"保费豁免""费率""债权""债权受益人"，让客户觉得自己如同堕入五里雾中……客户们对他这个所谓的保险专家很反感，拒绝也就顺理成章起来，可笑的是，李勇还沉浸在专家梦里，到了年底，和同事们相比，业务果然是第一，只不过是倒数的。

让我们仔细分析一下，那些喜欢满嘴专业名词的人就像满嘴"之乎者也"的老学究一样讨厌。那么，客户是怎么想的呢？客户在想："你们这些销售人员是把我们当作小学生了吗？满口都是专业名词，让人怎么能听懂和接受？""既然听不懂，我们不可能了解这些东西，更谈不上什么购买了！"……不管是哪种想法，其最终的结局往往是导致与你分道扬镳。

看到了吗？这就是客户心中真实的想法，他们不是在讨厌专业，而是在讨厌专业名词。如果你能把这些专业术语转换成简单的话语，让客户听得明明白白，一定更能有效地达到沟通目的，这样你的销售工作才能畅通无阻。

越是销售新手，越喜欢满口专业术语。其实这是经验不足、不成熟的表现。根据营销专家总结出来的宝贵经验，尽量不要说生僻的"专业名词"，多用通俗易懂的语言，这样最容易被大众接受。大众喜欢专家，但不喜欢满口专业术语的专家，真正的高手是能够将复杂的道理简单说的人。

销售人员要多运用通俗化的语句，力求让客户听得懂，这是销售的第一步。在讲解产品和业务时必须简单明了，表达方式必须直截了当。如果不能达到这一点，很可能就会产生沟通障碍，最终影响交易的达成。在这方面，我们应该向优秀的文案大师学习，他们是最能抓住痛点的"心理学家"。下面让我们看看长城干红葡萄酒的广告文案是如何"表白"自己的。

三毫米的旅程
一颗好葡萄要走十年

三毫米，
瓶壁外面到里面的距离，
一颗葡萄到一瓶好酒之间的距离。

不是每颗葡萄，
都有资格踏上这三毫米的旅程。
它必是葡园中的贵族；
占据区区几平方公里的沙砾土地；
坡地的方位像为它精心计量过，
刚好能迎上远道而来的季风。

它小时候，没遇到一场霜冻和冷雨；

旺盛的青春期，碰上十几年最好的太阳；

临近成熟，没有雨水冲淡它酝酿已久的糖分；

甚至山雀也从未打它的主意。

摘了三十五年葡萄的老工人，

耐心地等到糖分和酸度完全平衡的一刻

才把它摘下；

酒庄里最德高望重的酿酒师，

每个环节都要亲手控制，小心翼翼。

而现在，一切光环都被隔绝在外。

黑暗、潮湿的地窖里，

葡萄要完成最后三毫米的推进。

天堂并非遥不可及，再走

十年而已。

从这则文案中，你看到一句专业术语了吗？没有！字里行间叙述的全是葡萄是如何变成酒的，是一种诗意和自然的表达，传达出一种精益求精的工匠精神。

我们知道，从葡萄变成酒是一个复杂的过程，如果从酿酒学和化学角度来谈的话，用上100多个专业术语都不嫌多。可是，客户关心的并不是这些。客户关心的是原料、品质和口感，不想听太多没意义的专业术语，他们要的是品尝它，享受它。如果他们也能懂这些专业，就不如自己干酿酒厂了，还要你来销售干什么？那样的话，他们不再是你的客户，而是你的竞争对手了。

记得有一年，我在高速路上看见一个广告牌，上面写着："一骑红尘妃子笑，无人知它是二手。"什么是痛点？这就是痛点！毫无疑问，这是一个深谙客户心理的文案高手写的，没有一句是从专业术语入手写的。当然，由于是路牌广告，必须浓缩精练，其中包含的信息量比较大。如果你是一名二手车销售员，我们应该如何活学活用这句话呢？这时，我们遇见一位前来看二手车的年轻客户，他的需求是想买一辆光鲜的二手车追女朋友，那么你就可以说："哥们儿你放心吧，你开上这辆名牌车，绝对光鲜，你女朋友看到肯定心花怒放。你开着它到未来的岳父岳母家，他们会很满意你。我敢保证，这辆车，没人能看出来是二手的，绝对给你撑面子！"这番话没有专业术语，每一句话都在以对方熟悉的语言来谈，但很显然会打动目标客户的心。

由此可见，一个销售人员首先要做的是什么？不是说专业词语，而是要用客户明白的语言来介绍自己的产品或服务。客户搞不懂，你再好的产品或服务也没用，现在的人都没耐性，没有谁会绞尽脑汁思考你讲的是什么，所以最好用一句话能说清楚你是做什么的，否则就不会有客户买你的账。

枯燥的话题，束之高阁比和盘托出更高明

作为销售人员，我们要学会富有幽默感的讲话方式，用一些有趣的话来引导客户，会取得更好的效果。如果你不能达到"幽默"的境界，那就尽量化繁为简好啦。

相信每个销售人员都会遇到这样的问题——洽谈业务时，碰到涉及产品或服务中枯燥性的内容，但这些内容又不得不讲解给客户听。如果这些内容讲出来，客户一听就打瞌睡，不讲吧，这是业务需要；讲吧，客户又不爱听。这时候，销售人员该怎么办？销售专家们对此又有什么好的方法呢？

一般来说，就是要把这些枯燥的内容往简单里说，尽量讲得生动有趣，对产品不是很重要的地方可以一带而过。这样一来，客户听了才不会感到味同嚼蜡，才不会打瞌睡。真正的销售高手即使讲述一个最无聊的事情，也能谈得客户兴趣盎然、兴致勃勃。关键不是谈什么，而是怎么谈。

所以，如果你想让自己的销售有效果，最好不要把那些枯燥无味的话硬塞给客户，在你讲解的过程中，可以换一种角度，从客户感兴趣的小故事、小笑话着手，用幽默的方式来引发客户的兴趣，然后再转回正题上来，这样的效果或许会更好。总之，对于枯燥无味的话题，销售人员最好不说，免得客户反感，或者用一种巧妙的方式说出来。

下面让我们来看看美国销售员是如何把枯燥烦琐的折扣方法告诉客户的：

一位女士走进西部航空公司的售票厅，对售票小姐说："我要两张到旧金山的机票。"

"好的，女士。不过这种机票有多种优惠价格，不知道您适合哪一种？"售票小姐答道。

"优惠？"女士漫不经心地说，"我听说过你们有优惠，但是不知道你们有什么优惠。"

"您是美国印第安人吗？"

"不是。你问这干吗？"

"那真是太遗憾了，如果您是印第安人，并在凌晨4点起程，又在次日清晨返回的话，我们可以给您减价30％，但现在只有8％的优惠。"

"唉，真可惜，请问你们还有别的优惠条件吗？"

"有啊，如果您已经结婚50年以上并没有离婚，将要去参加您的结婚纪念活动的话，我们给您优惠20％。"

"不好意思，还有别的吗？"

"有，如果您是一位度假的国家驻外使馆人员，可以给您15％的优惠。"

"很遗憾，我正跟我先生一起旅行。"

"哎呀，女士您怎么不早说？您先生还不到60岁吧？如果你们不赶在周末旅行，那就能享受到20％的优惠。"

"抱歉，我们只有周末才有时间旅行！"

"是这样啊，那请问您和您先生有当学生的吗？如果你们其中一人在上大学，并且在星期五乘飞机，我们可给您45％的优惠（耶稣在星期五遇难，因此星期五被视为不祥之日）。"

"Oh, My goodness! 差不多能便宜一半啊！可惜我不符合你们的条件，小姐，您还是给我那8％的优惠吧，谢谢您的详细介绍……"

你看，如此名目繁多的优惠条件，要是一件一件说出来有多烦人啊！然而，客户是不会听你在一边啰里啰唆的，可是这名销售员用循序渐进的对话方式不知不觉就把问题讲解清楚了。

作为销售人员，我们要学会富有幽默感的讲话方式，用一些有趣的话来引导客户，会取得更好的效果。如果你不能达到"幽默"的境界，那就尽量化繁为简好啦。让我们牢记这句话——枯燥的话题，束之高阁比和盘托出更高明。

不善言辞的人为何能成销售高手？

不要害怕客户的唾沫星子溅到你的脸上，因为你需要他们的发泄。他们越是滔滔不绝地发泄，你才越有成功销售的机会。所以，客户有这种表现，你应该感到高兴，因为他们是想通过这样的发泄在你身上获得一种心理认可。

前阵子，王总跟一个客户谈了一笔300多万元的生意，但是直到现在，都快过年了还没有落实。一天，王总跟秘书说："你去跟那个客户谈谈，我对你只有一句话，不能签单就不要回来了！"秘书什么也没说就走了。

第二天秘书上班，直接把合同放在了王总的办公桌上。王总瞪大了眼睛，他简直不敢相信自己的眼睛，这个小秘书什么时候这么厉害了，自己都搞不定的事，她竟然这么快就做成了！

原来，小秘书去客户那儿坐了一下午，就听客户在那儿天南地北地胡侃了，后来就莫名其妙地签了合同。

在和同事吃饭的时候，有个老销售员问她："你是怎么做到的？你也没经过我们这些销售培训，经验不是很多啊。"秘书笑着说："倾听。"

"为什么要倾听？"

"倾听背后隐藏着什么奥妙的心理吗？"

说到这里，我们也许还能帮销售人员解答另外一个疑惑——为什么那些美女帅哥的销售业绩并不见得就很高，反而有些其貌不扬、不善言辞的人却往往成为销售明星呢？其背后的秘密何在？

这就是"倾听"的作用。

销售员在上岗的时候，相信培训老师都会提到一些公认的非常重要的东西，其中有一点就是——倾听。这一点无论如何强调都不为过，因为倾听除了能够让我们获得想要的信息外，还能让我们把握客户意图、制定精准的营销策略等。

每个人在生活中都有这样的经验：我们在和别人进行交流的时候，朋友也好，家人也好，客户也好，当你大讲特讲的时候，不管别人喜欢不喜欢听，也不管你给别人灌输了什么，最后你发现自己虽然讲得很爽，但对方却或多或少会有失落感。他们虽然表面附和你，内心却很厌恶。

这是为什么呢？要知道，没有人喜欢滔滔不绝的人，除非你是博学多才的演讲大师，否则还是不要轻易冒这个险了。作为一名销售员，你最好的策略就是让客户多谈论自己以及自己的需求，这样你成功的概率才会更高。

让客户多说，我们倾听，这实际上是在给客户一个获得心理认可的机会。客户喋喋不休地说话，在这些话里包含的可能是杂乱无聊的想法，也有可能是他们人生观和价值观的表述，但是，在这些看似杂乱的语言中你可以捕捉到他们的需求和你销售的最佳时机。

不要害怕客户的唾沫星子溅到你的脸上，因为你需要他们的发泄。他们越是滔滔不绝地发泄，你才越有成功销售的机会。所以，客户有这种表现，你应该感到高兴，因为他们是想通过这样的发泄在你身上获得一种心理认可。这种满足感，就好像他正站在一个巨大的舞台领取"全世界最受欢迎男歌手"一样，他渴望自己受到万众瞩目。

越是讲话激烈的人，内心越是压抑，最后获得的效果也越明显。这种强迫式的语言宣泄，最能让自己获得心理上的满足，但是也最容易让自己放松警惕。"索取之后，必然就是给予"，人的心理都有一种礼尚往来式的效应，从你身上获得了认可，说话对象也会认可你本身，心理上无意识地就会觉得要为你做点什么。

一位朋友曾经去应聘一家外企的总裁助理，总裁亲自面试，最后朋友成功地击败了所有的对手。据朋友讲，总裁只问了一个问题："我们公司为何而存在？"朋友回答："社会责任感！"

很可能这句话击中了总裁的要害，于是总裁开始滔滔不绝地讲起了社会责任感。整整3个小时，朋友表面上认真地听着，实际上心里就像热锅上的蚂蚁在爬来爬去，快要烦死了，真想放弃。没想到，总裁最后说："你很好，明天来上班吧！"于是，朋友就这样迷迷糊糊地当上了这个世界500强企业的总裁助手！这其中隐含着什么奥妙吗？倾听，倾听，还是倾听！

看到这里，你是否能感悟到你在销售工作中和客户沟通不顺畅的真正原因？也许学会倾听能对你的销售工作有所帮助。

郭德纲说："你是愿意听呢，还是愿意听呢？"

你有理由不听吗？

为什么要让对方说Yes？

人在说Yes的时候，身体机能和心理反应都是放松的，一方面会积极地接受外界事物，另一方面心情也会变得好起来。销售人员想打破客户的心理防线，想要客户消除警戒心，能听你说话，最好是诱导他说"Yes"。

想说服客户购买你的产品，最好能让客户不停地对你说Yes！

一天，一位购买发动机的客户，到王总的公司来投诉，销售员老马接待了他。客户说："你们这发动机也太烫了点吧，连碰都不能碰一下，看看吧，我的手都被烫红了！"老马好言相劝一番，最后跟着这位客户到他的工厂去探究一番。老马看过后说："既然是这样，我们不能再要求您继续订购我们公司的产品了，您应该选购按照质量监督局所定的热度标准的发动机，以免给您造成身体和财产的损失！"

"Yes！"

"根据质量监督局的标准，马达的温度可高过室温72℉（22.2℃）。是这样吧？"

"Yes！"

"那您的工厂的室温是多少？"

"75℉左右吧！"

"75℉加上72℉等于147℉（63.9℃）！您看看，温度这么高的水，手放进去，即使是超人也会烫伤的，对不对？"

"Yes！"

"好啦，请您以后使用发动机时注意一下，千万不要用手直接去碰触，否则难免会烫伤您。您看我说得对吗？"

"Yes！"

客户在老马有理有据、"步步逼近"的策略下不断地说"Yes"，最终决定仍然继续订购他们公司的产品。

心理专家认为：人在说No以表达拒绝时，全身的肌肉、神经、内分泌腺都会感到紧张，从而影响到心理状态，神情自然变得僵硬起来。但是，人在说Yes的时候，身体机能和心理反应却是放松的，一方面会积极地接受外界事物，另一方面心情也会变得好起来。销售人员想打破客户的心理防线，想要客户消除警戒心，能听你说话，最好是诱导他说"Yes"。

如果你去跟客户傻乎乎地说什么"你不必对我有戒心""我所说的绝对

错不了"等，不仅达不到消除客户戒备心理的目的，很可能还会起到反作用。为什么？因为对方的深层心理已经被你无情地揭露了出来，所以客户只好把自己的心理障壁再加厚一些，以应对你"赤裸裸的挑战"，防止被你再次突破。

美国女精神分析医师来希蔓主张：在心理治疗中，最重要的不是去跟患者说，而是多听患者说。心理医生听得多了自然能够掌握患者的心思，进而和对方产生共鸣，对方的烦恼也因此缓解或消解。而且，很多人来咨询的目的就是寻找一个能倾听的人。是，其实销售也同样如此。

但是，我们也不能一味地保持缄默。沉默往往是消极的，你老不说话就会让客户感觉自己好像面对一堵墙自言自语。因此，我们不仅要会听，还要会附和回应，回应的目的是鼓励客户打开心扉，尽情说出心中真实的感觉。你必须让对方知道我们很在乎他，他的每句话你都在认真地听。很简单，几个小动作就能帮你实现：点头表示同意，叹息表示关心，微笑表示赞赏……

销售人员要牢记：开始的时候，不管你同意不同意客户的说法，你都要表示同意，即使他说得很不靠谱，你也得全盘接受，这是销售中的一种很重要的方法。

销售高手们在交流的时候曾谈到这样一个问题：原则上，一个销售员的成功率说服占20%，沉默占80%！不知道喜欢大说特说的销售员们看到这样的比例会做何感想……实际上，销售高手们在客户面前都在尽量控制自己说话的欲望，多听客户的心声，待客户畅所欲言之后，再有力地"回击"，让客户不停地跟你说Yes！

不要只听你想听的，更重要的是要听客户想说的

听并不难，把客户的每一句话都听进心里却是有一定难度的。在销售过程中，让自己学做一个可以容纳"百川"的听众，并且把你对客户的尊重和诚意表现在脸上，这样你将会有很多意外的收获。

在倾听的过程中，我们往往会有所选择，对自己感兴趣的东西，则会用心去听；如果碰到自己不感兴趣的东西，则会"人在曹营心在汉"，貌似在听客户说话，实际上心早就飞远了！这样就很难在倾听中发现自己想要的东西。

人与人交流的最高境界是心与心的感应，敷衍了事，傻子都能够觉察出来。没有谁愿意把自己的心敞开给一个鄙夷、轻视他的人。

在和客户沟通过程中，客户刚刚说了几句和产品主题无关的话，你就开始变得不耐烦了，试图把客户拉回销售上来，相信这样的销售者，客户绝对不会买账。既然你对客户不真诚，傻子才会掏钱买你的产品！要知道，客户不是傻子，他们比我们的心还要明亮，他们不是不愿意花钱，而是只愿意把钱花在自己感觉信任的销售者手中。作为销售人员，在和客户交流的过程中，不要只听那些对自己有用的东西，更要学会听客户想说的东西，当你对客户足够了解以后，你们之间也就真的成为无话不谈的好朋友了，客户自然也就会心甘情愿地买你的东西。在沟通的过程中，客户得到了倾诉的满足，而你也达成了成交的目的，各取所需，何乐而不为？

老李的太阳能热水器销售公司最近碰到一件相当棘手的事情：一位客户痛骂其公司售出的热水器，声称非要退货，还列出了多项罪名，欲将公司告

上法庭。老李亲自登门去解释了好几次，可那位先生没什么文化，不讲道理，说话很难听。每次老李刚想跟他解释，他就开始牢骚满腹、骂骂咧咧，让老李甚感头痛，没有耐心听下去。就这样拖了三个月的时间，事情变得越来越糟糕。

最后，公司的一位业务员小王，登门拜访这位暴躁凶悍的客户，并顺利解决了问题。老李在欣赏小王能力的同时，十分好奇小王是怎样将这个难缠的客户摆平的。

小王谦虚地说："我也没做什么特别的事，在拜访这位客户的时候，我唯一所做的事就是——专注地听对方将满腹牢骚发泄出来，并一再地点头称是。"在听那位客户说话的时候，小王并没有和客户争辩，也没有表现出不耐烦或者轻视的态度，而是认真地听他说话，并不时地点头微笑，以此表示对对方观点的肯定。最后终于听明白，这个客户的热水器并没有出现任何毛病，而是因为他一个邻居只花了不到2000元就买了一台热水器，而自己的热水器花了将近3000元，他认为自己吃亏上当了，所以才强烈要求退货。这个时候，小王立即拿出本公司的销售宣传册，不急不躁地向客户解释："您买的这款太阳能热水器，所有的材料都是美国进口的最新材料，不但加热快，而且寿命长，更重要的是，它有一种特殊的过滤作用，能将自来水中的漂白粉等物质过滤，减少自来水中有害物质对皮肤的刺激和伤害。"

听完小王的解释，那位先生笑着说："早告诉我呀，我总认为和别人一样的东西，却多花1000元，这不明摆着坑人吗？原来是这样啊！"从此之后，这位客户再也不吵着退货和起诉了，而是逢人就夸这家太阳能公司的销售人员服务态度好，还主动给小王介绍了不少客户。

小王的成功不是偶然的，他的成功在于足够的倾听和耐性。在客户遇到麻烦的时候，他并没有像老李那样，对客户的问题不耐烦地躲避和敷衍，而是让自己静下心来认真倾听，了解客户内心的声音，在了解客户真正的想法之后，真诚地为客户解决问题。

听并不难，但是做到把客户的每一句话都听进心里却是有一定难度的。在销售过程中，让自己学做一个可以容纳"百川"的听众，并且把你对客户的尊重和诚意表现在脸上，这样你将会有很多意外的收获。

诚然，客户也有不对的地方。在很多时候，客户常常把自己"当作上帝"，所以他们总喜欢找各种理由向销售人员无理取闹，这个时候，千万不要和客户一争高低输赢，最明智的做法就是让自己学会包容，以平和的心态来面对客户的对和错，真诚地倾听客户的心声。

倾听不仅是一个销售者素质的体现，更是对客户尊重的表现。我们可以想象，有哪个客户忍心拒绝对自己真诚而尊敬的人呢？在客户说话的时候，无论是你喜欢听的，还是不喜欢听的，都要让自己认真地倾听，这在无形中就赢得了客户的心，客户自然也就心甘情愿地掏钱！

我们需要听到客户的原始信息，而不是改造后的

你打交道的客户不单纯是客户，同时也是商人。商战往往会有着很多的"暗战"和"伪装"，要想打赢这场战争，就必须"知己知彼"，不能被利益冲昏了头脑，而"顾此失彼"。

俗话说："买卖之间两条心。"也就是说，在销售的过程中，客户和销

售者之间的想法永远是不一样的。销售者的想法是，如何把自己的产品卖一个好价钱，而客户的想法却是，如何掏最少的钱，买最好的东西，甚至不掏一分钱，就可以得到自己想要的东西。

当有客户主动热情地跟你打交道的时候，千万不要喜出望外、得意忘形，很有可能，这个家伙和你打交道的目的并不是购买你的产品，而是为了自己内心不可告人的秘密。

很多营销人员将所有的精力都放在如何将产品销售给客户这一方面，从而忽视了客户投机取巧的心理。在和客户交流的过程中，一定要听懂客户话语中最原始的信息，而不是改造后的信息，你一旦被客户制造出的购买假象迷惑，就会使你的生意损失惨重。

在一次营销过程中，菁华陶瓷彩绘厂就因为自己疏忽大意，没有辨别客户的原本意图，结果误入客户设计的圈套，使自己跌进生意的陷阱之中。

一天，一个自称身居日本的外籍华人来到菁华陶瓷彩绘厂的营销部门，对接待人员说，自己是日本工艺品代理商，想代理他们厂的陶瓷彩绘，并提出了2000万元的购买意向。营销部门很久都没有接到这么大的单子了，这突如其来的喜悦让接待人员喜上眉梢，他们立即向厂部传达了这一喜讯。

第二天，在厂方的接待晚宴上，代理商托言要向日本客户介绍陶瓷彩绘的基本知识，所以想参观陶瓷彩绘的工艺制作过程。唯恐丢了这笔大生意，厂方代表没有多想便应允。

在厂方代表的陪同下，日本代理商参观了整整一天。代理商的要求近乎苛刻，他不但仔细地察看了陶瓷彩绘制作的全过程，而且还逐字逐句地倾听厂部人员做出的解释，在接连发出赞叹，不断举起相机"咔嚓咔嚓"拍照时，还不断询问技术熟练的操作工，凡是不清楚的地方都会一一向技术人员请教。代理商的这一举动没有遭到厂部任何人的怀疑和反对，反而称赞他做事认真。

经过一番谈判，代理商满载而归，从此一去不复返，留下的那份2000万元的购买意向书，自然就成为一张没有兑现的空头支票。让人不可思议的事情是，半年以后，标有英文字样"日本制造"的陶瓷彩绘，在中国香港、中国台湾、韩国等地市场出现。由于他们的产品价格低廉，而且质量也不比菁华陶瓷彩绘厂的产品差，所以他们的产品迅速占领了国外几乎所有的陶瓷市场。直到此时，厂部的营销人员才猛然醒悟，可一切都已为时晚矣。

菁华陶瓷彩绘厂在这次的营销过程中，一味地想着去销售自己的产品，想着把这单生意做成，而完全没有对客户伪装的信息进行辨别，最后竹篮打水一场空。其实，当客户提出某种要求时，我们一定要认真听客户的每一句话，从中找到他的真正意图。

每一单生意的背后都有可能隐藏着一个阴谋和陷阱。作为一名营销人员，我们要时刻保持清醒的头脑，避免自己在销售的过程中，中了客户的奸计，却还傻乎乎地蒙在鼓里。千万不要把客户当成一个无欲无求、只会掏钱的傻子，说不定他就是你未来的竞争对手，正在偷窃你的商业机密！

要想辨别客户话语中的真假，方法相当简单，只需要将客户所说的每一句话都听进心里，并用你的大脑对这些信息进行快速的过滤，从而去其糟粕，留其精华。然后再从这些重点的话语中辨别哪些信息是真的，哪些信息是迷惑你的。

"无商不奸"是一个亘古不变的真理，营销人员很多时候打交道的客户不单纯是客户，同时也是商人。商战往往会有着很多的"暗战"和"伪装"，要想打赢这场战争，就必须"知己知彼"，不能为利益冲昏了头脑，而"顾此失彼"。

学会克制自己——特别是当你想发表高见的时候

作为一名营销人员，如果不能够有效地克制自己，总是不顾及客户的意思和想法，畅所欲言、高谈阔论，这往往会导致销售的最终失败。

一位朋友最近新买了一辆黄色的别克轿车。我开玩笑似的说："发财了，这么大气，肯花那么多钱买辆车。"

朋友没有接过我的话茬，而是说："你还别说，我这车买得就是很大气，比市场价高了3000元。"

我很惊讶，立即追问："你傻啊？为什么？"

接着，朋友告诉了我她买这辆车的全过程：

买车那天是她的生日，她老公说给她买辆车做生日礼物。她在老公还没有下班时，就自己先到车店看了。她来到第一家车店，店员很是热情，滔滔不绝地给她讲解不同车的型号和特点，以及各种优惠活动。她心里非常烦，因为店员根本不顾及自己想买一辆什么样的车，就跟她夸夸其谈起来，根本不给她说话的机会，每当她想表达自己观点的时候，都被销售人员口若悬河的话语打断。

她又进入第二家店，店员也同样的热情。但是这位店员很奇怪，在跟她打完招呼后，就静静地跟在她的后面，陪着她看各种型号的车。当她说出自己想了解某种车型时，店员才开始说话。针对某一型号的车，她足足说了10分钟自己的观点和看法，在这期间，店员从没有打断她话的意图，直到她把自己的话说完，店员才告诉她，她的一些观点是不正确的。

和第一家店不同的是，她觉得这位店员很尊重自己，总是按照她的意愿来推荐车的型号。最后，她选中了这辆别克车，问店员这辆车当自己的生日礼物怎么样？店员马上送来了一束鲜花，并祝她生日快乐。然后店员真诚地告诉她，这辆车现在缺货，如要提车，需要加价3000元。她当时想都没想，当即决定买下这辆车。

第二个店员和第一个店员都十分热情，但是第一个店员犯了一个致命的错误：在客户面前，不会克制自己，不顾及客户的感受，滔滔不绝地发表自己的见解，不给客户说话的机会。这就使客户的心里产生一种不被尊重的感觉。第二个店员就比较聪明，自始至终都以客户为中心，让客户尽情地发表自己的意见和看法，给客户一种倾诉的满足感，然后再总结性地发表自己的看法以达到引导客户的目的。

做个听众往往比做一个演讲者更重要。专心听他人讲话，是我们给予对方的最大尊重、呵护和赞美。每个人都认为自己的声音是世界上最悦耳、最动听的，并且每个人都有表达自己观点和看法的愿望。在倾听的过程中，一旦你的意见和客户发生分歧，很多销售者会迫不及待地打断客户的话，在客户面前高谈阔论、抒发己见，试图说服客户听从自己的观点。但最终的结果往往是，到手的鸭子飞了，最终成为竞争对手的客户。

请时刻让自己记住，你并不是一个出售自己观点和看法的演讲家，你的工作是尽自己的所能，满足客户的需求，并最终让客户购买你的东西。就如同一名医生，他的工作就是给病人看病，解决病人的病痛，他只有听了病人详细的病情讲述之后，才有资格诊断。作为一名营销人员，如果不能够有效地克制自己，总是不顾及客户的意思和想法，畅所欲言、高谈阔论，这往往会导致销售的最终失败。

卡耐基曾经说过："当对方尚未言尽时，你说什么都无济于事。"每一个人都有一种自我表现的欲望，对客户而言，他们想要通过在营销人员面前发表个人见解，从而向营销人员证明：不要认为我什么都不懂。

　　其实，很多营销人员都会遇到这样的情况，一些客户为了不被销售人员欺骗总是表现出自己对某一产品很内行的样子。在这个时候，就算客户的某些观点是错误的，你也千万不要打断他的话，而是让他把话说完，然后你再用一种委婉的方式告诉客户正确的观点。如果你总是和客户抢机会说话，并毫无顾忌地指出他的错误，他就会认为你这人没有素质，不懂得尊重别人，自然也就不会买你的东西。

　　俗话说："说得好不如说得巧。"很多时候，销售并不是靠你的口才，而是需要你克制自己表达的欲望，把更多的机会留给客户。在关键时刻，如果你能够做到让自己闭嘴，你就会成功地拿到订单。

销售员打死也不能说的5句话，说了有可能被打死

　　如果你是个寿险推销人员，你和客户谈话的时候，最好回避诸如"死亡""没命了""完蛋了"之类的词语。那些有经验的推销员，对这些不雅之言往往会以委婉的话来替代，如"丧失生命""出门不再回来"等。

　　销售人员除了上述需要谨记的说话方式，还有一些话是打死也不能说的！如果你说了，轻则被客户拒绝，重则可能被客户打死。你知道是哪些话吗？接下来就告诉你。

一、不说主观性的议题

在商言商，销售人员最好不要和客户说一些与你销售无关的话题，要说就说那些"今天太阳好大"之类的话。最好不要去参与什么政治、宗教等涉及主观意识的话题，你说得对也好，错也好，这些对你的销售没有任何实质意义。

一些新人由于刚入行不长时间，经验不足，难免会出现跟着客户一起议论主观性议题的时候，争得面红脖子粗，貌似"占了上风"，但是可惜啊，一笔业务就这样告吹了！这样争吵有什么意义呢？有经验的销售高手开始会随着客户的观点展开一些议论，但是会在议论中将话题引向自己销售的产品。对那些政治等容易引发争执的话题，销售人员要学会放下，尽量杜绝发表言论。

二、不说夸大不实之词

不要夸大产品的功能，这是一句忠告。因为客户在以后的日子里，终究会明白你所说的话是真是假。销售人员不能为了一时的销售业绩，就去夸大产品的功能和价值，这样做的结果等于埋下一颗"定时炸弹"，一旦爆炸，后果不堪设想。

有人或许会问：如果我实话实说，吓跑客户了怎么办？其实，任何产品都存在不足，销售员要客观地分析自己产品的优势和劣势，帮助客户熟悉产品和市场，让客户心服口服。要知道，任何的欺骗和谎言都是销售的天敌，尤其是你做的生意不是一锤子买卖，而是长期持续合作的项目，更应以诚实为要务。

三、不谈隐私问题

我们和客户沟通是为了把握他的心理，而不是探测了解客户的隐私，更不是把自己的隐私作为和客户谈话的谈资。大谈隐私是很多销售员常犯的一个错误，"我谈的都是自己的隐私问题，这有什么关系？"错！就算你只谈自己的隐私，把你的婚姻、性生活、财务等和盘托出，这些对你的销售有什么实质性的意义吗？没有！这种"八卦式"的谈论毫无意义，浪费时间，更浪费你销售的商机！何况有时候，这种谈话容易无事生非，让客户对你产生一种鄙夷的看法。

四、少问质疑性话题

你是否有这样的习惯：与客户谈话的时候，不断地问客户一些例如"你懂吗？""你知道吗？""你明白我的意思吗？"等这类问题？

如果你担心客户听不懂你说话，不断地以一种老师的口吻质疑他们的话，客户肯定会反感。从销售心理学角度来讲，总是质疑客户的理解力，客户必定会产生不满，会让客户感觉得不到最起码的尊重，进而产生逆反心理，这样的谈话可以说是销售中的大忌！

如果你实在担心客户不太明白你的讲解，不妨用试探的口吻去了解对方："您有没有需要我再详细说明的地方？""你是不是觉得我这里谈得不够透彻，是否需要我进一步阐述呢？"这样说，会让客户更好地接受你。给销售员们一个忠告：不要把客户当成傻瓜，客户往往比我们聪明，不要用我们的盲点去随意取代他们的优点。

五、回避不雅之言

每个人都希望和那些有涵养、有水平的人相处，不愿意和那些"粗"口成章或者出口成"脏"的人交往。在我们的销售中，销售人员千万不能讲那些不雅之言，不雅的话对我们的销售必然会带来负面影响。

如果你是个寿险推销人员，你和客户谈话的时候，最好回避诸如"死亡""没命了""完蛋了"之类的词语。那些有经验的推销员，对这些不雅之言往往会以委婉的话来替代，如"丧失生命""出门不再回来"等。

不雅之言，人们不爱听，销售人员的个人形象也会大打折扣，销售过程中这些话千万不要说。我们一定要注意，避开粗俗不堪的言辞，修炼自己优雅的谈吐，或许会让你走上成功的捷径。

第 九 章

销售中你必须要懂的8条心理定律

哈默定律说：天下没什么坏买卖，只有蹩脚的买卖人！我们说：天下没有什么完不成的销售任务，只有不能完成任务的销售员！本章所提及的心理定律，都是经过千万销售专家实践证明行之有效的方法，我们没有理由不去借鉴，没有理由不去学习！

奥新顿法则：你关照客户的心，客户就关照你的生意

假如你不能做到这一点，那就试着站在客户的角度去思考问题吧。先要研究客户的需要，包括物质需要和心理需要，然后尽最大努力去获取客户的诚心。

奥新顿法则是由美国奥新顿公司提出的，大体意思是：抓住客户的心，照顾好自己的客户，你会获得更大的市场。

销售员们老生常谈的话题是怎样抓住客户的心，这当然是需要讨论的问题。但是，我们不能仅仅满足于抓住，还要照顾好客户的心。打个不是很恰当的比方，就像你在钓鱼，鱼上钩了，不能代表鱼就能上你的餐桌了，只有吃到你的肚子里，才算达到了你的最终目的。

记得小时候，学校周边有好几家豆浆店，因为竞争激烈，大部分的店家生意都是时好时坏，但有一家始终是人来人往，生意好得不得了。经过仔细观察，不难发现这家店生意火爆的秘密。

和其他的豆浆店相比，这家店的产品花样很多，最重要的是贴心，价格上差不多，但是很会照顾不同客户的需求。那几家豆浆店做的甜豆浆只能加白糖，但是这家店却能提供三种不同的糖，客户喜欢哪种糖就放哪种糖，甚至可以一碗放白糖，一碗放红糖，或者一个碗里同时放白糖和红糖……

据老板说，白糖，也就是蔗糖，能够滋养喉咙，保护声带，是为了学校教书的老师们贴心准备的；红糖补血；学生喜欢新奇，白色的豆浆和发黑的红糖放在一起，颜色就像巧克力，这样的豆浆喝起来别有一番滋味。

他们家的豆浆，不仅受到老师和学生喜欢，周边小区的居民也很喜欢。

老板还把浮在豆浆上面的豆皮层捞起来免费送给年纪较大的老客户，让他们带回家作为营养补品；剩下的豆渣还送给日子很苦的老太太，并且教她们做炒酸菜，变成一道可口的下饭菜。这样贴心周到的服务，哪个客户不喜欢？说好的人越来越多，老板的生意也就越来越好了，"称霸一方"也就不足为奇了。

也许，这家店的老板根本没听说过什么奥新顿定律，但他的实际行动已经证明了奥新顿定律的正确性。现在的客户越来越"精明"，他们真正追求的是能够提供超越客户自身期望的产品和服务。显然，这家店就成功把握到了这一点，他们在经营创意上更胜一筹。他们比别人多用了一份心，不仅能提供给客户满意的产品和服务，还能让客户感受到一种亲人式的贴心关照。照顾好客户，不但能让客户产生共鸣，还能强化客户的"忠诚度"，最终开拓更大的市场。

我们销售人员要学习的东西很多，但照顾好客户的良好习惯恐怕没有多少人能够真正做到。我们不仅要学会"卖"东西，还要学会"买"人心，以自己的真诚态度来"买"客户的"欢心"。

假如你不能做到这一点，那就试着站在客户的角度去思考问题吧。先要研究客户的需要，包括物质需要和心理需要，然后尽最大努力去获取客户的诚心。你能感动客户，就能讨得客户的欢心，讨得客户的欢心，再加以悉心照顾，也许你就是下一个"销售冠军"了。

哈默定律：天下没有做不成的生意，只有不会做生意的人

哈默定律这样说：天下没什么坏买卖，只有蹩脚的买卖人！

我们说：天下没有什么完不成的销售任务，只有不能完成任务的销售人！

相信很多人都听说过卖梳子的故事：一个经理想考验自己手下的这些销售员，给他们一天的时间去向和尚推销梳子。

第一个销售员极尽所能，跟一个头上长癞子的小和尚说梳子可以抓痒，可以按摩头皮，费了九牛二虎之力，终于卖了一把。

第二个就显得聪明一些。他忽悠和尚说："来拜佛的香客们的头发很容易被风吹乱，这是对佛的大不敬啊，给香客准备一些梳子也是一种善举啊！"于是，和尚买了他10把梳子，每座佛像前放一把。

第三个简直是个极品销售员，他竟然卖出了3000把！经理的眼睛都瞪大了，他觉得自己的位置都很可能被这个销售员给顶下去！于是他小心翼翼地问："哦，你是怎么做到的呢？"

这位销售员说："我找到了本市最大的寺庙，找到了方丈，我直接跟他说，你想不想增加香火钱？方丈说，想啊，我做梦都想。然后，我就告诉他，你可以在寺内最热闹的地方贴上一则告示，就说捐钱有礼物可拿。什么礼物呢？一把功德梳。而且一定要在人多的地方梳头，这样就能梳来佛家仙气。于是，很多人捐钱拿梳子梳头。3000把梳子一下就被香客抢光了……"

看来，天下只有不会做生意的人，没有做不成的生意。不会做生意的人就像第一个销售员，会做生意的才是让领导都感到压力倍增的第三个销售员。我

们做销售，就要做让你上司都感到害怕的人，只满足一把梳子的销售员不是一个合格的销售员。有野心、有头脑的销售员不仅能够给公司创造价值，未来自己也可以创业当老板，可以说前途无量。

犹太人阿曼德·哈默，1898年生于纽约，在大学期间就掌管了父亲给他的一家制药厂。由于自己的商业头脑不错，经营有方，这个制药厂让他成为了当时全美国唯一的大学生百万富翁。

在20世纪20年代，当时苏联正处于饥寒交迫时期，缺乏大量物资。哈默看到了这个商机，和苏联领导人建立了良好的关系，还受到了列宁同志的接待，在苏联他大发横财，进行了大量的易货贸易，不管是生意上还是社交关系上都获得了很大的收益。尽管列宁的逝世给他带来了一定的经济损失，但哈默又找到了新的商机，他建造了当时苏联最大的铅笔厂，成为了铅笔大王。后来又涉足艺术品拍卖、酿酒、养牛、石油等行业，几乎在每一个领域里都取得了非凡的成就。

不知道是犹太人天生的商业头脑还是个人的优秀基因，无论从哪个方面说，哈默都是一个极富传奇色彩的人。据他的朋友回忆说，他在90岁的高龄仍然担当着西方石油公司董事长，并且一天工作10多个小时，每年都在空中飞行几十万公里……

1987年，哈默完成了他的《哈默自传》，可以说这本书是他一生成功经验的浓缩，在这本书里，从始至终贯穿着这样一个思想：天下没什么坏买卖，只有蹩脚的买卖人！

那么，我们也可以这样说：天下没有什么完不成的销售任务，只有不能完成任务的销售人！

250定律：每个客户身后都有250个潜在客户

每一个客户背后都站着250个潜在客户。销售人员必须认真对待你身边的每一个人，因为每个人的身后都有一个相对稳定的"250群体"。如果你抛弃了一个客户，就等于损失了250个未来的准客户！

我们这里所说的250，不是骂人的250，骂人是不对的，在书里写骂人的话那就更不对了。所以，我们要说的不是你想象中的250，而是250定律！

在《爱情呼叫转移2：爱情左右》里林嘉欣遇到一位型男——古巨基扮演的保险推销员，这个"海归"是个非常浪漫的人，他告诉林妹妹，365天，天天有惊喜，而且每次花不了100元！这些泡妞的小招数值得男孩子学习，但是有一段对话，更值得销售人员谨记于心。大体上是这样的：古帅哥说，交际再少的人背后也会有5个人，每个人的背后又有5个，认识了一个人就意味着认识了背后的无数人，而这些人都是他的潜在客户！

和这番话相似的是著名的250定律。这是美国销售员乔·吉拉德（Joe Girard）在漫长的推销生涯中总结出的，意思是每一位客户身后都站着250名亲朋好友，这些亲朋好友都将是你的潜在客户。如果你能赢得一位客户的好感，也就意味着赢得了250个人的好感。如果你得罪了一位客户，也就意味着你得罪了250位客户。

如果老板给你下达了这样一个命令：一天的时间去推销一瓶红酒，对于老练的销售老手们，这样的任务简直就是张飞吃豆芽——小菜一碟。好，再给你一个任务，还是一天的时间，让你去推销一辆汽车，高手们，你做得到吗？再牛的销售精英也不敢夸口，毕竟这是汽车啊，不是买红酒那么容易的！

如果有人连续多年每天都能卖出一辆汽车，你相信吗？不可能吧，真有这么牛的销售吗？确实有，这个销售员在15年的汽车推销生涯中总共卖出了13001辆汽车，而且全部是销售给个人的。因此，这个销售员也创造了吉尼斯世界汽车零售纪录，同时被誉为"世界上最伟大的推销员"！这个人就是乔·吉拉德。

乔·吉拉德的一生颇具传奇色彩，下面就让我们简单地看看他的生平，也许会对我们的销售工作起到一定的启发作用。

贫苦出身，父辈是四处谋生的西西里移民。他出生于1928年，正值美国经济大萧条年代；长于苦难，9岁就开始为了生计奔波，擦皮鞋、做报童，不仅如此，还遭受着父亲的辱骂和邻里的歧视……

但是，小吉拉德并没有放弃，父亲的辱骂并没有使他一蹶不振，而是痛下决心要干出一番事业，来证明父亲是错的；对歧视自己的邻居，他也毫不畏惧，敢于拼命抗争……

他靠着自己的努力，坚持读完高中，先后做过40多种工作，他的一生就是一个平凡小人物的奋斗史。他也曾经破产，背负着巨额债务，但是他并没有灰心。他做销售的时候，对待客户诚信踏实，不断超越自我，最终成为世界上最伟大的推销员！

乔·吉拉德创造了5项吉尼斯世界汽车零售纪录：

1. 平均每天销售6辆车；

2. 最多一天销售18辆车；

3. 一个月最多销售174辆车；

4. 一年最多销售1425辆车；

5. 在15年的销售生涯中总共销售了13001辆车。

乔·吉拉德，吉尼斯世界纪录上迄今唯一荣登汽车名人堂的销售员，他成功的秘诀何在？就是250定律！他是如何运用的呢？

请看一个听过他现场演讲的朋友的描述：

乔·吉拉德戴着墨镜，听着迪斯科的音乐，跳上讲台。乔对着台下大喊："亲爱的朋友们，你们想知道我成功的秘密吗？"台下听众说："想，太想啦，亲爱的乔·吉拉德先生……"接着乔大声问："请问，你们收到我的名片了吗？"（在之前，他已经让工作人员派发过自己的名片）台下观众："有，有2张，有3张，有5张，有8张……"乔听到后，哈哈大笑说："亲爱的朋友们，还不够……"接着打开他的西装，把3000张名片像雪花一样撒向台下……天哪，这个疯子……名片满天飞：向每一个人推销！每个人背后都有250个人，从这里开始，他将影响多少人啊。这就是乔·吉拉德常用的手法！

不错，他创造了一个奇迹，也发明了一个定律：每一个客户背后都站着250个潜在客户。销售人员必须认真对待你身边的每一个人，因为每个人的身后都有一个相对稳定的"250群体"。如果你抛弃了一个客户，就等于损失了250个未来的准客户！这不是世界上最大的傻瓜是什么？

二选一定律：把主动权握在自己手上

如果客户接下来说："是啊，要做决定，我必须先跟我的合伙人谈谈！"销售人员就应该说："我完全理解您的想法，先生，您看，什么时候我们跟您的合伙人一起谈谈，周一还是周四方便？"

在销售中，有个二选一定律，相信这个法则对很多产品和行业的销售都很适合。二选一，顾名思义，就是两个里边挑一个。所谓二选一定律就是你给客户提两个问题或方案，而且是客户必须回答的，让客户在其中做出选择。

在讲述这个定律之前，让我们先来看看什么是变形的二选一选择题。

假如你想卖给客户一件产品，不要急着说价钱，你可以问问客户："您觉得这产品它值多少钱？"如果客户回答的价格在你的接受范围内，你就可以直接地说"那就这价格卖给您"，其实这也是很多零售行业的小伎俩。

如果你仔细观察，你会发现销售员们的表情十分不乐意，其实心里早乐开了花，他们巴不得按这个价卖给你呢……很明显，这种貌似余地很大的选择，是把客户推向了无法选择的"死地"，就这样销售人员把主动权握在了自己手上。

下面我们就来看看如何利用二选一定律来应对客户的推诿。

如果客户说："我现在没时间！"销售人员应该说："先生，洛克菲勒说，每个月花一天时间在钱上好好盘算，要比整整30天都工作来得重要！我们不会耽误您多长时间的，25分钟就行！您看，星期一上午还是星期二下午哪个时间段合适呢？"

如果客户说："我没钱！"销售人员就应该说："先生，我知道只有您才是最了解自己财务状况的人。要是您现在财务很紧张，不妨现在就做个全盘规划吧，这样对将来会更有利！"或者说："是啊，现在经济危机，钱要省着点花，但正因如此，我们才要用最少的资金创造最大的利润。我愿意贡献一己之力，您看，我能在下星期五或者周末来拜访您吗？"

如果客户说："不好意思，我现在还无法确定业务发展的方向。"销售人员就应该说："先生，我们做销售最关心的就是这项业务日后的发展了，你有时间可以看看我们的供货方案，看看还有哪些缺点。您看，我星期一过来还是星期二过来比较好？"

　　如果客户接下来说："是啊，要做决定，我必须先跟我的合伙人谈谈！"销售人员就应该说："我完全理解您的想法，先生，您看，什么时候我们跟您的合伙人一起谈谈，周一还是周四方便？"

　　如果客户说："先这样吧，以后我会再跟你联系的！"你千万不要傻乎乎地转身就走，你应该说："先生，也许您现在对我们的产品还没有什么太大的兴趣，不过，我还是很乐意让您了解我们的业务，相信对您以后的选购有极大的帮助！"

　　如果客户说："说来说去，你的目的还不是推销东西？"这时，你可以这样说："当然，您说得没错，我是很想销售东西给您，不过我向您推销的产品绝对是您期望的。如果您有兴趣，我们可以一起讨论研究看看！星期五您来我们公司比较好，还是明天我来看您好？"大多数情况下，客户会选择后者。

　　大家也许会发现这样一个规律：不管客户说什么，你都要赞同他的观点，你赞同他，才有机会说下面的话，不然趁早远离客户吧，小心被骂个狗血喷头。最后，不管客户选择了哪个，都是你满意的结果，选什么都已"入你瓮中"。

跨栏定律：制定一个高一点的销售目标

　　竖在你面前的栏越高，你跳得也就越高。生活中的很多现象，都可以用"跨栏定律"来解释。比如盲人的听觉、触觉、嗅觉往往要比一般人灵敏；失去双臂的人，腿脚更灵巧。就像人们常说的那句话："上帝关上一扇门，必定会给你打开一扇窗。"

在销售过程中，不知道你是否发现这样一种奇怪的现象：你越是觉得某个客户难以攻克，最后越能实现交易？你感觉销售任务越重，业绩反而越好？"遇强则强"的例子在销售中比比皆是。为什么会这样？其实，这就是阿费烈德医生提出的"跨栏定律"。

那天，阳光明媚，外科医生阿费烈德却没有享受到这样的好天气，他仍然在实验室里埋头研究他的新课题。当他解剖一具尸体的时候，他发现一个很奇怪的现象：本来以为患病者的病发器官应该是没什么机能的，但出乎他的想象，那些生病的器官比正常的器官机能更强！

后来，他给美术学校学生治病时发现：这些搞艺术的学生视力并不是很好，甚至有的学生还是色盲。于是，阿费烈德对一些艺术院校的教授进行了调研，事实上，结果和他的预测完全相同。很多功成名就的教授之所以走上艺术道路，大都是因为一些生理缺陷，这些缺陷不但没能阻止他们，反而促使他们走上了艺术的道路，让他们在艺术领域取得了卓越的成就……

阿费烈德经过长期的研究和论证，认为这已经不仅仅是一种病理现象了，这是一种社会现实的重复，整个世界都存在这样的现象。

当然，在商业运作中也是如此。

一个销售员的销售业绩在很大程度上取决于他所遇到的困难的程度，这个困难越大，他迎接的挑战也就越大，最后所取得的成就也就越大。

按照阿费烈德的"跨栏定律"，我们可以这样认为：竖在你面前的栏越高，你跳得也就越高。生活中的很多现象，都可以用"跨栏定律"来解释。比如盲人的听觉、触觉、嗅觉往往要比一般人灵敏；失去双臂的人，腿脚更灵巧。就像人们常说的那句话："上帝关上一扇门，必定会给你打开一扇窗。"

所有这一切，仿佛都是上帝安排好的。一个人的缺陷有时候就是上苍给予他的成功信息。

有不少销售人员认为自己的能力比不上那些精英，自己再努力也达不到人家那样的高度。于是，做起事来就前怕狼后怕虎，生怕自己得罪了客户，该提的要求不敢提，该办的事不敢办，不免被客户瞧不起，领导也不看好。

世界上不存在什么天才销售员，只有不断向上爬的销售精英，没有人生来就成功，没有任何销售员入行就能一帆风顺。只有坚持不懈地努力，用自己的汗水浇灌，才能绽放出胜利的花朵。

很多销售员最后沦为平庸者，或者狼狈地退出销售圈子，很大程度是因为他们不敢想，不敢坚持，缺少雄心勃勃、迈向成功的动力，不敢为自己制定一个高远的销售目标和人生理想。

不管一个销售员的能力有多么超群，如果缺少了高远的目标，就像没有推力的小船一样，只能在水面上懒洋洋地漂浮着，不能抵达梦想的彼岸，最终会一事无成。很多情况下，你为自己设定一个高远的目标，就等于成功了一半。

从事销售的朋友们，不要再为那些所谓的"栏杆"困扰了，勇敢地跨过去，你的销售生涯将更加辉煌，你的销售梦想也将更加伟大。

长尾理论：颠覆营销的二八定律

80%的客户比已产生80%利润的客户更重要，因为新鲜的血液会给我们带来更长的生命价值周期，"长长的尾巴"才是真正的价值利润源泉。

根据统计显示，在亚马逊书店的营业额中，几乎一半利润是那些非畅销书贡献所得。一个前亚马逊公司员工这样说："现在我们所卖的那些过去根本卖不动的书比我们现在所卖的那些过去可以卖得动的书多得多。"这句话很拗口，实际上他想说的就是现在比较流行的"长尾理论"。

Google作为世界上搜索引擎的巨擘，广告发布平台的价值是非常巨大的。在广告业务上，Google信奉这样一个原则："自助的，价廉的，谁都可以做的。"如果按照传统的二八定律，收入中的80%应该是由20%的大客户所贡献的，但实际上至少一半的生意来自成千上万使用AdSense业务的小网站。

做销售的时候，我们常常听到这样的说法："企业80%的利润来自20%的客户。所以，我们做销售要重点关注那20%的客户。"不知道这句话什么时候进入了营销圈子，无疑这样的理论是被营销人用得最滥的。

在营销实践中，也许我们会发现这样一个尴尬的情况：新客户越来越少，所谓的重点客户越来越不"重点"，最后销售额竟然越来越低。为什么，莫非我们的服务不对吗？显然不是，我们给了20%的客户额外的照顾，提供了特别的服务，但这些客户的价值越来越小；而那些被我们忽略的80%，得不到同样的服务自然会离我们而去！你不给我平等的待遇，那我就不跟你玩了……

其实，一直被营销人奉为圭臬的二八定律是营销圈里最值得商讨的话题。不要以为20%的客户所产生的利润是客户价值的全部，那只不过是一种营销惯性的延续，不过是一个我们自我欺骗的幌子而已。如果你看到了80%客户背后的能量，或许就不会这么想了。

每一个营销人员都知道，客户是存在价值生命期限的。不管他属于你所谓的80%也好，还是一般的客户，都有价值生命周期。销售人员能做的是尽最大的力量，用最好的手段，尽量延长每个客户的价值生命周期。

就算上帝也不能保证每个信徒一辈子都始终信奉自己，何况是"见钱眼开"的客户呢？所以，任何一个所谓的重点客户，他的价值都会有枯竭的一天。当他的价值渐渐消失的时候，所谓的80%的利润就成了一个自欺欺人的幌子。

事实上，任何一家企业都不可能仅仅依靠这20%的客户生存，任何一个销售都不能靠着这20%的客户养活自己。销售人员需要更庞大的客户群——重点也好，非重点也好，只有当客户群形成一条长尾的时候，营销工作才能提上日程。

长尾绵延不绝，为你带来源源不断的客户群。别嫌长尾利润少，长尾积少成多同样很惊人。电影《阿甘正传》中，阿甘创办的捕虾公司让他成为亿万富翁。虾米虽小，如果你捕得多，同样利润可观。每个营销人都要不断地补充新的客户，认识到"虾米"背后的价值。那么，我们应该怎么不断补充客户呢？

作为一个有经验的销售，我们应该知道价值不太可能产生于第一次购买的客户，只能从所谓的80%客户中产生。也就是说，那些不被我们重视的80%正是最大的价值源泉。如果长期忽略所谓的非重点客户，不去开发，只是用一个所谓的二八定律催眠自己，为自己的营销失败找借口，那么，你的营销生命就很危险，很可能面临着死亡。

如此看来，80%的客户比已产生80%利润的客户更重要，因为新鲜的血液会给我们带来更长的生命价值周期，"长长的尾巴"才是真正的价值利润源泉。

我们每一个销售人员需要做的是：让80%的"非重点"客户成为我们的忠实客户，有时候这比所谓的80%的利润更有意义。

奥纳西斯法则：把生意做在别人的前面

处处敢为人先，把自己的生意做在了别人的前面。这就是他成功的秘诀。销售人员虽然不能像奥纳西斯那样叱咤风云，但是我们在销售的时候不妨也学学船王这种"走在前面"的精神。

1906年，土耳其西部的伊兹密尔有一个婴儿出生了。孩子的父母给他取名为亚里士多德·苏格拉底·奥纳西斯，其中包含了两个伟大古希腊哲学家的名字。很多年后，这个名字里充满哲学意味的孩子出人头地了，不是哲学，而是商业，他就是举世闻名的希腊船王奥纳西斯！

有人说，奥纳西斯的成功是偶然的，但真正了解他的人却不这样认为，一些经济学家这样评价他："这个希腊人找到了成功的钥匙，勇于决断是通向成功的正确道路。""他擅长到其他人认为一无所获的地方去赚钱。"奥纳西斯成功的秘密很大程度上是因为——把生意做到了别人的前面！这也是我们要说的奥纳西斯法则……

在阿根廷的时候，一次偶然的机会，奥纳西斯发现这里的烟草很走俏，但是人们只能抽味道浓烈的南美洲烟草，尽管不是很喜欢也没有更好的烟草来代替。于是，奥纳西斯看到了商机，他决定先行一步，把温和的希腊烟草引进来。

奥纳西斯开办了一个小作坊，加工希腊烟草让他小赚了一笔。他觉得靠这个小作坊是无法成事的，于是他铤而走险做起了走私烟草的买卖。很幸运，没有被抓住。慢慢地，生意越做越大，他转向了正当贸易。到1930年，奥纳西斯成为希腊产品最大的进口商，这时他租用了一些货轮。

可怕的全球性经济危机爆发了，无情地摧毁了所有人的梦想，但是奥纳西斯却看出了危机中的生机。当时，加拿大国营铁路公司迫于经济危机，准备拍卖6艘货船，当时这些船价值200万美元，但他们12万美元就卖。奥纳西斯像猎鹰发现猎物一样，迅速地收购了这6艘船。这样的反常举动让他的同行们瞠目结舌，他们不敢相信在这样恶劣的投资环境下他还敢再买船。当时的海运业空前萧条，商人们躲都来不及，在这样的情况下投资海上运输，简直是将钞票白白抛入大海。但奥纳西斯却不这样认为，他没有放弃自己的计划。

因为奥纳西斯是一个异常清醒的人，也是一个敢吃螃蟹的人，他认为，经济的复苏和高涨终会来到，眼前的萧条终会过去。危机一过，物价必然从暴跌变为暴涨，现在乘机买便宜物，将来一转手就能得暴利。

他买下的这些船，在经济复苏后，由于海运业的回升居于各业之首，奥纳西斯一夜之间身价陡增，就在这一年，他一跃成为海上霸主，资产几百倍地激增。就这样，越来越成熟的投资让他成为当时最负盛名的商业巨子。

1943年，奥纳西斯正式进入纽约，船队越来越大，财路日益广开，1945年，他成功跨入希腊海运巨头行列。1951—1955年，奥纳西斯拥有的油轮总吨位从1万吨飙升至5万吨。不久之后，奥纳西斯又收购了摩洛哥公国的海水浴场，获得了超乎想象的高额利润，并且成功打入上流社会。在此期间，他一直说自己是个"把生意做在别人前面的人"。

1966年，奥纳西斯开始悉心经营自己最擅长的石油运输业，把投资集中在油轮上。1973年，奥纳西斯的商船队总吨位超过300万吨，成为名副其实的希腊船王。到1975年，奥纳西斯拥有了45艘油轮，其中15艘是20万吨以上的超级油轮。自此，奥纳西斯的船队成为世界上最大的私人商船队。

纵观船王的一生，他处处敢为人先，把自己的生意做在了别人的前面。这就是他成功的秘诀。

销售人员虽然不能像奥纳西斯那样叱咤风云，但是我们在销售的时候不妨也学学鲇王这种"走在前面"的精神，看得远一点，走得稳一点，相信你的销售之路也长远一点。

伯内特定律：让产品在客户心中留下深刻的印象

熊猫原是中国的国宝，但经美国梦工厂拍成电影《功夫熊猫》系列之后，却成了美国人赚钱的工具，票房屡创新高，美国人赚得盆满钵满。有人因此说，功夫是中国的，熊猫是中国的，但是《功夫熊猫》是美国的，让世界上很多人记住熊猫，是美国人做到的……

民国时期，南京有家鹤鸣鞋店，虽说是百年老店，但生意一直不是很好。老板很发愁，但一时也找不到销售的突破口，老板真不知道该怎么办了。账房先生跟他说："你看，人家隔壁的豆腐店都在报纸上发广告了，你就不能也登一些广告吗？"于是，他想打广告宣传一下自己的鞋子。

这个广告该怎么做才能打动消费者的心呢？账房先生又给他支了一招："这做买卖就跟打仗一样，打仗讲究兵法，咱们做生意得注重策略。我倒有个方法，不知道行不行，你看下怎么样？"于是，老板听从了账房先生的计策，花大价钱在南京市最大的报社登了三天的广告：

第一天，一个大问号，下面一行小字："欲知详情，请见明日本报栏。"

第二天照旧，还是打哑谜。

第三天揭开谜底，广告上写着："三人行必有我师，三人行必有我鞋——鹤鸣皮鞋！"

这个广告吊足了消费者的胃口，吸引了很多慕名而来的客户，鹤鸣鞋店一时间成了家喻户晓的名牌，生意十分红火。老板拍着账房先生的肩膀，感激地说："多亏了你啊，看来这卖鞋先要收买人心啊。"

为了吸引更多的客户，账房先生可谓独具匠心。他利用的就是人们的好奇心，大吊消费者的胃口。在今天看来，这样的销售策略已经很平常了，但是其中蕴含的道理是非常"时尚"的。销售能取得极大的成功，关键是要占领消费者的头脑！其实，这就是我们要说的伯内特定律。

美国广告专家利奥·伯内特曾说："只有占领头脑，才会占有市场。占领了人们的头脑，你就掌握了市场的指挥棒。"

在销售的时候，只有先占领了消费者的头脑，才会激起消费者的购买欲望。客户对你的产品不感兴趣，质量再好的东西也没人要！一个好的销售策略就是销售人员打开销售局面的钥匙，一个好的策略和方法能够很好地抓住消费者的心理特点和规律，让客户对你的产品产生一种情感共鸣。这样才能在他们的头脑中造成强烈的冲击力，打动他们，挑起他们的购买欲望。苹果手机在某种程度上就达到了这种境界，乔布斯被称为苹果教父，"果粉"的忠实程度堪比宗教信徒。

从某种意义上说，谁能占领客户的心理，谁就能成为市场的王者。许多明星产品就是这样横空出世的。管理大师德鲁克说："企业的宗旨只有一个，就是创造客户。"我们也可以这样理解，不能动其心，就不能动其钱，除非你去抢劫。销售卖的不仅是货，卖的更多是一种感觉，甚至是一种感情。

众所周知，乌龙茶是中国的特产，享誉东南亚各国，尤其受到日本人的喜欢。然而，日本人很鬼很聪明，他们看准了这个商机，把从我国进口的一级、二级茶叶，制成"凤凰"牌乌龙茶液体饮料，因为包装、口感非常好，畅销欧美市场，甚至还打进了我国市场。

同样道理，熊猫原是中国的国宝，但经美国梦工厂拍成电影《功夫熊猫》系列之后，却成了美国人赚钱的工具，票房屡创新高，美国人赚得盆满钵满。有人因此说，功夫是中国的，熊猫是中国的，但是《功夫熊猫》是美国的，让世界上很多人记住熊猫，是美国人做到的……

让自己有一颗创意的心，抢占客户的大脑才是销售人员真正需要熟练掌握的真功夫。在这个五彩缤纷的大市场中，处处孕育着商机，几乎每个人都有可能成为你的客户，关键看你有没有一双明亮的慧眼和超出常人的灵敏嗅觉，只有这样你的产品才能快速占领客户心智，将他们转为欲罢不能的粉丝。

第 十 章

销售中你应该知道的10个心理效应

为什么某些商品价格定得越高，就越能受到消费者的青睐？难道客户都是傻瓜吗？他们当然不是傻瓜，他们购买这些天价商品不仅是为了获得直接的物质满足，更大程度上是为了获得心理上的满足。种种心理效应，尽在本章之中。通过这些"心理效应"，你能轻松掌握被客户喜欢的"技巧"，以及对人性敏锐的觉察……

军令状效应：完不成任务，我就去裸奔

那些对工作敷衍了事、不下苦功的销售员，随时都有被踢出销售圈的可能。一个成功的销售员，必须要有"不成功便成仁"的勇气和魄力，我们不做食草的角马，我们要做主动进攻的鳄鱼和毒蛇。

记得有一次，我在某家公司的内部刊物上曾看到这样的文字：

"9月之所以做俯卧撑，10月之所以'裸奔'，是因为销售部未能完成当月自定的新单开发任务……11月，在上月未能完成新单开发任务的情况下，我们承诺，完不成任务，销售部全体同事于11月30日下午2点冬泳。后考虑到天气原因（11月底天气还比较暖和，冬泳不具挑战性），将冬泳延迟至12月31日。11月底改为徒步永川竹海。"这些都是内刊中的原话，据说是员工自己同意立下的"军令状"！

销售能做到这个份儿上真可谓"煞费苦心"了。完不成任务，我们就去裸奔，从某种意义上说，这不失为一种激励自身的好方法。虽然裸奔影响不是很好，但是这种不达目的不罢休、完不成任务就"自虐"的精神还是值得我们每一个销售人学习的。

什么是军令状？军令状原为戏曲和旧小说中将帅接受军令后写的保证书，可以说是我国的一种传统文化。大家都知道诸葛亮挥泪斩马谡的故事。蜀国将领马谡守街亭之前就曾立下军令状，街亭失守后，诸葛亮忍痛依军令状将马谡斩首。诸葛亮在草船借箭时，也曾在东吴大都督周瑜面前立下军令状。顾名思义，"军令状"的目的是加强立状人的责任感，以确保最终战斗的胜利。

立军令状，如破釜沉舟，目的在于给自己加压，不留任何后路。显然，立下军令状是要冒极大风险的，军中无戏言，白纸黑字，说砍头就砍头。

我们做销售也要具备这样"不达目的就去死"的决心和毅力，一定要有胜利完成销售目标的勇气。只要有了这种置之死地而后生的精神，何愁你的销售业绩不能节节攀升？！

在茫茫非洲大草原上，角马们一年一度的大迁徙开始了。为了生存，它们必须跨过一条艰难的河，这条河里有鳄鱼、毒蛇，但它们必须过去，过河可能会被咬死，但不过河也是必死无疑。销售人员也是如此，每天都有新的销售人员加入这个圈子，每天都有人离开。如果没有一种破釜沉舟的勇气，不敢立下一纸军令状，很可能就会被这个圈子无形地淘汰。

那些对工作敷衍了事、不下苦功的销售员，随时都有被踢出销售圈的可能。一个成功的销售员，必须要有"不成功便成仁"的勇气和魄力，我们不做食草的角马，我们要做主动进攻的鳄鱼和毒蛇。

想从事销售行业或正从事销售工作的人，我们都要为自己立一个"军令状"，如果我们不能做到，那就趁早离开这个行业为好！不过，你不要忘了这个世界上80%的利润都是销售员创造的，销售才是这个世界上最不可或缺的职业！下面让我们记住这些话，这是强大的动力源泉——

1. 如果我们能够进入一家要求实效的企业，请用自己的业绩说话！

2. 不要抱怨，当想抱怨的时候，先想想同等条件下销售精英是如何做到的。

3. 企业喜欢的不是角马，最好是威猛的食肉动物，鳄鱼也好，毒蛇也好！

4. 不要被先前的经验束缚，过去的荣耀也许会成为你现在的障碍，我们需要不断学习、继续进步。

5. 为客户创造利益，这是我们销售人员唯一的目的。

6. 被拒绝是销售的家常便饭，把自己当成一根弹性十足的弹簧，压力越大，反弹能力越强。

7. 请记住：全世界成功销售员的共同点只有四条——热爱，自信，悟性，德行。

8. 文凭、背景和经验都不重要，只有贡献才能证明我们的价值。

9. 如果我们要离开，最好能带上荣誉和奖金，这些是最好的证明。

10. 不成功便成仁，立下军令状，死就死了，十八年后又是一条好汉！

登门槛效应：销售人员就是要得寸进尺

像追女孩子一样，有经验的男生明白什么事都不可能"一步到位"，先是约出来看电影、吃饭等，慢慢再提出进一步发展的要求，逐步达到目的。如果见面第一次就说："咱们结婚吧！"几乎所有的女孩子都会拒绝你的，因为在她们眼中，你这样做几乎等同于精神病人……

在电视剧或电影里，我们经常看到这样的场景：小徒弟生气地抱怨师父怎么不教自己武功，每天都是砍柴、挑水、打扫院子，我是来学武艺的，又不是来给你干杂活的……

往往师父是不会搭理小徒弟的，师父总是什么也不说，仍然让小徒弟坚持干活。等很长一段时间，小徒弟才明白师父的良苦用心，才明白师父让自己干活是为了给以后打底子。这些师父的做法就是"登门槛效应"的应用。

登门槛效应又被称作得寸进尺效应，指一个人一旦接受了别人一个微不足道的要求，很有可能会接受更大的要求。就像登门槛时要一级台阶一级台阶向上走，一步一步来更容易顺利地登上高处。

心理学认为，大多数情况下，人们都不愿接受较高难度的要求，因为费时费力，比较难达到目的；相反，人们总是愿意接受那些较易完成的要求，实现了较小的要求后，才会慢慢接受较大的要求。《菜根谭》有云："攻人之恶勿太严，要思其堪受；教人之善勿太高，当使其可从。"即批评一个人身上的缺点和坏处不要太严厉，要考虑对方能否承受；教导人从事善业不要一开始要求太高，应当让人可以遵从，说的也是"登门槛效应"。

在销售活动中，我们经常能看到这样的现象：一个客户本来不愿意购买你的产品，但是你可以先给他介绍一些和这个产品相关的小挂件，让他对这个产品产生浓厚的兴趣，一步步攻破他的心理防线，从而很容易实现你的销售目标。

很多情况下，人们不愿意做一个"喜怒无常"的人，人们都希望自己能在别人面前保持一个比较一致的形象，所以这就给销售人员提供了契机。当一个客户很愉快地接受了你的要求，再想拒绝你，他就会觉得很不好意思。如果你的要求很合理，在价格上又能让他接受，客户一般不会拒绝，他会想"反正都已经买过了，再买点也没什么"，于是"登门槛效应"再一次帮你达成目的。

举个很简单的例子，很多同行上门推销商品时，往往不会直接向客户提出销售意愿，而是先提出"试用"这个小要求，等客户试用后觉得不错时，他们才会提出销售产品的要求。就像追女孩子一样，有经验的男生明白什么事都不可能"一步到位"，先是约出来看电影、吃饭等，慢慢再提出进一步发展的要求，逐步达到目的。如果见面第一次就说："咱们结婚吧！"几乎所有的女孩子都会拒绝你的，因为在她们眼中，你这样做几乎等同于精神病人……

不仅是对别人，"登门槛效应"对销售员自己也很有用。我们常说，一口吃不成胖子、心急吃不了热豆腐，什么事都不能太着急，说的就是这个道理。你想一下子就成为销售精英、销售总监、董事长这几乎是不可能的，每个真正的高手都是一步一步爬上来的，都是跨过一个个门槛才站在今天这个位置上的。

正所谓"得寸才能进尺"，一步登天和一夜暴富相比没什么差别，这是销售人最大的忌讳，我们千万不能犯这样的错误。

1/3效应：客户最可能在一条街上1/3处成交

你不是第一个上门销售的，但你恰好成了客户的1/3，你就是成功的。有时候，销售就跟搞对象一样，初恋大都无法修成正果，最终走在一起的人往往是爱无力、爱疲惫的时候，结婚对象未必是最爱的那个人，但肯定是恰好在最需要的时候来到面前的人。

某某商业街要开张了，现在有很多底商要出租，假如现在你想租一间开店，请问你愿意租哪个位置？是街口、街中，还是街尾？相信很多人会说，还是租街口的好，客户一来，首先看到的就是你的店，生意绝对差不了。人们不都喜欢先吃头啖汤（广东话，即第一口汤）嘛！

如果你也是这样想的，恭喜你，答错了！而且是大错特错！为什么？因为客户跟你想的不一样！老板想的是多赚钱，而客户却总想少花钱。不要以为开在街口就能发财，你想生意好，还必须从客户的心理去考虑问题。

　　其中的原委是这样的：当一位客户走进一条商业街时，他首先看到的绝对不是购物首选地，因为客户通常不会认为在第一家店就能买到满意的东西，他觉得自己应该多走几家、多看看，货比三家，一定能选到物美价廉的东西。

　　就这样，走走停停，走得差不多了，看也看过了，比也比过了，他的腿脚也有点累了，他就会找一家合适的店，这个店通常不是街口也不是街尾。如果这条街能一眼看到头，大多数人也不会特意选最中间的，而是在这条街的1/3处！

　　一般情况下，在一条街的1/3处成交的机会是最大的。当然，那些价格几乎相同的日用小摊档，则是客户越方便的摊位越好。还有你的经营也与此相关，名誉的好坏也很重要，具体情况也不尽相同。

　　销售的道理也是如此，也许你不是第一个上门销售的，但你恰好成了客户的1/3，你就是成功的。有时候，销售就跟搞对象一样，初恋大都无法修成正果，最终走在一起的人往往是爱无力、爱疲惫的时候，结婚对象未必是最爱的那个人，但肯定是恰好在最需要的时候来到面前的人。就这样，双方看对眼了，管他是第几个追求的？做销售也是如此，你出现在客户最需要的时候，你就成功了。

　　现在社会上的"剩男""剩女"越来越多，据某项调查得知，看上他人主动向对方示爱的只有14%，被他人看上却看不上对方回绝了的高达76%。实际上，根据社会心理学法则可知，从14%和76%这二者悬殊的事实来看，"1/3效应"是随处可见的。我们掌握了1/3效应，不仅有助于销售，还有助于改善自己的情感生活，更好地追求到完美的另一半。

　　所谓"1/3效应"，事实上源自人的心理偏差。我们知道，客户购物的时候总要选择一番，人们找对象更要仔细鉴别，选择的机会越多，选择余地越大，选择的难度也就越大，所以"1/3效应"就应运而生了。

　　很多"剩男""剩女"就像那些选择街道1/3处的客户一样，本来遇到了极好的机会，就是因为这种心理陷阱，误认为前面的机会还有很多，陷入了

"1/3效应"。其主要原因就在于总认为前面的"店铺"还很多，"下一个"会更好，结果等到的一般都是"中等水平"。

销售人员尽可利用这种"1/3效应"，抓住客户选择上的心理误区，不要站在街口街尾迎接客户，坐在1/3处"守株待兔"岂不更好？

当然，我们还需要去主动出击，找准客户的需求点，万一客户属于那种早就看好货的行家，你不及时出手就被别人抢跑了，什么规律都不是万能的，找准时机再出手，也许你会有新的发现……

沸腾效应：将客户的购买热情99加1℃

关键因素往往能引起事物的本质变化。这里的1℃就是关键的因素，别看才1℃，但能让水产生质的变化，从液体变成气体！

水温升到99℃，还不是开水，如果再给它加一把火，在99℃的基础上再升高1℃，那就会让水沸腾起来并产生大量水蒸气，就能用来开动机器了。

在成功心理学中，人们把这种现象称为沸腾效应，意思是一些关键因素往往能引起事物的本质变化。这里的1℃就是关键的因素，别看才1℃，但能让水产生质的变化，从液体变成气体！

其实，日常生活工作中，也会时不时地遇到沸腾效应。比如，高考的学生，也许平时学习很好，但一进考场就发晕，不能很好地发挥自己的学习水平，甚至是名落孙山。为什么呢？这就是沸腾效应的消极作用，受到小小的刺激，就无法正常发挥了。

假如现在有一个客户在挑选你的商品，但是他犹豫了很长时间也没有拿定主意，翻来覆去，把你都看迷糊了。这时候，你就不要干等着啦，该出手时就出手，客户现在已经99℃了，就缺你给他加的这1℃了。也许一句话就能成功，如果你不说，很可能这个客户就会转身离去。

究竟是什么原因引发了沸腾效应呢？

一、关键因素能否及时到位

有了关键的1℃还不行，这个1℃能不能到位也是一个很关键的问题。如果不能及时到位，很可能就不会产生沸腾效应。销售是如此，其他情况也是如此，比如参加奥运会的那些运动员，水平是有了，关键还要看参赛时的良好心理素质，如果没有信心，可能就无法正常发挥，甚至是退出比赛。因此，在体育赛场上，你经常能看到教练对着队员做心理指导。

二、非关键因素的量变作用

关键因素很重要，在关键时刻能起到画龙点睛的作用。但是我们也不能忽视了非关键因素的作用，许多情况下没有非关键因素就不能促成关键因素的质变。

一段时期，非洲流行一种可怕的昏睡病。德国细菌学家欧立希偶然发现了一种叫"阿托什尔"的化学药品，能够杀死引起人昏睡的锥虫。但遗憾的是，这种药物的副作用很大，很可能会使人双目失明。于是，欧立希投入了大量的时间和精力去研究，经过606次试验，终于研制出了既能治好昏睡病，又不伤眼睛的药。因为进行了606次试验，所以把这种药命名为"606"。606的研制成功源自前面605次的失败，是经验累积的结果，605次就是非关键因素量变的基础，欧立希教授的毅力就是促成非关键因素量变的关键因素，也就是那个所谓的1℃。俗话中的"瓜熟蒂落""水滴石穿"都是这个道理。

销售也是如此，没有长久的经验积累和销售员长期不懈的努力，是不可能成长为销售精英的。

三、良好心理特质的作用

沸腾效应的产生和良好心理特质是分不开的。一般来说，自信力、毅力、定力、坚持力都是影响沸腾效应的心理特质。如果你不具备这些"力量"，缺乏这些心理特质，很可能就会让你的销售工作功亏一篑。

我们销售员就好比是这1℃，我们能做的就是把客户的购买欲望变成100℃。有时候，看似微不足道的一点点，往往是导致最大差别的关键。

首因效应：第一印象决定你的成败

给别人留下健康积极的第一印象，是每个销售人员的必修课，而不是什么选修课。现在，人们的生活节奏都很快，尤其是生意繁忙的客户，客户不愿意耽误时间，你也不能浪费时间，所以第一印象就更为重要。

我认识一个新闻系的大学毕业生，好几个月都没找到合适的工作。

一天，他看到一家报社就走了进去，对总编说："您好，你们还需要一个编辑吗？""对不起，我们不需要！""记者呢？""也不需要！""排字工人、校对总需要吧？""不好意思，我们这里什么职位都不缺人！""那么，我想，你们一定需要这个东西。"说着大学生从包里拿出了一块精致的小牌子，牌子上写着"额满，暂不雇用"。总编看着牌子，脸上浮现出了笑容，他点了点头，说："小伙子，如果你愿意，你明天就到我们广告部报到吧。"

这个大学生用一块牌子就表达了自己的机智和乐观，这就是"第一印象"的积极效果。良好的第一印象往往是成功的开始，这种"第一印象"的微妙作用，在心理学上被称为首因效应。

狭义上说，就是人与人第一次交往中给对方留下的印象，往往能在对方的头脑中形成一定的主导地位。这个第一印象的作用是非常强大的，持续的时间也比较长，很可能会对以后事物的发展发挥一些作用。这个作用是积极的还是消极的，很大程度上在于你留给别人的第一印象。

第一印象效应引申一下，比如新官上任的"三把火"，所谓的"下马威"等，几乎所有的人都力图给别人留下良好的第一印象。

在销售中，销售人员的第一印象也是非常重要的，你在客户眼里的一切，如性别、年龄、衣着、姿势、面部表情、体态、谈吐等在一定程度上都反映出你的内在素养和人格特征。

在心理学上，首因效应被这样解释："保持和复现，在很大程度上依赖有关心理活动第一次出现时注意和兴趣的强度。"第一印象，是短时间内留下的片面印象，初次会面时，45秒钟内就能产生第一印象。这个印象能让你对客户或客户对你产生较强的记忆，并且在双方的头脑中形成并占据主导地位。这种强烈的主观记忆会直接影响到以后的一系列行为。

给别人留下健康积极的第一印象，是每个销售人员必须掌握的必修课，而不是什么选修课。现在，人们的生活节奏都很快，尤其是生意繁忙的客户，客户不愿意耽误时间，你也不能浪费时间，所以第一印象就更为重要。因为忙碌的客户是不愿多花时间与一个给他第一印象不好的人交往的。

《三国演义》中"凤雏"庞统面见孙权时，因为庞统相貌丑陋，孙权对他很不感冒，又见他傲慢不羁，更觉不快。尽管鲁肃苦言相劝，号称"广纳贤才"的孙仲谋还是把这位与诸葛亮比肩齐名的奇才拒之门外。即使后来庞统见到刘备，刘备也没有特别重用他，也是随便安排一个无足轻重的小官。为什么？第一印象不佳。而诸葛亮，高大帅气，飘飘然有神仙之姿，可谓是人见人爱、花见花开。由此可见，第一印象的影响是多么可怕。虽然相貌和才华没必然联系，但首因效应却能在人们心中起到强大的作用，甚至可以左右一个人的命运。

的确如此，"以貌取人"往往会带来不可弥补的遗憾。所以，我们除了让自己尽力给别人留下好的第一印象以外，我们还要相信"路遥知马力，日久见人心"，毕竟第一印象不能代表一个人的全部，仅凭第一印象就对他人妄加判断是不够公道的。

共生效应：远离大市场，让你远离赚钱的大机会

没有竞争就没有发展，做任何生意都离不开竞争，要赚钱必须依赖大市场，远离了大市场很可能就远离了赚钱的机会。

种白菜的时候，农民往往会在田埂上点一些胡萝卜籽，等到白菜砍掉以后，这些胡萝卜也就长起来了，白菜和萝卜得到了共生。这就是人们常说的间

种。还有，一株植物单独生长时，往往不是你想象的那样养分充足，长势必定好，实际上，恰恰相反，这株植物不但没有生机，甚至还会枯萎。

而当众多的植物一起生长时，每一株植物都是根深叶茂，生机盎然。这就是自然界中常见的"共生效应"。植物都懂得"共生"，都知道相互影响、相互促进，我们销售时何不利用这种效应，专找人多的地方去，你越是远离大市场，越没有赚钱的机会。

有一家公司，最近很不景气，业务很少，几乎面临着破产。因为有半条街的门脸房，正好对着一个很大的居民小区，就打算把这些空房对外招租。广告贴出去没几天，一个商人就租了一间房子办起小吃店。没想到，这家店的生意非常火爆，慢慢吸引了更多小吃店前来，最后这里竟然变成了小吃一条街。

这家对外招租的公司看到这样的情景，再也坐不下去了，于是他们把所有租房的生意人全部赶跑了，收回这些门脸房，自己做起了餐饮生意。没想到的是，还没半个月，这里再次变得冷清起来，许多回头客一看自己平时吃的小店没有了，转身就走了。这家公司投资了很多钱，最后连本都收不回来，更不要说什么效益了，还没有出租房子的收入高。

公司的老板百思不得其解，这是怎么回事？为什么别人能做的生意，自己就办不下去了呢？于是，他找来一个营销专家，想听听专家的意见。专家听完老板的话，微笑着说："如果你去外面吃饭，你是到只有一家餐馆的街上去吃呢，还是到有很多家餐馆的街上去吃？"老板说："当然是人多的地方啦，哪家人多上哪家啊！"

专家呵呵一笑："你看，你是这么想的，客户也是这样想的，人们都不愿意在没有选择余地的地方吃饭，这就是问题的症结所在啊！"

老板这才恍然大悟，自己垄断了整条街的生意，人们当然不愿意跟你"死磕"了。老板重谢了专家，然后回头就关闭了自己的餐饮店，又把那些门脸房租了出去。慢慢地，这条街的生意又火爆起来……

俗话说，没有竞争就没有发展，做任何生意都离不开竞争，要赚钱必须依赖大市场，远离了大市场很可能就远离了赚钱的机会。

做销售也是如此，不要以为客户都是"用情专一"的人，人们都有逆反心理，你越是想独占市场，客户越反感，他们才不愿意在你这"一棵树"上吊死呢！人性就是如此，人们更愿意在整片森林里选一棵小树，而不是无可奈何地选择仅有的一棵大树。

共生效应就是这一现象很好的证明。想想看，在艰难的环境中，一片树林是不是比一棵树更能抵御狂风暴雨的袭击？更何况，共生能互补互助，互相吸取对方的营养，共同发展、共同进步！

销售员不能有任何独享美食的想法，我们要和同事分享，也要和客户分享，只有分享才能获得更多的销售机会。你付出，也必将得到回报。自私自利，必将远离群体，只剩下自己孤零零的，结局只能是灭亡。

凡勃伦效应：感性消费藏有大商机

现在有钱人越来越多，人们的口袋越来越鼓，自然消费能力也随着收入的增加水涨船高，由以前追求数量和质量渐渐过渡到了追求品位和格调。

一天，方丈大师为了启发他的小徒弟，从禅房里拿出一块石头，叫他去菜市场试着去卖，但不要真的卖了。师父说："注意观察，多问问人，回来只要告诉我它在菜市场能卖多少钱就行了。"虽然这块石头很大，也挺好看，小和尚还是满腹疑惑，这样的破石头还能卖钱？但还是拿着石头下山去了。

在菜市场，很多人围着这块漂亮的石头看，有人说，能做个摆饰；有人说，给我儿子玩玩；还有人说，能做个称菜用的秤砣。人们出价的时候，只不过是几块钱。

小和尚回到寺院，告诉师父："您给我的石头只能卖几块钱。"师父说："现在你拿着它再去黄金市场看看，还是不要卖，就问价钱。"从黄金市场回来，小和尚高兴地对师父说："商人们愿意出1000块钱。"师父说："是吗？那你再去珠宝市场看看，低于50万不要卖！"

小和尚又跑到珠宝市场，没想到这些商人竟然出5万块，小和尚牢记师父的话，说什么也不卖，商人只好加价，从10万、20万、30万、40万一直到50万，这块石头卖掉了。

小和尚拿着50万元钱的支票回来了，师父笑着说："如果你不敢要更高的价钱，永远也不会得到这么多钱！"

这个故事也许有些老套，但是我们仍然很有必要再重新学习一下，站在销售人的角度来考虑问题，也许你会有新的发现。

这个故事的本意是告诉人们有关实现人生价值的道理，但从销售的角度讲，何尝不是一种销售规律呢？这就是我们要说的凡勃伦效应！

去商城购物的时候，我们经常会发现这样的情景：款式、皮质几乎一样的鞋子，为什么在商场就能卖到上百元？而在小店卖几十元却没人要，这是什么道理？

再比如，几千元的眼镜架、几万元的纪念表、上百万的顶级钢琴，近乎天价的商品，往往能在市场上走俏，难道能说人们都是钱多烧手吗？

当然不是，客户不是傻瓜，人们购买这些天价商品不仅是为了获得直接的物质满足，更大程度上是为了获得心理上的满足。这种奇特的现象，就是"凡勃伦效应"。这一现象最早由美国经济学家凡勃伦注意到，他认为：某些商品价格定得越高，就越能受到消费者的青睐。

凡勃伦效应指的是一种非理性消费，也就是所谓的感性消费。现在有钱人越来越多，人们的口袋越来越鼓，自然消费能力也随着收入的增加水涨船高，由以前追求数量和质量渐渐过渡到了追求品位和格调。

销售人员可以利用凡勃伦效应来探索新的经营策略，把自己的产品镀上一层"金"，让客户感觉到产品的"名贵"和"超凡脱俗"，从而加强消费者对商品的好感，最终促进交易的顺利进行。

凡勃伦效应认为商品价格定得越高越能畅销，这是一种逆向思维，与低价促销的思维正好背道而驰。当然，虽然价格高可以彰显名贵身份，但我们在销售的时候不能胡乱提价，如果你的产品质量或品位真的不行，盲目提价只能起到适得其反的效果。正所谓"打铁还得自身硬"，有干货才是关键。

凡勃伦效应反映了人们的感性消费心理，这就给销售蒙上了一层神秘的感性色彩，这也是感性消费隐藏着的巨大商机，只要我们能控制好，相信"感性消费"会成为一种时尚，凡勃伦效应也会成为我们得力的帮手。

晕轮效应：别把客户放在晕轮下，要让客户爱屋及乌

推人及物，往往喜爱一个人就会喜爱他的全部，进而从喜爱他这个人泛化到喜爱一切与这个人有关的事物，这就是所谓的"爱屋及乌"。

在《功夫熊猫》里，为什么师父和龟仙人对熊猫阿宝的态度不一样呢？老虎为什么会觉得师父和龟仙人对她冷淡？很可能师父是受到前一个徒弟黑豹太郎"叛变"的影响，对新收的徒弟很不放心。这就是心理学中的"晕轮效应"。

晕轮效应，又叫作"光环效应""光晕现象"，是指在人际相互作用过程中形成的一种夸大的社会印象，如日、月的光辉，在云雾作用下扩大到四周，形成一种光环作用。晕轮效应常常表现为主观、泛化，常表现在一个人只注重对别人的最初印象，而不去看对方的真实品质，形成一种好的或坏的"成见"。

从心理学角度来讲，晕轮效应源自我们知觉特征的整体性。人们在感知客观事物时，总喜欢把拥有不同属性、不同部分的对象看作一个统一的整体，而不是对知觉对象进行"特殊对待"。

举个简单的例子，当我们闭上眼睛闻到苹果的香气或者摸到苹果的形状时，我们在头脑中就会形成一个苹果的完整印象，这个印象来自我们的经验，你会不由自主地想到关于苹果的一切，如颜色、滋味、触感等。所以，我们极易产生"窥一斑而见全豹"的情况。

在销售中也存在着类似情况，据一份市场调查结果显示，受iPhone产品宣传影响，苹果公司的笔记本竟然也取得了良好的销售业绩。市场调研机构Change Wave联盟通过对2007年8月的市场调查发现，苹果公司的笔记本销售得到了"整体提升"。Change Wave联盟创始人Tobin Smith表示："这些结果对苹果公司来说是天大的好消息。由iPhone手机热销产生的晕轮效应惠及了苹果Mac电脑销售，同时惠及了乔布斯以及整个苹果公司。"

相对于销售人员个体来说，我们自己看待客户最好不要受到"晕轮"影响，看待客户不能以貌取人，也不能按照所谓的经验来对待每一个客户。

《韩非子·说难篇》中有这样一个故事：

卫灵公非常宠幸弄臣弥子瑕。弥子瑕玉树临风，相貌英俊，卫灵公非常喜欢他。有一次，弥子瑕母亲生病了，他连夜偷乘卫灵公的车子赶回家去。按照卫国法律，偷乘国君的车子是要砍脚的，但卫灵公不仅丝毫没有责怪他，反而夸赞弥子瑕孝顺。

还有一天，弥子瑕陪卫灵公到果园游览。满树的桃子，让人垂涎欲滴。弥子瑕摘下一个熟透的蜜桃，不洗不擦大口咬着吃起来。吃到一半，想起身边的主公，就把剩下的一半给了卫灵公来吃。按照法律，这是大不敬的表现。然而，卫灵公毫不在意，他说："你忍着馋把甜美的桃子给我吃，真是爱我啊！"

终于有一天，弥子瑕年老色衰，卫灵公不喜爱他的外貌了，恰好有件事得罪了自己，于是就想起过去的事来，他说："这家伙过去曾假传君令，擅自动用我的车子；目无君威地把没吃完的桃子给我吃。"于是，他把这两件事定为弥子瑕的"欺君之罪"。

歌德说："人们见到的，正是他们知道的。"很多情况下，晕轮效应往往在悄悄却又强有力地影响着我们对人的知觉和评价。晕轮效应极端一点说就是推人及物，往往喜爱一个人就会喜爱他的全部，进而从喜爱他这个人泛化到喜爱一切与这个人有关的事物，这就是所谓的"爱屋及乌"。不过，反过来则是恨一个人的某些方面就恨他的全部，推而广之，失去了客观判断的理智。

说句难听的话，"狗眼看人低""门缝里瞧人"都是受到晕轮效应的影响，片面地把客户放在自己主观性的晕轮下，把客户随意地归类。销售人员要做的就是让客户感觉到自己很特殊并受到非一般的优待，让客户"爱上你"，从而爱屋及乌地也爱上你的产品和服务。

踢猫效应：让客户感受到"情同一体"

营销时，最常用的就是移情效应，而且所取得的效果也非常好。比如找些大明星来代言产品，就是投公众之所好，让他们感到明星用的产品一定错不了，因为喜欢大明星进而喜欢上自己的产品，这也是现在很多厂商愿意花大价钱请消费者喜欢的明星来代言自己产品的原因。

心理学中有一个"踢猫效应"，大师弗洛伊德称之为"移情"。具体来说，就是指一个人的主观情绪很容易波及他人，很大程度上表现为"迁怒"。踢猫效应在我们的生活和工作中随处可见，它的威力也是不容小觑的……

一天，一位老板闯了红灯，被警察扣了驾照，开了罚单，心里挺不痛快。他刚走进办公室，销售经理就说："老板，昨天那笔眼看到手的生意谈黄了。"老板破口大骂："你这个销售经理是吃白饭的啊，白拿这么长时间的高薪了！"销售经理被老板一顿训斥，心里也是很不痛快，怏怏地回到了办公室。

这时，秘书进来告诉他，下午有个重要会议需要参加，销售经理问她："昨天我让你打好的那几份文件完成了没有？"秘书说："还没有，因为……""因为什么，别老找什么借口，虽然你在这儿干了三年，但并不意味着你没有被解雇的可能！"

秘书回到座位上，心里想："不就是几份无足轻重的文件吗？这三年来，我没日没夜地加班工作，动不动就拿解雇来威胁我，这算什么事啊！"秘书回到家，看到儿子躺在沙发上看电视，满脸脏兮兮的，裤子还弄破了个洞，不由得怒火中烧，怒吼道："叫你放学后别到处乱疯，你干什么去了？是不是又找打啊？"儿子转身回到自己的房间，心想："不就是踢了会儿球吗？也不听我解释解释，打吧，打死我才好呢！"儿子越想越生气，这时一只猫跑了过来，他一脚踢过去，怒喝道："滚开，你这只死猫！"猫从阳台上掉了下去，正好砸在来找秘书的老板头上……

　　人类的情绪就是这样奇妙，情感的迁移往往会带来很多不可思议却又合情合理的现象，就比如上面这个故事，看起来有趣，却能给我们带来很多启示。销售人员要学会理解并掌握这种移情作用，掌握这种心理效应的特点，合理利用移情作用，可以帮助我们顺利做好销售工作。

　　事实上，在营销里面，最常用的就是移情效应，而且所取得的效果也非常好。比如找些大明星来代言产品，就是投公众之所好，让他们感到明星用的产品一定错不了，因为喜欢大明星进而喜欢上自己的产品，这也是现在很多厂商愿意花大价钱请消费者喜欢的明星来代言自己产品的原因。

　　大多数消费者是很容易受到移情心理影响的，看到明星也用了这种产品并且说好，理所当然就认同了厂商的观点，移情的妙处正在于此。和巨大的销售额相比，明星的代言费再高也是值得的。

　　在具体工作中，销售员要学会利用"踢猫效应"，比如当你和客户交谈的时候，可以这样说："您可能还不知道吧，这个化妆品林志玲经常用，很多客户都跟我们打听这个产品呢！刚刚到货就被很多零售商给抢跑了……"这么说肯定让客户心动不已，关键是你所说的话是属实的。

　　我们的目的是什么？不就是让客户感觉到我们的产品物有所值，让客户从口袋里掏钱吗？所以，善用移情效应，可以让客户感受到"情同一体"，对我们的销售工作是非常有益的。

　　移情看起来容易，操作起来却不简单，风险也是相当大的。把猫踢得恰到好处不能总凭运气，而且很有可能会把猫给踢死。所谓过犹不及，小心别对客户移情不成，反被客户"移情"，这是我们需要注意的。

刻板效应：不要用你的定式思维判断客户

世界上没有完全相同的两片树叶，也没有完全相同的两个人，每个人的想法都不尽相同，涉及钱的时候更是如此。我们不能理所当然地对客户进行归类和划分，也不能用静止的观点看问题，因为任何一点细微的差别都可能让客户"翻脸"。

我曾经问大家一个问题：有个经理在路边同一位客户讲话，这时一个小孩跑了过来，气喘吁吁地对这个经理说："不好了，你爸爸又和我爸爸吵起来了！"客户问经理："这孩子是你什么人呢？"经理说："那是我儿子。"问题来了，这两个吵架的人和这位经理是什么关系？

台下几十个人没有一个答对的，后来一个陪男朋友来听课的女孩站起来说："这个经理是女的，吵架双方一个是经理的老公，即孩子的爸爸，另一个是经理的父亲，即孩子的外公。"众人听后都恍然大悟，现场有个老板对这个女孩说："你不妨考虑来我们公司做销售吧，也许以后你就是你男朋友的上司了！"

为什么很多人回答不出这个很简单的问题呢？这就是"刻板效应"在作祟。在大家的固定思维里，和客户站在路边谈话的一定是个男经理，所以习惯上从男经理这个心理定式去推想，自然是找不到答案。而女孩子却习惯从女性的角度去想问题，于是没有刻板心理限制，很容易就找到了答案。

刻板效应，又称定型效应，是指人们以自己头脑中关于某一类人或事的固定印象为判断标准去评价别人的心理现象。

很多情况下，人们在思考和解决问题时会不自觉地出现"刻板效应"，在认识他人、与人交往的时候也会经常受到刻板效应的影响。具体表现为，常常认为别人和自己想得一样，甚至会"疑神疑鬼"，主观形成片面认识，这样显得既没有信心，也不利于自己和客户交往。

刻板印象常表现为一种偏见，有时候人们不仅会对接触过的人产生刻板印象，还会根据一些不见得公正的间接资料对未接触过的人产生刻板印象。有些销售员总是习惯把客户机械归类，主观上划分客户的类型，因此往往影响自己的客观判断。比如北方人豪爽、南方人精明，女人感性、男人理性等。

在古典名著《儒林外史》中，范进考中秀才之后，想进一步考取举人，岳父胡屠户嘲笑范进不是举人的料，骂他"像你这尖嘴猴腮，也该撒泡尿自己照照；不三不四，就想天鹅屁吃"。这就是刻板效应，谁能想到范进后来还可以"中举"呢？至于疯不疯那是后话了。

在招聘面试的时候，从二三流学校毕业的普通大学生和清华、北大的高才生相比，即使能力素质差不多，HR也会认为还是名牌大学的学生更适合。当然，从信息经济学的理论来解释，名牌大学高才生工作后表现优秀的概率确实要更大一些。但是，我们也不能排除刻板效应的作用。

世界上没有完全相同的两片树叶，也没有完全相同的两个人，每个人的想法都不尽相同，涉及钱的时候更是如此。我们不能理所当然地对客户进行归类和划分，也不能用静止的观点看问题，因为任何一点细微的差别都可能让客户"翻脸"。那么，在具体销售中我们应该怎么做？唯有灵活应变为要。

第 十 一 章

在谈判中"俘虏"客户

你会谈判吗？废话！做销售不会谈判那还叫销售吗？……是呀，只要是谈判就有输赢，但是没有永远的胜利者，却有永远的失败者！抓住谈判对手的心理，你将立于不败之地！

永远不要接受第一次开价或还价

销售人员不要匆忙地接受第一次出价，最好的策略是用上级领导做掩护。你的心中总要这样想："不管买家还价是多少，我都不能接受，我得跟经理商量商量再决定。"

在和客户谈判的初始阶段，请各位销售人记住这样一句话：永远不要接受第一次开价或还价。事实上，这是很多销售人最容易犯的错误之一。

为什么这样说呢？如果你对第一次报价表示同意，任何人心里都会产生很多想法。举个不是很恰当的例子，你儿子对你说："爸爸，今天晚上我能借用一下你的汽车吗？"你说："当然可以，去吧。"他就会自然而然地产生这样的想法："我再和他要1000元钱，应该没什么问题。"要不就这样想："今天怎么这么痛快？肯定有什么事瞒着我，想快点打发我走！"

这是很容易理解的一件事，因为人的心理就是如此，越容易得到的东西越感到不可信。当置身于谈判中时，你可能会对买主有一种心理预期，甚至有一种迁就和讨好心态，事实上这是很危险的。

拿破仑曾说："指挥官最不可饶恕的罪过就是凭空想象——假想在已知情况下敌人行动的方式，而敌人的反应则可能完全不同。"所以，你不要给他们制定一个所谓的最低预期，如果你那样做了，结果往往会出乎你的意料，你认为的价格也许远远低于客户心中所设想的原定价位。

曾有这样一个案例：一家时尚杂志的商务代表向一个客户推介他们的版面资源，因为客户对这份杂志的理念很认同，所以很想把自家公司的产品广告刊登在上面。然而，客户提出一个合理的价格38000元，商务代表感到很吃惊，他考虑了一下对客户说："这样吧，我回去跟经理商量一下，大家研究研究，看看头怎么说，您这样的价格实在是太低了！"

第二天，客户接到商务代表的电话："不好意思，我以为经理会同意，但是他觉得太低了，这样的价格是不可能的，您可以打听一下，真的不行！"

客户沉默了很长时间，然后说："那你们经理同意多少？"

"48000元，再不能少了！"

"好吧，就这样吧。"客户说。

你看，这位商务代表就颇得谈判的精髓，他牢牢掌握一个法则：绝不接受第一次出价。要知道，谈出来的每一分钱都是净利润！这是销售人员百分之百应该掌握的策略。如果你接受了客户第一次出价，从此就失去提价的机会。

所以，销售人员不要匆忙地接受第一次出价，最好的策略是用上级领导做掩护。你的心中总要这样想："不管买家还价是多少，我都不能接受，我得跟经理商量商量再决定。"

把眼光放远一点，你的步子就会迈长一点。不要轻易满足客户的第一次出价，那只不过是客户的试探，他们总是想花最少的钱办最大的事，你认同了这个价位就是上了客户的当。

低飞球技巧：先给个糖吃，再来一巴掌

这种营销谈判技巧，类似于"先给个糖吃，再来一巴掌"，也就是说，先

勾起客户的购买欲，然后再找借口适当提提价，客户权衡利弊，既然喜欢上了你的东西，一般不会在乎这点小钱的。

"低飞球技巧"来自棒球比赛，假如一个投手最开始投出一个极为难打的低飞好球，低飞球的印象就会一直残留在他的脑海中，以至于连坏球也会想要出手打击。也就是说，最初的那一球往往决定了很多人的"命运"。

美国古典学派销售技巧就有这个"低飞球技巧"，大体的步骤是这样的：

1. 客户对销售员所提的价格不满意，经过一番砍价，销售员认输，最终只好接受了客户所提的价格。

2. 客户非常高兴，决定购买。

3. 销售员向公司报告这项买卖契约。

4. 销售员打完电话，突然向客户道歉："真是非常抱歉，我们经理说，那个价格真的不能卖……"

5. 客户当然不愿意，客户的脑海中已经决定"购买"，这个价位已经成为优先的选项，所以在情绪上不想遭受挫折，一般客户最后还是会以销售员的价格购买这个产品。

"低飞球技巧"就是这么一个神奇的东西，你在交谈刚开始的时候就给客户一个始料未及的好条件，目的就是让客户产生购买意愿，只要客户"上钩了"，即使你以后加价，客户也会买你的东西。

对很多客户而言，他们从销售人员手里得到的"低飞球"通常来自"购买行为"，很大程度上，得到"购买行为"的机会对客户而言相当有魅力，他们会认为这样的机会千载难逢，因此，为了满足"购买行为"的欲望，也许他们会不惜做出一些让步。

简单来说，这个购买行为就是销售人员用一种手段引诱消费者上钩的"小伎俩"，比如电商网站经常搞的节日促销，以低廉的价格吸引客户，让客户冲动购物，于是我们经常听到这样的说法："哎呀，我又因为一时冲动血拼了一堆东西，下个月的日子可怎么过啊！"

的确，现在的网店和电视购物最擅长运用各类激发消费者"购买行为"的营销策略，让客户不出门就可以在家购物；可以自由选择，不用听销售员在耳边唠叨；不满意的商品也可以退货等。这种销售方式因为减少了租赁场地的成本，价格相对低廉，能够鼓动很大一部分消费者产生"购买行为"。当然，这种购买行为必须足够诱人、足够让客户满意……

"价格便宜""最后三天""不抢就没有了"这些条件，都会让客户产生难以抑制的购买冲动。实际上，很多交易能够顺利实现都源自购买行为，你能做的只是提供一个这样的机会，试着告诉你的客户："只有您才能享受到我们这样的优惠！"没错，你已经丢出一个低飞球了。

这种营销谈判技巧，类似于"先给个糖吃，再来一巴掌"，也就是说，先勾起客户的购买欲，然后再找借口适当提提价，客户权衡利弊，既然喜欢上了你的东西，一般不会在乎这点小钱的。

销售就是如此神奇，它利用的是人心，而不是嘴皮子。想成功，就要善于体察人心，抓住消费者的心理，让客户打心眼里信任你，这才是销售王者之道。

把线放长些，钓到的鱼更大

懂得钓鱼的人都知道，一旦大鱼上钩了，不能马上就拉竿，马上拉竿，很可能大鱼会挣脱逃掉。所以，要不断放长线，让大鱼跑，直到大鱼跑累了，再拉上来就轻而易举了。

唐代有位窦公，对理财十分在行，可惜他却没什么大财可理，难以施展赚钱本领。一日，他在京城四处逛荡，寻求赚钱门路。在郊外，他忽然看到一座大宅院，一打听，原来是一个位高权重的宦官的外宅。

他走到宅院后花园墙外，看见一个水塘，直通小河，但没有人打理，水有点脏。窦公想，我的财路来了。他以极低的价钱收购了这块含有水塘的荒地，又借了些钱，把水塘砌上了石岸，疏通了水道，种上了莲藕，养上了金鱼，还在周围种上了玫瑰花。

第二年春天，宦官逛后花园的时候，闻到了花香，到墙外一看，十分喜欢这个池塘。窦公毫不犹豫地把这块地送给了宦官，两个人自然就成了朋友。看到时机成熟，窦公装作无意地说想到江南走走，宦官说："窦兄，大可放心，兄弟给你写上几封信，让地方官吏多照应一番。"

窦公拿着宦官的这些信，靠官府撑腰，贱买贵卖，不出几年就赚了大钱。后来，他在皇宫东南处的低洼地上填土造馆驿，极力模仿不同国家的房舍，专门接待外国商人，同时还兴建各种娱乐场所，慢慢这条街就变成了"长安第一游乐街"，窦公也成为海内首富。窦公靠一个小小的鱼塘最后成为超级富人，靠的就是"放长线，钓大鱼"。

懂得钓鱼的人都知道，一旦大鱼上钩了，不能马上就拉竿，马上拉竿，很可能大鱼会挣脱逃掉。所以，要不断放长线，让大鱼跑，直到大鱼跑累了，再拉上来就轻而易举了。

日本万事发香烟打入欧洲市场用的就是"放长线，钓大鱼"这一招。刚开始，先免费赠送两条烟给一些城市里的名人，让他们上瘾，然后突然停止供应，人们就不得不自己掏钱买。不仅如此，同时还利用了名人效应，为自己做了活广告。虽然万事发免费赠送付出了很大的成本，但他们所获得的回报也是惊人的。很快，默默无闻的万事发就成了世界名牌香烟……

放长线钓大鱼，也就是所谓的欲擒故纵，关键点在于"纵"。在谈判的时候，这个"纵"是至关重要的，有时候甚至能影响到整个交易的生死。

施展欲擒故纵法，一般需要两个人，两人组成一个谈判小组，一个在谈判初期起主导作用，另一个在结尾扮演主角。通俗地讲，就是一个扮白脸一个扮黑脸。在洽谈开始时，"黑脸"保持沉默，努力寻找解决问题的办法，当然是在不损害客户"面子"的原则下。另一个说软话，尽量和客户的心理接近，让客户感到很贴心。

当然，更多的时候是销售员单枪匹马去迎战，单刀赴会也可以运用欲擒故纵的方法，开始先适当做一些让步，让客户的心先放松下来，然后再慢慢增加筹码，这样更能说服客户。记住，千万不能着急，你只有把线放长远一点，收回来的鱼才能更大一点。

掌握时间妙用的人才是真正的谈判高手

下午人容易犯困，当以重复、说明、证实、考察等事情为主，最好不要谈论新的想法。时间越靠后，人的状态越不好。下午是情人约会的好时间，却不是谈生意的最佳时刻，最好避开这个时间段。

古人认为，打仗三要素——天时、地利、人和，缺一不可。我们说销售如打仗，也需要有这三要素，少了哪个都不行。

谈判时间的选择也是非常重要的，不同的时间表达不同的意思。有时候，时间的变化也能说明利益的变化。谈判对手的"阴谋"，往往会在时间上表现出来。掌控谈判中的天时，你就能找到谈判取胜的门路。有效和巧妙地利用时间，不仅可以控制谈判的进度，更能掌握谈判的主动权。

下面就让我们先来看看天时的重要性。

一般说来，人们上午都比较清醒，想象力也比较丰富，思维比较敏捷。这时候谈判有可能是最不利的，你会感到客户的精力无穷，很难讨得丁点便宜。但也有晚上娱乐过头的，上午还不清醒，和你说话看似睁着眼，实际上早就困乏不堪了。对这样的客户，你大可向他灌输你的想法，让客户看到你的自信，就会觉得你的做法蛮有道理，最后稀里糊涂地接受了你的产品。

下午人容易犯困，当以重复、说明、证实、考察等事情为主，最好不要谈论新的想法。时间越靠后，人的状态越不好。下午是情人约会的好时间，却不是谈生意的最佳时刻，最好避开这个时间段。

晚上是最好的思考时间。夜深人静，也许很多谈判中的重要细节就会浮现在眼前，又会引发很多精彩构思。销售人确实应当形成晚上思考的习惯，但晚上谈生意要小心为好，尤其是客户约你在娱乐场所的时候，以防被客户"灌醉"。

关于和客户吃饭的时间也要注意一些问题。

如果你不想请客户吃饭，也不想让客户请你吃饭，那最好是避开吃饭的点。不要得意忘形，只顾说得高兴，忘了时间。要知道，有时候人说得高兴时会很容易临时改变想法。如果客户故意把见面的时间安排在接近吃饭的点，说明他有意和你吃饭，觉得你值得请吃饭，意味着你处于主动地位，很有机会促成交易。

如果你想请客户吃饭，还不想多花钱，最好选择中午。因为下午客户还有事，一般不会喝酒，吃了饭就会忙着干活。当然，最好提前找好饭店，临时抱佛脚，显得狼狈，还很容易不小心找个高消费的饭店。如果你觉得跟某个客户有必要进一步沟通，那就晚上请客好了。要记得多带点钱！吃饭可能花不了多少钱，可是如果娱乐花钱就没准了。

显然，守时是非常重要的，守时就表示你对对方的尊重，是感化对方的良好证明。客户看见你早早地等在那里，不用说什么客气话，心里也会感动。

如果客户守时，说明客户很想把事办成，或者还有什么问题不太清楚要问问你；如果客户迟到，那就要认真考虑一下，还是谨慎一点好，否则等他付款的时候，就怕连他的人都看不到了。客户不守时就说明和你的合作有点勉强，诚意不够，当然也不能因为对方守时就盲目相信他必然守信。

另外，我们一定要注意客户的付款时间。不管客户拖延的理由有多充分，如果涉及金额较大，就要想到接下来也许会发生对你不利的事情。俗话说，时间就是金钱，时间上的任何变化都可能和利益相关。

还有，很多客户喜欢拖延时间，这也是谈判中经常使用的方法。你要明白，很多事情不拖不清晰，尤其在对方着急的情况下更应该如此。当客户的利益急着要实现的时候，你也可以采取"拖"字诀，吊一吊胃口，探一探虚实。

当你遇到谈判对手突然拜访时，不要考虑客户来的理由，也不要把事情想得太简单。那些"不按常理出牌"的人，往往是非常聪明，但心里又是十分极端的人。此外，沉默的对手值得警惕。和嘴相比，行动更可怕。俗话说，会咬人的狗不叫。小心那些貌似不善言谈的客户吧，也许他们会让你在谈判中一败涂地。

天时的重要性是不言而喻的，想在谈判中取胜，你不得不考虑时间这个因素，真正掌握时间妙用的人才是真正的谈判高手。

谈判地点选择藏玄机——谁的地盘谁做主

除了酒店还可以选择咖啡厅或者茶馆谈事情，在这里谈判更清静，但价格不菲，可适当考虑安排几次。这样的地方比较有文化氛围，有益于避免谈判时的刀光剑影，也许会取得意想不到的效果。

很多客户都是"窝里横"，到了别人的"地盘"上，就老实多了。如果客户对你不是很信任或者你想全方位向客户展现自己的实力，可以主动邀请客户来自己的单位考察。一般来说，让对方来自己单位谈判，对己方绝对是有利的。

当然，我们的心态要谦和中正，不能因为客户来了，就觉得自己了不起。务必要客客气气的，维护好自己的形象。到了吃饭时间，不管谈得结果怎么样，都要请客户吃饭。即使客户不吃，挽留也要诚恳，记得多说几句"别走了"。

到客户单位谈判，就要仔细观察、了解客户各方面情况，包括客户本人、员工、机构、管理等方面。另外，还要弄清楚客户最后是怎么拍板的，是一个人决定，还是要和谁商量，或者是开会决定。你了解得越多，谈判成功的概率也就越高。细节是人心理的指南针，细节能向你指明通往客户内心的路。你的眼睛就是摄像机，要把客户的一切拍摄下来，尽量不要遗漏任何一个可疑点。

到客户单位，关键的一点是感受对方对你的重视程度。比如谈判的时间、参与的人数、客户所说的客气话等。如果客户请客，注意观察客户的表情，看看真假。吃饭点菜，不管客户多有钱，你都不要点贵的。点什么，你都要说"让您破费了"，但切记不要阻止客户点贵的，因为客户愿意给你花钱，很可能是想把事情办好，对你是有利的。

饭店是个好地方，在这里谈生意效果神奇。有时候，平时办不了的事，喝了几杯酒就成了。酒精的力量在人际关系中有着超乎寻常的作用。如果你请客户去的是不熟悉的高级酒店，有必要熟悉一下酒店的环境。否则，客户想找个厕所，你都不知道，说明你平时很少来这样的酒店，想必也没什么钱，显得自己没品位。

除了酒店还可以选择咖啡厅或者茶馆谈事情，在这里谈判更清静，但价格不菲，可适当考虑安排几次。这样的地方比较有文化氛围，有益于避免谈判时的刀光剑影，也许会取得意想不到的效果。

不管在什么地方谈判，都尽量传达积极阳光的态度，一定要给客户以希望。总之，只要你抓住客户的心，无论在什么地方谈判，他都会围着你转。

商务谈判中说"不"的艺术

拒绝需要的不是冷冰冰的刀子，也不是枪林弹雨的攻击，而是和风细雨式的潜移默化。有时候，采用温婉巧妙的方法更能达到良好的"拒绝效果"。

在商务谈判中，讨价还价是难免的。

当你感觉客户给出的价格自己根本无法接受时，你必须学会拒绝，但是如何拒绝则是一门艺术。无论如何，你总不能直接看着客户的眼睛说"不"吧？

要知道，如此直接拒绝太死板、太武断、太粗鲁，会对客户造成一定的心理伤害，必然会造成僵局，导致生意失败那就不好了。所以，拒绝要有"艺术性"，尽量不要伤害客户的感情，下面就教你几招"艺术性"的拒绝技巧。

一、先认同再拒绝

有家公司的销售人员面对客户对自家产品知名度的质疑，坦然地说："您说得没错，我们的品牌不是很知名，那是因为我们把大部分经费用在了产品研发上，您看看，这些产品式样多时尚，质量绝对不差，面市以来销路一直非常好，有些地方竟然脱销……"你这样说，一方面认同了客户的说法，另一方面又提出了新的观点和见解，从而让客户对产品的信任度大幅提高，内心的疑虑也因此减少。这是达成共识、继续下一步谈论的基础。即使谈判不成，双方也都能感到满足。

的确，人人都渴望被认同，在具体的谈判过程中，当你不得不拒绝客户时，一定要记得先认同对方，然后再从对方不同意见中找出和你相同的"非实质性"内容，并加以极力肯定，让对方和你产生心理共鸣，油然而生"英雄所见略同"之感。如果你做到这一点，客户就上了你的轨道，问题不就好解决多了吗？

二、不妨幽他一默

幽默是谈判的利器，当你感到谈判陷入僵局时，不妨幽他一默，让客户听听你的话外音，客户听明白了，自然不会再提什么过分的要求。这是生意场上一个很奇妙也很艺术的拒绝法。

某洗发水在抽检中被客户发现有分量不足的现象，于是客户趁机对来谈判的销售人员讨价还价。这个销售员微笑着娓娓道来："美国专门为空降部队生产降落伞的军工厂，产品不合格率为万分之一，这就意味着10000名士兵将有1名因为降落伞的质量缺陷而牺牲。这种情况当然是所有人都不能容忍的，所以美国军方想了一个办法，他们在抽检产品时，让军工厂主要负责人亲自跳伞。从此以后，降落伞的合格率为百分之百。如果您提货后能把那瓶分量不足的洗发水赠送给我，我将与公司负责人一同分享，这可是我们公司成立几年以来第一次碰到使用免费洗发水的好机会啊！"这样的拒绝方法不仅能转移客户的视线，还给出了拒绝否定的理由。显然，这是非常巧妙也是非常成功的拒绝方式。

三、曲线补偿法

拒绝总是令人不快，不管你拒绝的理由多么合理，客户都会感到不痛快。这时应该怎么办？你不妨对"拒绝"进行一些额外的补偿，可以在力所能及的范围内，给予客户适当的优惠条件，这就是我们所说的"曲线补偿法"。

这种方法在谈判中也经常用，比如一名房产销售员对有意购买别墅的客户说："我们房屋是稀有精品，卖一套少一套，这个价位真的不能再降了。这样吧，我给主管申请下，可以免您两年物业费，您看怎么样？"

销售大型电子设备的厂家，也经常爱用此招。比如，电梯、中央空调等设备销售员可以这样对客户说："虽然我们的产品价格稍高一点，但美观耐用，安全节能好，售后服务完善，每年还免费上门给您保养维护，解除您的后顾之忧，绝对是您最明智的选择！"这样一说，客户就不会感觉你的产品贵了，你的曲线补偿让他感到安心和放心。

四、移花接木法

在谈判中，如果你遇到客户狮子大张口的情况怎么办？如果你感觉自己不能满足客户的条件，可采用移花接木的方法，委婉地表达自己的拒绝，更容易得到对方的谅解。比如，你可以这样对客户说："很抱歉，这个超出我们的承受能力……""除非我们采用劣质原料使生产成本降低50%才能满足你们的价位，所以真的很遗憾。"你这样表达自己的观点之后，对方会理解你，且以后还有合作的余地。

你可以暗示客户，委婉地告诉他所提的要求太苛刻了。另外，你还可以运用法律、制度、惯例等无法变通的客观限制来委婉地回应对方，比如你可以说"如果法律允许的话""如果物价部门首肯的话"……

总之，我们要认识到——拒绝需要的不是冷冰冰的刀子，也不是枪林弹雨的攻击，而是和风细雨式的潜移默化。有时候，采用温婉巧妙的方法更能达到良好的"拒绝效果"。这是每个销售人员在与客户谈判时都必须懂得的谈话技巧。

给客户一点善意的"威胁"

这个世界上没有人愿意被威胁，客户更是如此。我们所说的"威胁"和你想象中的恶意恐吓没有任何关系，这是销售人员经过对客户的认真分析，然后对客户做出的一种善意提醒。

逢年过节，我们发现很多商家都会开展一些"限期促销活动"，这个所谓的"限期"的意思是"超过期限就不能享受这么好的优惠了"。虽然消费者心知肚明，但面对这些诱惑，也会"疯狂购物"，排队也乐此不疲。

销售人员在和客户进行谈判时，不妨也学学这些商场的做法——给客户一点善意的"威胁"。因为客户一般不主动购买，需要销售人员去说服。有时候，销售人员再能说、再会说，客户还是无动于衷。面对这种情况，我们必须改变策略，给一个"假如您不买我们的产品，您将受损失"的暗示，很可能会打动客户的心。

"威胁"客户前，销售人员首先要弄清客户最关心的是什么。心之所系，情之所依，只有切中客户的痛点，你的威胁才能立竿见影。而且，必须要牢记的原则是——给客户暗示时不能用谎言欺骗客户，必须在尊重和关心客户的基础上，有技巧地进行说服，处理不当很可能会引起客户的强烈不满。

从某种意义上说，适当给客户一点善意的"威胁"，更能坚定客户购买产品或服务的决心，还能促使客户主动缩短沟通的时间。由此可见，销售人员掌握这种说服技巧是很有必要的。

罗成是一家保健器材的销售，他今天要去拜访客户刘总。

和刘总寒暄过后，罗成向刘总介绍了自己代理的保健器材。刘总说："小伙子，目前我还没有这方面的需要啊，如果需要的话，我一定会给你打电话，对了，你电话是多少来着？"罗成知道刘总下逐客令了。罗成赶紧说了自己电话，然后接着说："听说您的母亲就要过70大寿了，就伯母这身体再活70年也没问题！"

刘总叹道："唉，虽然平时保养得一直很好，可毕竟年龄在那儿呢，身体一日不如一日了呀。"

罗成说："老年人保养是没错，但还要经常做些运动，一来能增强身体的抵抗力，二来还可以保持一个好心情。"

刘总神色严肃地说："以前也经常锻炼身体，可今年不行了，她觉得太累，再说我也怕出什么问题。可愁坏我了！"

罗成接着说："我们公司的这套健身器材正好可以帮您解决这个难题……"

接下来，罗成大侃特侃，把保健器材的所有好处都说了个遍，当看到刘总已经流露出了购买意愿后，他说："您想想，要是您不能在母亲70大寿的时候送她一件有意义的礼物，伯母一定会感到很失望。我们的保健器材绝对能让老人家感受到您的孝心，每次看到它，老人家都会想起自己这个值得纪念的生日。其实啊，这种保健器材销售部只剩下3台了，您现在要是不买，等您想买的时候恐怕就没了，只能等公司总部发货了。错过了您母亲的大寿，那实在是太遗憾了！"

"好吧，你现在就回公司，帮我把这套健身器材送到我办公室，我还想给母亲一个惊喜呢！"刘总迫不及待地打断了罗成的话。

这个世界上没有人愿意被威胁，客户更是如此。我们所说的"威胁"和你想象中的恶意恐吓没有任何关系，这是销售人员经过对客户的认真分析，然后对客户做出的一种善意提醒。

当销售人员告诉客户，如果他们现在不买产品可能会失去某些利益时，客户必然会产生或多或少的购买欲望，这显然比直接告诉他们产品有多么好更有吸引力。很多时候，避免损失比渴望得到利益更能打动人心。不过，我们要注意的是，"威胁"策略最好能和正面说服相结合，否则小心会引起客户的不安，从而给你的谈判工作造成不愉快。

催款这活不好干，传授你六招"撒手锏"

打蛇要打七寸，结款要找准关键人，向做不了主的人提结款要求，只能是白费功夫，甚至还会"打草惊蛇"。营销人员要深深牢记——在把客户当上帝一样尊敬的同时，还要把客户当"贼"一样地防！

翻开你手边的报纸，你能看到很多讨债公司的广告；刘德华的天幕影业曾制作过一部叫作《香港制造》的电影，其中的主人公中秋就是一个帮人讨债的小混混；在2008年上映的《保持通话》中男主角古天乐也是一个讨债人……

看来，催款这活还真不是一件容易事。销售，无可避免地要谈到货款的催收。货款回笼，是营销人员业绩的体现，也是公司利润的源泉。收不到款，再厉害的销售也是白搭！卖出再多的产品也枉然！

在实际工作中，有很多营销人员就因为货款催收不力，导致公司资金周转困难，甚至面临倒闭的危险。事实上，想实现顺利收款还是有一定技巧的，下面就传授给你六招"撒手锏",也许以后你就能成为一个"收款高手"了!

一、针对不同的借口采取不同的行动

客户不想付款,总会找一些借口,针对不同的借口,我们要以不同的策略来应对。客户说领导不在,如有其他厂家也供货的话,你可以联合其他厂家的销售,以众人的力量对其施压;如果客户资金确实紧张,那你必须避开其他厂家,单独行动。如果客户拒付款的原因涉及己方,营销人员就要反省反省自己了,也许是促销不力,也许是奖金返利没有兑现,也许是什么别的原因影响了客户的积极性……总有一种可能让你找到病根之所在,然后对症下药来解决。

二、分清客户类型

看人下菜碟儿,分清客户类型,再加以区别对待。对付款不爽快却十分爱面子的客户,你可以当着他的员工或者客户的面要求他付款,为了"面子",一般都会结清货款;对难缠的客户,不行你就到他家去找他,"以缠应缠";对付款爽快却资金不足者,要经常鼓励他,并将之纳入星级代理商行列,引导客户良性发展。

三、选择时间

很多客户忌讳工作周期刚开始就对外支付资金,他们会认为这样预示着生意的亏本。所以,销售人员最好不要在一个星期的第一天或者是一个月的头几天找他结款。当然,最好不要在客户心情不好或者情绪不稳定的时候去提什么结款要求,小心"热脸贴个冷屁股"。时间对了,款就好收多了。

四、向谁讨账

打蛇要打七寸,结款要找准关键人,向做不了主的人提结款要求,只能是白费功夫，甚至还会"打草惊蛇"。营销人员要深深牢记——在把客户当上帝一样尊敬的同时，还要把客户当"贼"一样地防！

想收账，必须时刻关注客户的一切异常情况，比如人事调整、机构变革、经营转向、场地迁拆等，一有风吹草动，马上就跟上去，以减少不必要的货款流失。如果某个客户在淡季多次大批量进货，显然这是不正常的；在销售方式上的改变也值得警惕，如果客户喜欢搞什么"放血""跳楼""清仓甩卖"，也很不正常；还有，我们要注意客户单位的人事变动，发现这种情况，务必要求客户办妥移交手续，以防"赖账"现象发生。

五、在理解客户难处的同时，让客户也理解自己的难处

客户跟你说："实在不好意思，你看，我的生意现在太差，资金周转不开，能不能缓几天啊？"除了表示"理解"外，你还要借机向客户说说自己的为难之处：

"老大，要是今天不回款，我会被炒鱿鱼啊！""公司已经几个月没给我发工资了，您要是再不给我回款，我就彻底玩完了！"最好一边说，一边流几滴眼泪，争取打动客户"拔凉拔凉"的心……

六、从货源上彻底消灭死账

将购货要求化整为零。多批次、少品种、少数量地供货。客户要2000件，你就给他500件，他要500件，你就给他100件，永远让客户处于一种"饥渴"状态。

停止相关的销售政策。对付款不及时的客户，我们可以适当提高供货价格，还可以停止促销礼品、样品的配送，让你不给我钱，优惠统统下马！

将优势品种断货。每个厂家都有一两个畅销的优势品种，客户不回款，你就可以建议领导停止向客户供货，一方面避免进一步的损失；一方面让客户警

醒，认识到问题的严重性……

前款不结，后货不送。停止向客户供给一切货物。客户不付清前期货款，就不供货，甚至可以考虑收回货物，不再和他有任何的贸易关系。迫于压力，客户为了自己的长远利益，一般会如约付款。

博弈的最高境界——谁也没有输给谁

为什么会经常出现"双输"的结果呢？结论自然是不言而喻的。双方都想赢，都想少付出多受益。这可能吗？俗话说，想得到必须先付出，博弈的精神就在于此，有时候让步才能进步。

"你喜欢和别人打牌吗？"

一位销售培训老师这样问。没等台下的销售人员回答，他就接着说起来：

"昨天，我被几个朋友拉着去打牌，因为人手不够，所以就勉为其难跟着去了。虽然我不会玩，后来架不住劝，半推半就陪他们玩了起来。刚开始，我是抱着配合的心态玩，觉得输赢无所谓，就没放在心上。后来，我看看自己桌子前面的钱越来越少才觉得有点不对劲，凭什么我就一定要输呢？于是，我开始想办法让自己不输钱，后来越玩越火大，脑子里只有一个想法——赢。很遗憾，结果我还是输了不少钱！"

台下有个销售员站起来说："老师，你也太菜了，下次带上我，保证你赢！"

这句话惹得大家哄堂大笑，老师也笑了起来。摆了摆手，老师说："呵呵，谢谢你的一番美意了，我看我是没下次了！"

"是啊，只要是博弈就有输赢，谁输谁赢总会有个分晓，你们认为除了输赢，还有什么第三种方法吗？"

"不输不赢，大家打平！"

台下又传来了大家的笑声……

老师严肃地敲了敲桌子，说："其实，我们每一个人都可以赢，这就是我们今天要讲的博弈的最高境界！"

销售就是一种博弈，我们每一个销售人都要在博弈中生存，都要在博弈中稳赢。可是，怎么才能永远都赢呢？首先，我们必须拥有一颗平常心，就算身在局内，心也要放在博弈局外，别把结果太放在心上，这样自己永远是赢家。

在销售的过程中，买卖双方都想赢，客户想多占点便宜，销售想多赚点利润，这都是正常的事。但是，最终的结局如何，买卖双方谁赢谁输，那就得看彼此的智慧了。我们说最好的营销结局是买卖双方都是赢家，这是博弈的最高境界，就是我们俗称的"双赢"。

事实上，这很难做到，因为在漫长的商业过程中，销售员有了成功和失败的案例，客户有了成功和失败的事实。

在西方经济学中，关于博弈讲得比较多，最常见的例子是"囚徒理论"。

假设有两个罪犯同时被抓，但证据不够充分，需要分开审问。如果两个人都招了，证据也就充分了，应该判8年。但是，一个人招供而另一个人不招供，那招供的人很可能会从轻处理，判3年；不招供的抗拒从严，可能要判10年。如果两个人都不招供，证据就不充分，也许只能各判5年。

显然，从囚犯自身考虑，最好的结果是都不招供。实际上呢，很可能两个人都怕对方先招了，自己要被判10年。所以，按照人类"两害相权取其轻"的思维习惯，每个人都想通过最小的代价获取最大收益，于是这两个囚犯都招供了，最后博弈的结果是各判8年。

反观销售行业，在商务谈判中，为什么会经常出现"双输"的结果呢？结论自然是不言而喻的。双方都想赢，都想少付出多受益。这可能吗？俗话说，想得到必须先付出，博弈的精神就在于此，有时候让步才能进步。

记得前几年有本书叫《谁比谁傻》，很可能销售和客户很多情况也处于这种谁比谁傻的格局，比拼的就是智慧。其实，你死我活的博弈根本没有必要，只有谈判双方都能互相理解、互相支持、换位思考，而不把对方当成傻瓜，最终谈判的结局才可能收获双赢。

第 十 二 章

做销售就像追女孩，注重细节才有戏

当你追求一个女孩子的时候，是不是想尽办法去套近乎？关于这个女孩的一切你都想知道吧？你要把追女孩子的精神用在跟客户谈生意上，任何蛛丝马迹都不放过……本章为你讲解藏在细节里的销售心法。

做销售就像追女孩，请记住她们的重要日子

培养好感是维系男女双方继续交往并最终确立恋爱关系的关键。对销售人员来说，情感上的认同也是新客户开发成功的基础，而重要节日就像一个切入口，让你走进客户的心，和他们亲密对话，甚至成为一辈子的好朋友。

有人说，追女孩是一门技术活。那么，如何才能追女孩呢？太系统的东西我们暂且不谈，在这里重点强调一点——如果你想追求一个女孩，必须记住她的生日以及她妈妈的生日，还有什么情人节、平安夜甚至还有她的"大姨妈"，等等。为什么？因为记住爱人的重要节日是对她的重视，也是对她爱的一种表现。

客户也是如此，如果你重视客户，最好记住客户的重要节日。现在什么都讲究人性化，我们的服务也要人性化，多关心一下你的客户准没错。

我们这么做是为了和客户进行良好的沟通，为了建立良好的客情关系。和客户沟通，关键是情感交流。首先，你要真诚，必须用自己的人格魅力，比如正直、诚实，去赢得客户的好感。其次，要多了解一下客户的喜好，并记住客户的一些重要日子。

在客户的重要日子里，给他发一条问候的短信或者送一个精致的小礼物，都能帮助你建立良好的客情关系。如果你足够关心客户，他们可能会帮助你进入更广阔的交际圈，给你介绍更多的生意。

从事销售业，我们必须学会人性化服务，去主动关心客户的需求。拜访客户时一定要注重细节，在客户的重要日子送小礼物就是个好办法，就算不花

钱，打个电话说几句好话也是必要的。另外，对客户出现的问题也要及时给予解决，最好能让客户感觉到花100元就能享受到1000元的服务。

如果我们喜欢一个人，大部分人都会千方百计地搜集对方的信息，比如姓名、电话、兴趣爱好、爱吃的食物、喜欢什么样的衣服等。有了充分的准备，就能做到有备无患、有的放矢。

同样，面对一个新客户，收集信息也是交易成功的必要条件。和追求女孩子一样，开发新客户也要明确对方的地址、电话、网站、联系方式等。当然，就像你某一天在大街上看到一位帅哥或者美女一样，想认识不容易。对我们来说，完全陌生的公司，要了解负责人的信息是非常困难的。这就要看销售员自身的本事了，需要你千方百计打听清楚，"人肉搜索"一番。等你全面了解这些之后，接着就从他们的一些重要日子入手吧！

一般来说，客户选择产品，首先关注的是厂家的实力，其次是产品的品质和价格。但是对一个产品的认同90%来源于销售人员的一言一行，所以销售人员同客户沟通一定要真诚，用自己强烈的信心去感染客户，千万不能回避竞争对手。

如何突破客户的心理防线？最关键是抓住客户最关心的话题，这时你收集到的信息将发挥极大的作用。从这些信息中，你可以洞察客户内心的秘密。在和客户交流的时候多听少说，不要滔滔不绝，更不能信口雌黄。

有了一定的沟通铺垫之后，你可以向客户说明自己产品、公司的优势，切不可直奔主题，还需要一段时间的缓冲期。这段时间，销售人员可及时跟踪客户，并通过各种方式不时地联系客户，让客户记住你。想让客户记住你，一般可以通过节日问候、节日礼物等情感投入来获得客户的情感认同。

培养好感是维系男女双方继续交往并最终确立恋爱关系的关键。对销售人员来说，情感上的认同也是新客户开发成功的基础，而重要节日就像一个切入口，让你走进客户的心，和他们亲密对话，甚至成为一辈子的好朋友。所以，每个销售员都要牢记——不仅追女孩要记住她们的重要日子，做销售也是如此。

拜访客户时记得先讨一杯水

客户给了你一杯水，他会产生一种错觉，认为自己肯定是喜欢你才肯给你水喝，为了保持心理一致性，他会继续喜欢你，所以只好接着帮你的"大忙"啦。

美国有一个伟大的推销员，他的推销方法就很有一套。等敲开客户的门后，他的第一句话说的是："您好，我是一个过路的推销员，我有点口渴，您能给我一杯水吗？"几乎所有人都不会拒绝一个穿着整齐大方、谈话彬彬有礼的年轻人的小要求。喝水的过程中，他利用这段宝贵的时间向客户谈到了客户的家庭和装修，自然而然就引到自己的产品上。实际上，这个推销员要水喝无形中就给了客户一个体现自我价值的机会。

为什么一杯水能起到这么大的作用呢？

直观来讲，你和客户讨水喝，自然就活跃了气氛，也就淡化了销售的直接目的，在喝水的过程中你还可以跟客户唠唠家常，这样既沟通了感情，也能对客户的真实想法有所了解，这样更容易成功。

在喝水的过程中，最好不要谈及你的产品，可以先活跃一下气氛，熟悉的客户还好说一点，陌生的客户更需要你去"打动"他们。

谈话时最好先从客户关心的需求入手，那些把开场白设计得"商业气味"十足的销售人员，一张嘴几乎就决定了失败的命运。即使不考虑客户是否对你所说的话感兴趣，客户都会觉得你很烦，希望这个讨厌的人"赶快离开"。即使客户允许你说完那段令人厌烦的开场白，他们也不会把这些东西记在心里。在讨水喝的过程中，我们要试着寻找客户感兴趣的话题。

引起客户的兴趣，就会使整个销售过程充满生机。一般情况下，几乎所有的客户都不会在交谈的初始阶段对你的产品感兴趣，销售人员必须在最短时间内找到客户感兴趣的话题，一边喝水润嗓子，一边寻找合适的机会引出自己的销售目的。比如，可以先谈谈客户的家庭、孩子以及时事新闻，以达到活跃气氛、增加好感的目的。

要想让客户更好地接受你，最好在第一时间传达出你对客户的诚意，而不是只关心自己的销售额。如果你能让客户对你产生浓厚的兴趣，那么整个沟通过程中将充满"欢声笑语"，成交的概率也将大大提升。

喝水很可能就是我们打开销售局面的一个巧妙的借口，我们必须学会利用这个借口，借此诉说自己的销售目的。当然，讨水喝还需要注意一个问题，这个水最好是一杯白开水，千万不能要什么饮料之类的东西。

一个销售经理让10个销售员在推销前先讨一杯软饮料喝，结果销售业绩一点都没有提升，甚至还出现了萎靡的现象。这是为什么呢？

因为得寸后更容易进尺，你要求得越多，客户对你的要求也就越多，自然就增加了销售的难度。

你去讨一杯白水喝，客户帮了我们一个小忙，就像他做了一笔投资。人人都有怕失去的心理，他们害怕失去这笔投资，于是就会追加一笔更大的投资来保住先前的小投资。

从心理学的角度讲，客户给了你一杯水，他会产生一种错觉，认为自己肯定是喜欢你才肯给你水喝，为了保持心理一致性，他会继续喜欢你，所以只好接着帮你的"大忙"啦。这个"大忙"是什么？很可能就是购买你的产品喽。

永远比客户迟挂电话

在和客户的电话沟通中，如果是对方先打来的电话，结束时一定要记住一点：永远比客户迟挂电话。这不仅是礼貌，更是一种常识。

销售人员的工作压力大、时间比较宝贵，所以在和客户用电话交谈时，很多情况下不等客户挂电话，自己就先挂了。也许你会说，这点小事无关紧要，没什么大不了的，但是从客户的角度来讲，他被你挂了电话，心里多少会有点不痛快。一次两次没什么，时间长了难免会让客户产生想法。

永远比客户迟挂电话，体现的是对客户的尊重。你尊重客户，客户才会尊重你。别小看这个小细节，如果处理不好，就会让客户对你产生不良印象。

不知大家发现没有，现在的销售人员往往身兼数职，甚至在某些行业销售和服务已经完全融合到一起了。作为销售人员，职责之一就是向客户提供优质的服务。接打电话不仅是电话营销员需要关注的问题，而且是每一个销售人员必须掌握的技巧。

销售人员的电话多，和客户交谈根本就离不开电话。接打电话除了一般性礼貌外，还要注意一些小细节，千万别让这些细节出卖你。

按照惯例，电话应当由拨打电话的一方先挂断。这个道理就像如果你去拜访客户，说离开的也应该是你。显然，当接到客户电话的时候，你不能主动去挂电话，要等客户说拜拜才行。

当你准备终止通话的时候，要给客户一个比较明确的提示，让客户有个心理准备，然后再向客户道谢、说再见。一般规律下，我们要等客户先挂上电话，自己再轻轻地放下电话。打完电话挂断的时候要缓慢轻柔，不能潇洒地直接挂断，最后给客户的听觉来个"致命一击"，是非常没有礼貌的行为。

如果你先挂电话，会有什么不良后果呢？一方面让客户感到你对他不够重视；另一方面客户可能还有什么事情正准备跟你谈，但由于你仓促挂断，导致对方的谈话中断。所以，在挂电话之前，你最好有一个确认：

"×先生，您还有其他问题没有？"

"好了，那行，×先生，谢谢您，再见！"

"谢谢您，如果您还有什么问题的话，再给我打电话吧！"

在和客户的电话沟通中，如果是对方先打来的电话，结束时一定要记住一点：永远比客户迟挂电话。这不仅是礼貌，更是一种常识。

当然，有时候我们会遇到一些情绪不好的客户，这是我们的一大挑战。那么，如何处理和应对呢？我们首先要做的是关注客户的情感，而不是产品本身。要知道，客户情绪不佳大多情况是源自情感问题，而不是你的产品问题。

如果我们过度关注产品，就会让客户更加生气，甚至会在电话里骂娘。有的销售员不想听客户的"废话"，也不想被客户"骂娘"，于是果断地挂掉了电话，也许你的本意是想让客户冷静冷静，但这样做的后果只能是火上浇油。

再说了，直接挂掉电话，真的就可以万事大吉了吗？挂掉电话能解决棘手的难题吗？不能！最后的结果很可能是客户投诉你，然后你的老板训斥你，如果你是一个创业者，客户会远离你。不管哪种情况，你都可能永远失去这个客户。

随身携带笔记本，及时记下客户的要求

不要盲目相信自己的记忆能力，可能你当时记住了，但一转眼就忘光了。等你记录得多了，这些笔记本上的资料和信息都将成为你的财富宝库，客户的秘密都在其中，签单还会难吗？

下班以后，很多人喜欢带着笔记本到星巴克坐坐，一边上网，一边喝着咖啡，感觉很是惬意。很多销售人员也喜欢这口，随身背着笔记本，觉得自己倍潇洒！这样的生活不错，不过，在工作的时候我喜欢随身带个本，这个"本"不是笔记本电脑，是能随时记下客户资料和信息的记事本。

笔记本对销售员来说绝对是一个"好武器"，你可以随手记下：和客户交谈的时间、地点；客户的姓名、职位、需求；答应客户要办的事，下次拜访的时间；自己的工作总结、体会；等等。

不容易忘事是一方面，当你虔诚地一边做笔记一边听客户讲话，客户会感觉自己受到了特别的重视，有一种受尊重的感觉。这样做更能鼓励客户说出更多的需求，对你的销售工作可谓是锦上添花。

想想看，当你追求一个女孩子的时候，是不是想尽办法去套近乎？关于这个女孩的一切你都想知道？我们要把追女孩子的精神用在客户身上，留意客户的任何细节，甚至有时候客户的隐私也不妨了解了解，当然不要太过分。准备一个笔记本的目的正在于此，随时掌握客户所想，对我们有着莫大的帮助。

记下客户的要求，我们就要试着去尽量满足他。但是，也不是客户叫你提供什么，你就提供什么。你需要执行的，只是你允诺客户的那一部分，对于客户的"不正当"要求，你有拒绝的权利。当然，拒绝要讲究技巧。有不少客户要求很多，但他们买的东西却不多，这样就占用销售人员大量的时间和精力。从成本角度考虑，适当拒绝可以有效避免资源的浪费。

在和大客户商谈的时候，我们一方面要清楚自己的筹码，另一方面要认真分析客户要的是什么。把客户的这些要求记在本子上，然后认真思考，准确判断。其实，最关键的是要知道自己努力争取的是什么。对你来说是重要的资源，但对客户不一定重要；对客户重要的东西，不一定是你最想要的。

笔记本就是为了这个目的而存在的，记下来更直观也更明朗。把你要做的事情按照轻重缓急程度排列下来，找出最关键的，在一些不是很重要的问题上，不就可以给客户做些适当的让步了吗？不要盲目相信自己的记忆能力，可能你当时记住了，但一转眼就忘光了。等你记录得多了，这些笔记本上的资料和信息都将成为你的财富宝库，客户的秘密都在其中，签单还会难吗？

至于笔记本记录时，给客户带来的内心满足感，更是一种值得探讨的话题。很多客户没有被记者采访的经历，你拿着笔记本这样记录，他们有一种自己成为明星或大人物的错觉，这会让他们特别有面子。人人都爱面子，你给客户面子，客户才会给你金子。

当然，我们也不能像个听老师讲话的学生一样，只懂得认真做什么笔记。不要让客户感觉你是个菜鸟，只会做笔记，没什么工作效率。很多东西记下来很有必要，但千万不能疏忽客户的感受和自己在客户心中的印象，所以有时候让自己放下笔记本与客户互动一下也是很有必要的。

"客户+1"方案——只比客户穿得好一点

最好的着装方案是"客户+1"，你只需要比客户穿得好"一点"就行了，这样既能体现你对客户的尊重，又不会拉大双方的距离。

人靠衣装马靠鞍，穿衣问题从来都不是小事。那么，出去拜访客户穿什么好呢？很多销售人员对这个问题感到很苦恼。大企业的员工都有统一的制服，在公司上班穿着还好，但是拜访客户穿着工作服似乎不是很合适，容易让客户产生抵触心理。销售人员到底穿什么样的衣服才适合呢？下面我们就来看看在我们销售圈中经常见到的一些着装习惯。

一、随意装

这里的随意并不是说休闲装，而是指在穿戴上不修边幅、邋邋遢遢。这样的人能做成生意，可以称得上是一种奇迹了。穿着随意，一见面就会让客户感觉不舒服，99%以上是再没有第二次见面的机会了。

二、休闲装

销售不是不能穿休闲装，而是看怎么穿、什么人穿的问题。一般来说，穿休闲装的销售人员不是新手，就是高手。区别很明显——新手思维混乱，高手气定神闲。穿成这样的好处是能突出个性，可以迷惑客户，削弱客户的抗拒心理；坏处是，一旦你表现不好，也就宣布了你的"死刑"。

三、正装

衬衫、西裤、公文袋，看看吧，满大街都是，这样的搭配已经成了现代销售员的标志性着装了。这样的穿着会给人一种干净、专业、神采奕奕的感觉，但是"一看就知道是销售员"，会给客户一定的抵触心理。

四、高级正装

高级在哪里？很可能就多一条领带，或者一套名牌西装。总之，要让客户感觉你是经理级别的，你是有品位的人。人们都愿意和管事的头说话，穿得高级一点，显得有分量。不过，现在穿这样的人越来越多，很难让客户留下深刻印象。

五、老板装

老板没有固定装，老板也没必要"装"（着装），他们需要"装"（扮演）。你一出手就是什么成本、利润、发展，装得像老板，拿的绝对是大单。但这就要靠你的能力说话了，装不好就是死。

写文章的人都知道，文无定法，穿衣服也是如此，没有固定的标准可以遵循。销售人员穿什么，要根据不同的客户分别对待，客户喜欢什么，我们就要穿什么。上帝喜欢什么，我们就干什么。衣服就是你的道具，作用在于帮你融入客户群体之中，让他们一看衣服就知道——你是他们需要的人。

那么，真正合理的着装方案应该怎么做呢？

尽管西装革履再夹一个公文包，更能体现公司的形象，但有时候还是要看被拜访的对象，还是我们说的那句话：看人下菜碟儿。如果你和客户着装的反差太大的话，可能会使客户感到不自在，这样在无形中就拉开了彼此的距离。

如果你是一个建材销售员，大多数客户都是建筑设计师和包工头，见设计师穿西装打领带可能很合适，更能表现你的专业形象；但是你去见包工头就有点不妥了，受到施工环境的限制，他们穿着不可能太讲究，如果你穿得跟明星出场似的跑工地，不要说与客户交谈，可能连坐的地方都难找……

销售专家们都认可这样一个理念：最好的着装方案是"客户+1"，你只需要比客户穿得好"一点"就行了，这样既能体现你对客户的尊重，又不会拉大双方的距离，从而有利于双方对话和协商。

对客户的秘密守口如瓶

这是个秘密时代，任何人都有自己的秘密。你的客户有秘密，你也有秘密，谁都不希望自己的"底牌"被别人看到，我们千万不要做"八婆"，否则不仅有损你的人格，对整个销售工作也是有百害而无一利。

我认识某公司一名销售总监老马，曾给我讲过这样一件事：他有个徒弟，刚刚入行，什么都不懂。一天，老马刚出差回来，就被老板给叫进了办公室。"你是怎么带徒弟的，我没少你的薪水吧？你知道不知道，就你手下那个小子把我的脸都给丢尽了。"老马一头雾水，一打听原来是这么回事。

这个新入行的小伙子是个应届生，没什么经验，心态也不是很成熟。一天，一个客户上门要货，特别提到要一部分次品。小伙子很好奇，就向客户打听，客户笑了笑就走了。小伙子回头就跟同事、其他客户乱说，说这个买次品的人有毛病，好货不要专挑次品。客户知道以后，怒气冲冲地找到公司的老板，说："必须把这个到处说我坏话的小子开除，不开除这事没完！"

于是，老马只好把这个好奇心特强、嘴巴特大的小伙子撵走了。

好奇害死猫，乱说害死人哪！

美国宪法的一个显著特点就是保护公民的隐私权。因为美国的信用卡购物非常普遍，一输入信用卡号码，就会显现购物者的姓名、住址和所购物品的清单。如果商家随意就把客户的秘密透露出去，很可能会给客户带来"致命"的影响。假设一个还没结婚的单身男教师用信用卡购买了一个充气娃娃，如果他的隐私被透露出去，很有可能遭受全校师生的嘲讽，他将名声扫地或有辞职的风险。由此可见，随意泄露客户秘密是多么可怕的事情。

不仅在美国，我们中国对隐私的保护也在进一步加强。随着移动支付的流行，我们的隐私随时都可能泄露。也许你认为购物是一个公开的行为，商家没有为客户保护隐私的责任。再说了，大家都不认识，没必要为他人保护隐私。如果你有这样的想法的话，那你离那个四处张扬客户秘密的小伙子的命运已经不远了。

我们不妨再举一例：如果你是一个普通人，你要买内裤，因为销售行为和购买行为都是公开的，从法律角度上讲，售货员确实没有保密的职责，客户也不能有"保密的期望"。但如果你是一个名人呢？你愿意自己的内裤尺码曝光吗？

很显然，售货员是不能随便泄露社会名流的内裤尺寸的，这不仅侵犯了他人隐私，而且是一种很不文明的行为，甚至会惹来官司。

我们既然选择了这一行，就要努力地去做好。任何细节都不能忽视，细节往往是决定一件事成败的关键。客户的秘密不是我们用来说笑的谈资，更不是我们交换的筹码，你今天说了客户的秘密，也许明天客户就会让你没饭吃。

这是个秘密时代，任何人都有自己的秘密。你的客户有秘密，你也有秘密，谁都不希望自己的"底牌"被别人看到，我们千万不要做"八婆"，否则不仅有损你的人格，对整个销售工作也是有百害而无一利。

所以，对客户的秘密守口如瓶，这是做长久生意的戒条。客户的秘密，打死我们也不能说。这是一个好的做人习惯，也是你赢得众多朋友的法宝。如果你不能把别人的秘密烂在自己的肚子里，也许明天你就会饿肚子，而且饿一辈子。

销售是一场没有硝烟的战争，早睡早起机会更多

销售是一场没有硝烟的战争。销售不能有夸夸其谈的作风，我们需要以自己的业绩数字来说话！

销售是一份极具挑战性的工作，有人曾调侃地形容："比鸡起得还早，比老鼠睡得还晚，比狗的警觉性还高。"话语中有自嘲，有心酸，可以说真实情况也确实差不多，如此形容毫不为过。对某些高强度项目来说，甚至有过之而无不及。

什么才是合格的销售员？需要掌握和客户沟通的能力，需要掌握专业的知识，需要把握市场的动向，需要极大的体力支配……这些都是不同寻常的考验。

必须明白，做销售不是来享受的。的确，销售是一场没有硝烟的战争。销售不能有夸夸其谈的作风，我们需要以自己的业绩数字来说话！

想多签单子、多出业绩就要有更多的机会，最简单的方法就是多增加每天

拜访客户的次数。销售从本质上说是一个概率游戏，拜访的客户多少和你的销售业绩是成正比的。那么，如何才能增加你的销售业绩呢？

我建议，先从早睡早起开始做起吧！

世界上最伟大的推销员乔·吉拉德，他7点半之前就能拜访完三个客户。6点和第一位客户喝咖啡，7点跟第二位客户喝果汁，7点半跟第三位客户吃三明治，把早餐分三次来吃，效率自然是非常明显了。

第一天下班之前要联系好明天拜访的客户，第二天早早起床准备好前期工作，差不多8点的时候就能见第一位客户。通常客户到公司大概是8点，提前赶到约定地点，你会更自信、更有精神劲头。你约定的时间越早，你见的客户量就越多，拿单的机会也就越多。

一定要早睡早起——这是很多顶尖推销员的宝贵经验。想干好这一行，必须养成这样的好习惯。最好在晚上11点之前睡觉，早上7点之前起床。因为我们的工作不一样，时间的分配要更科学合理。养足精神好办事，你睡眼蒙眬、萎靡不振地坐在客户对面，客户会怎么想？谁愿意跟这样的销售员成交？

如果你提前约好了客户，那你更应该早到一些，比客户早到说明你很看重对方，从内心里尊重他，客户因此会对你产生一定的好感。那么，如果迟到又如何呢？就像和情人约会一样，迟到的一方总是需要道歉，在情人眼里道歉是可以原谅的。但是，大多数客户是不会原谅你的，他们的时间很紧张，他们都把时间看成金子，你浪费了他们的时间简直就是在花他们的钱！想想看，谁愿意让别人花自己的钱呢？你浪费了别人的钱还想有好果子吃吗？

我的朋友老马刚入行的时候去拜访一位客户，路上堵车迟到了15分钟，客户非常生气，什么也没说就打发了他。那时老马还叫小马，小马非常纳闷，怎么了，不就是几分钟吗？至于跟我发这么大的火吗？

回到公司，小马跟自己的领导一说，领导就笑了，反问小马："你看，我迟给你发10天的工资，你愿意吗？""当然不愿意啦！""是吧，假如你去见一个牙医，为了赶到诊所，你以接近自杀的速度赶过去了，结果却在那儿干等了20分钟。你会怎么想？"

　　小马因此认识到了自己的错误，从此痛改前非，终于把自己修炼成了销售老手，从小马修炼到老马，现在自己创业当老板，不少人也开始叫他马老了。他才50岁，有人这么叫，他还纳闷，笑着问我，我有那么老吗？我说，你不老，别人这么叫是对你的尊称，你就偷着乐吧！

　　所以，我们必须明确一点——销售人员不仅要守时，更应该早到。客户约你在某一时间见面，你必须竭尽全力使会晤按时进行。通常情况下，最好是在约定时间前10分钟到达，这样你不仅可以做些准备工作，也是对客户的尊重。

　　如果因为某些特殊情况不能按时赴约，最好事前打个电话跟客户解释清楚，或者安排同事替你。总之，不要浪费客户的时间，更不要浪费自己的时间。

　　早一点，机会多多，业绩多多！

图书在版编目（CIP）数据

销售中的心理学诡计 / 张兵著. —长沙：湖南文艺出版社，2018.2
ISBN 978-7-5404-8502-3

Ⅰ.①销… Ⅱ.①张… Ⅲ.①销售—商业心理学 Ⅳ.①F713.55

中国版本图书馆CIP数据核字（2018）第005511号

上架建议：经管·营销

XIAOSHOU ZHONG DE XINLIXUE GUIJI
销售中的心理学诡计

作　　者：张　兵
出 版 人：曾赛丰
责任编辑：薛　健　刘诗哲
监　　制：于向勇　秦　青
策划编辑：康晓硕
营销编辑：刘晓晨　罗　昕　刘　迪
封面设计：红杉林文化
内文排版：麦莫瑞
出版发行：湖南文艺出版社
　　　　　（长沙市雨花区东二环一段508号　邮编：410014）
网　　址：www.hnwy.net
印　　刷：北京鹏润伟业印刷有限公司
经　　销：新华书店
开　　本：700mm×995mm　1/16
字　　数：272千字
印　　张：19.5
版　　次：2018年2月第1版
印　　次：2018年2月第1次印刷
书　　号：ISBN 978-7-5404-8502-3
定　　价：42.00元

若有质量问题，请致电质量监督电话：010-59096394
团购电话：010-59320018